本专著为安徽科技学院引进人才项目（编号：WYYJ202001）、
安徽省高校优秀青年人才支持项目"《西游记》英译史研究"
（编号：gxyq2022050）与安徽省高校人文社科研究重点项目"赋
体文在英语世界的译介研究"（编号：SK2021A0472）成果

《西游记》英译史研究

王文强 著

A Historical Study of

Xi You Ji

in English Translation

武汉大学出版社

图书在版编目（CIP）数据

《西游记》英译史研究/王文强著．—武汉：武汉大学出版社,2023.7
（2024.5 重印）
　　ISBN 978-7-307-23688-2

　　Ⅰ.西…　Ⅱ.王…　Ⅲ.《西游记》—英语—文学翻译—语言学史—
研究　Ⅳ.H315.9

　　中国国家版本馆 CIP 数据核字（2023）第 053359 号

責任编辑：罗晓华　　　　責任校对：鄢春梅　　　　版式设计：韩闻锦

出版发行：**武汉大学出版社**　　（430072　武昌　珞珈山）
　　　　　　（电子邮箱：cbs22@ whu.edu.cn　网址：www.wdp.com.cn）
印刷：武汉邮科印务有限公司
开本：720×1000　　1/16　　印张：15.75　　字数：227 千字　　　插页：1
版次：2023 年 7 月第 1 版　　2024 年 5 月第 2 次印刷
ISBN 978-7-307-23688-2　　　　定价：50.00 元

前　言

作为中国古典小说"四大名著"之一，《西游记》自问世以来就受到中国读者的喜爱。不唯如此，早在 1758 年，日本著名小说家西田维则就开始了这部小说的翻译工作。其后，随着西方基督教传教士在华传教的展开，这部小说也逐渐走入他们的视野。此后，尽管这部小说的译介主体在不断变化，《西游记》在西方世界的译介进程却从未中断过。其中，这部小说的英语译文（本）数量最多、影响最大。自 1822 年马礼逊在《华英字典》中首次收录《西游记》中的部分谚语开始，到 1983 年余国藩的《西游记》全译本问世，这部小说在英语世界从"种子"到最终"成型"共历经了 160 余年的历史。1961 年，阿瑟·韦利的《西游记》英译本《猴》被列入象征世界文学经典的"企鹅经典丛书"（Penguin Classics），成为最早被该系列丛书收录的中国文学作品之一，由此可以看到这部小说作为"世界文学"的影响力。然而，与《红楼梦》《三国演义》《水浒传》这三部小说相比，学界对《西游记》英译的研究相对滞后。目前，国内外尚无系统、全面研究《西游记》英译史的著作问世，这显然与这部小说在英语世界强大的影响力并不匹配。有鉴于此，我们认为很有必要对《西游记》英译史进行系统的研究。

本书采用描述翻译学和翻译史学研究的方法，主要探讨以下问题：第一，在不同历史时期，《西游记》的译者选取翻译这部小说的原因是什么？译者的身份如何影响他们对这部小说的理解和认知？第二，自《西游记》问世以来，有关这部小说主题的解读在中国莫衷一是，那么，来自异域的译者如何定义《西游记》的主题？他们的阐释与解读与国内学术界及汉学界对这部小说的学术研究又有何联系？第三，正如安德烈·勒菲弗尔所指出的，翻译实质上是译者对原作进行的文化层面改写，在经历改写而成的《西游记》英译本中，译本的主要人物在形象上是否与原著一致？如果发生了"变异"，那么产生这种现象的原因是什么？

　　研究发现，受历史文化语境、译者文化身份以及他们不同的翻译目的等因素的影响，译者笔下的译文（译本）差异明显，在不同历史时期呈现出鲜明的时代特色；同时，这些译者对《西游记》的翻译阐释在很大程度上与译者身份、《西游记》学术研究史紧密相连；而原著的主要人物形象之所以在译本中发生"变异"，这在很大程度上也与上述几个因素息息相关。根据译者身份、翻译目的、译本（文）形式、译本影响，以及译者对这部小说的阐释与解读，本书将《西游记》在英语世界的译介史大致分为四个阶段：第一个阶段为1822年至1916年，这一阶段的译介主体以传教士为主，《西游记》在很大程度上充当着传教工具的角色，原著的文学性并没有得到重视。第二个阶段为1917年至1932年，库寿龄首次在英语世界否定了"丘处机作者论"的观点，之后海伦·海耶斯的节译本在英国、美国出版，尽管海伦·海耶斯对《西游记》的阐释存在着以偏概全的倾向，然而她在序言中大幅引用胡适《〈西游记〉考证》的最新成果，这意味着《西游记》走出了"传教士阐释阶段"，正式在英语世界开启了"现代之旅"。第三个阶段为1942年至1968年，阿瑟·韦利的《西游记》英译本在英语世界广受赞誉，通过他的译本，原著的文学性在很大程度上得到彰显，译者精心塑造的"猴王"形象深入人心；此外，《西游记》为"神话小说""滑稽小说"的主题定位通过韦利译本被广泛接受。第四个阶段为1969年至1983年，在杜德桥、余国藩等学者的推动下，《西游记》的学术研究进入崭新的阶段。余国藩集《西游记》研究者、翻译家、汉学家于一身，他将学界最新研究成果融汇到自己的译本中，这让他的译本充满着浓厚的学术气息。

　　作为中国古典文学的代表作品之一，对《西游记》在英语世界的译介历程的考察，有助于我们从整体上了解影响中国古典文学域外传播的诸多因素，并把握其在英语世界的译介特点。从中我们可以总结经验，为今后的中国古典文学作品外译事业提供借鉴，从而加快中国文学"走出去"的步伐。

在本书即将付梓之际，我衷心感谢孙会军教授。在我读博时，每当遇到佳句，我总会默默地用心记下来，因为在我心中，这些佳句是代表她学术、为人的最佳表述。"君子义以为质，礼以行之，孙以出之，信以成之。君子哉！"我想，这应该是描述孙教授最好的句子了。她引领我进入学术的殿堂，看着我逐渐成长。当我身处狂风暴雨之时，她给予我最大的关怀，让我在寒冷的冬天感受到了阳春的温暖。

在求学过程中，我得到吴赟教授、魏家海教授、王树槐教授、陈靓教授、李志岭教授、查明建教授、顾钧教授、王建开教授等前辈的指导和帮助。他们渊博的知识、深邃的思想给我很大的启发。"志合者，不以山海为远。"感谢我的朋友余义勇、张蓓、杨勇彪、葛文峰、董明伟、宫诗怡、孙雁冰、邓兆红、洪民、陈媛媛、唐晓东、何敏、高彬、王峰、沈兴涛、杨柳、高扬、刘婷婷、郭恩华、郭书法、朱文捷、赵小妹、李伟、程福干、王祥德、赵挺、阮晓蕾、朱明胜、李彦等人，在学习和研究过程中，我们经常互相交流、互相帮助，他们推荐的"必读书目"让我受益匪浅。感谢安徽科技学院外国语学院刘萍院长给予我的鼓励和关怀，使我顺利完成这一学术成果。感谢翻译191班小伙伴们近几年的陪伴，从他们身上，我看到了奋发向上的精神，这在很大程度上激励了我。感谢我的父亲王功善、母亲潘兆娥、姨妈潘兆莉、大哥王文涛等家人，从我初中、高中、大学、硕士研究生到博士阶段，他们就从无怨言地提供他们所能提供的一切，让我安心读书。感谢妻子汪田田的理解，新婚燕尔之时，她全力支持我负笈求学，自己则默默承担着家里的一切负担。感谢儿子王泝珩，给我每日的生活带来了无尽的欢声笑语。武汉大学出版社罗晓华编辑细心审读了全稿，并提出了很多宝贵的意见，谨在此表示由衷的谢意。

在博士毕业后，即使遭遇了挫折，经历了噩梦，我始终坚信光明终会到来。2021年1月15日，我开始了博士论文修改工作。在这一过程中，我将研究扩展到《诗经》、《道德经》、《商君书》、《楚辞》、《汉书》、《文选》、汉魏六朝诗、唐诗、唐传奇、宋词以及民国作家作品的英译上，这不仅充实了我的中国文学知识，而且对修改博士论文大有裨益。在历经无数个"独是子夜荧荧，灯昏欲蕊；萧斋瑟瑟，案冷疑冰"的夜晚后，我带着自信也夹杂着些许遗憾将书稿交给了武汉大学出版社，之所以有遗憾，是因为对知识的追求必然是永无止境的过程。最后，以我喜欢的汪峰的歌曲《不羁的生命》作为结束语："多少次挣扎在谷底倒下又站起，多少回徘徊在街头迷惘却坚定……也许下一次前行时真的会倒下，可活着绝不是向命运低头并祈求。就算还有一丝力量我也要奋力奔跑，只愿无悔这平凡而不羁的生命。"

目　　录

第一章 绪 论

第一节 选题缘起

《西游记》是中国古典小说中的经典作品，它与《三国演义》《水浒传》《金瓶梅》被称作明代小说"四大奇书"；其后又与《红楼梦》《三国演义》《水浒传》并称中国古典小说"四大名著"。自问世以来，凭借其精彩的故事情节、诙谐有趣的文字，吸引着无数的读者。这部小说不仅在中国家喻户晓，而且被译成多国文字，受到世界各国人民的喜爱。其中，英语译文的数量最多、影响最大。截至 2015 年年底，"《西游记》英译本有 64 个版本，其中以 1942 年汉学家亚瑟·韦利①的选译本《猴》影响最大，曾由不同的出版社再版 22 次。亚瑟·韦利忠于原著，文笔流畅，使《西游记》中孙悟空、猪八戒、唐僧、沙僧等人物形象在英语世界广为人知。"（何明星，2016）《西游记》的英译文不仅在数量上超过《红楼梦》《三国演义》《水浒传》这三部作品，而且早在 1961 年，阿瑟·韦利的《西游记》英译本就被列入象征世界文学经典的"企鹅经典丛书"（Penguin Classcis），成为最早入选该系列丛书的中国文学作品之一，足见这部小说的影响力。然而，与《红楼梦》《三国演义》《水浒传》相比，学界对《西游记》的英译研究相对滞后。据笔者目力所及，国内外尚无一本系统全面研究《西游记》英译史的著作，目前只有三篇博士论文分

---

① 又译阿瑟·韦利。

1

别从专有名词的翻译策略、在英美世界的接受改编情况对其进行研究
（李瑞，2014；王镇，2017；杜萍，2020）。自 1822 年马礼逊（Robert
Morrison）《华英字典》（*A Dictionary of the Chinese Language*）首次收录《西
游记》中的部分词条起，到 1983 年《西游记》第一个全译本问世（余国藩
译本），这部小说在英语世界历经了 160 余年的"成长"过程。① 受历史
文化语境、译者文化身份以及他们不同的翻译策略等因素的影响，他们
笔下的译文（译本）差异明显，在不同历史时期呈现出鲜明的时代特色。
目前《西游记》在英语世界已完成了"经典化"，成为英语读者眼中最具
代表性的中国文学作品之一。因此，很有必要对其英译进行系统的
研究。

第二节　选 题 意 义

1592 年，西班牙传教士高母羡（Juan Cobo）将《明心宝鉴》②（*Beng
Sim Po Cam*）译成西班牙语，这是现存最早的汉语典籍西译本③。之后，
意大利传教士利玛窦（Matteo Ricci）和法国传教士金尼阁（Nicolas

---

①　2021 年 2 月，英国汉学家蓝诗玲（Julia Lovell）的《西游记》英译本《美猴
王》（*Monkey King*）被"企鹅经典"（Penguin Classics）收录。继韦利的《西游记》英译本
后，蓝诗玲的译本成为被该系列丛书收录的第二个译本，这也是迄今为止"企鹅经
典"唯一一次发行的同一部中国文学作品的不同英译本。有关蓝诗玲译本的翻译特
色，请参照：朱嘉春，罗选民.《西游记》蓝诗玲英译本中译述策略的运用——兼
论译述对典籍外译的意义［J］. 外国语（上海外国语大学学报），2022（3）：111-120.

②　《明心宝鉴》主要荟萃明代以前中国历代圣贤有关个人品德修养、修身养
性、安身立命的言论，如孔子、孟子、老子、荀子、朱熹等人。依内容分为上下二
卷共 20 篇，分别是：继善、天理、顺命、孝行、正己、安分、存心、戒性、劝学、
训子、省心、立教、治政、治家、安义、遵礼、存信、言语、交友、妇行。

③　可参考：Hing-ho Chan. The First Translation of a Chinese Text into a Western
Language：The 1592 Spanish Translation of *Precious Mirror for Enlightening the Mind*
［C］//Chan, Leo Tak-hung, ed. *One into Many：Translation and the Dissemination of
Classical Chinese Literature*. Amsterdam and New York：Rodopi, 2003：67-82.

Trigault）分别将"四书"（*Tetrabiblion Sinense de Moribus*）和"五经"（*Pentabiblion Sinense*）译为拉丁语，这成为西人翻译中国儒家经典的嚆矢。从 1861 年到 1886 年的 25 年间，英国传教士理雅各（James Legge）将"四书""五经"等中国主要典籍全部译出，共计 28 卷，引起了西方世界的轰动。由于这些传教士的特殊身份，尽管他们的翻译目的"不在于把中国的智慧带给欧洲学者，而是用来当作工具，使中国人皈依基督"（马祖毅、任荣珍，1997：35），但是他们的翻译活动还是在很大程度上引起了西方世界对中国思想、政治、文化等方面的讨论，并推动了典籍翻译工作在西方世界的展开。鸦片战争以后，中国逐渐沦为半殖民地半封建社会，大批传教士进入中国，随着中西文化交流的展开和西人对中国社会的不断认识和了解，这些传教士开始逐渐跳出中国传统典籍的范围，继而拓展到古典小说这个领域，原因是"阅读这些小说，可以更好地洞察该民族在不同历史时期的风俗礼仪、处于不断变化状态的语言特征。同时，小说是大部分人获取历史知识的唯一渠道，而且它影响了个人性格的塑造"（Wylie，1867：161）。这一时期，诸如《三国演义》《红楼梦》《西游记》《水浒传》《镜花缘》《聊斋志异》等一大批中国古典小说经由传教士汉学家开启了英语世界的旅行。其后，西方汉学界始终关注，并不断扩大翻译（重译）中国古典小说和典籍。随着改革开放政策的实施，中西文化交流愈来愈频繁。近些年来，典籍英译研究成为国内翻译界所关注的焦点，不少翻译界学者撰写了大量与中国典籍英译研究相关的论文，不断有研究者尝试以某一部中国古代典籍和文学作品的英译为研究对象，撰写专著或博士论文进行深入的研究。① 尽管《西游记》有着众多英语译文，且在英语世界影响广泛，但迄今为止，只有三部博

---

① 就典籍英译来说，代表性专著有：《〈道德经〉在英语世界：文本行旅与世界想像》（辛红娟，上海译文出版社，2008）、《汉学视域的〈论语〉英译研究》（王琰，上海外语教育出版社，2012）、《〈易经〉英译研究与探索》（任运忠，四川大学出版社，2015）；中国古典小说的英译研究代表性著作则有：《从跨文化操纵到文化和合——〈聊斋志异〉英译研究》（李海军，上海交通大学出版社，2013）、《他乡的石头记——〈红楼梦〉百年英译史研究》（江帆，南开大学出版社，2014）、《〈三国演义〉英译史研究》（郭昱，清华大学出版社，2017）等。

士论文与《西游记》英译相关,这与这部小说在英语世界强大的影响力并不匹配。本书选取《西游记》的英译本(文)为语料,通过对《西游记》英译进行历时和共时的描述性研究,力图找出影响这部小说英译过程的各种因素,并尝试归纳出《西游记》英译历史过程的总体特征和趋势。概括来讲,其研究意义主要有以下三点:

首先,可以客观地评价已有的《西游记》英译文,并为今后的《西游记》研究者提供参考。现有涉及《西游记》英译史的著作大多是史料的归纳,且存在材料缺失、信息不准确的问题,缺少对历史语境、翻译趋势的分析,本书在这些方面的研究可以为后续的《西游记》英译研究者提供参考。

其次,由于内因和外因的作用,21 世纪"中译外工作正面临百年以来的最好机遇"(潘文国,2007:30)。通过对《西游记》英译的个案研究,可以归纳出中国古典小说英译的发展趋势,为日后学界提供借鉴和启示,同时为中国古代文学在英语世界的传播和接受作出一定的贡献。

最后,《西游记》的百年英译史,是中国古典文学走向世界的重要组成部分,为我们提供了丰富的案例。考察这部小说在英语世界的翻译历程,有助于我们从整体上了解影响中国古代小说域外传播的诸多因素,并把握其在英语世界译介的诸多特点,为今后的中国古代文学外译事业提供指导。

第三节　研究范围的界定

一、本书对《西游记》英译文本性质的界定

同《三国演义》《水浒传》一样,《西游记》也属于世代累积的小说。然而与这两部小说不同的是,"《西游记》文本的权威性地位则要逊色一些"(胡淳艳,2013:3),虽说《西游记》在"西游故事"系统中占据着主流的位置,但仍有一些游离于小说之外的西游故事。虽说这些故事相对

零散、错杂，在故事本身的艺术性上也是参差不齐，然而它们并没有因为《西游记》小说文本的主流传播优势而消失在历史的长河中，而是在若干渠道中顽强地存活下来。这些"西游故事"包括杂剧、戏曲、香火戏、僮子戏、评书等艺术形式，就其来源来说，唐代僧人惠立、彦悰所著的《大唐大慈恩寺三藏法师传》以及玄奘口述、辩机撰写的《大唐西域记》乃是它们的本宗。玄奘取经的故事经过佛教徒和民间人士的渲染加工，他们"用奇异动人的神话来代换平常的事实，这个取经的大故事，不久就完全神化了"，而这两部著作"说玄奘路上经过的种种艰难困苦，乃是《西游记》的种子"。（胡适，1923：3）到宋代时，西天取经故事已经成为说书人的重要节目，如无名氏的《大唐三藏取经诗话》正是出现在南宋时期。虽说该故事情节相对粗糙，然而主要人物已粗具雏形，白衣秀士猴行者神通广大，在这则故事中的重要性已超过唐僧。另外，宋、金、元三代已在舞台上演出西天取经的故事，如《陈光蕊江流和尚》、金院本《唐三藏》、吴昌龄《唐三藏西天取经》等。就《西游记》这部小说来说，其现存最早版本为金陵唐氏世德堂刊行的《新刻出像官板大字西游记》，即通行的百回本《西游记》。在这个版本出现之前，宋、元、明代出现的"西游故事"可以说在很大程度上对《西游记》的最终成形起着重要的作用。然而，由于"西游故事"与《西游记》存在较大的差异，因此它们不能被列入《西游记》的小说系统。

因此需要说明的是，本书所指的《西游记》外文译本（文），是指西方或是中国译者基于小说《西游记》（包括其明代、清代、中华民国以及中华人民共和国成立后的繁本、简本系统）翻译而产出的译本，即这些译者所用的翻译底本为小说《西游记》，而非游离于小说之外的西游故事这类"变体形式"。①

---

① 被王丽娜女士视为"最早《西游记》英译文"的《金角龙王》就是一个典型的"西游故事"，吴板桥所用的底本为南通僮子戏唱本《绘图斩龙卖卦全传》，因此不在本书研究范围以内。但由于学界仍然对《金角龙王》的底本存在错误的认识，为正本清源，笔者对该译文做了较为详细的考证，具体请看附录。

二、本书对《西游记》翻译的界定

罗曼·雅各布森(Roman Jakobson)关于翻译活动的三分法，即语内翻译(Intralingual translation)、语际翻译(Interlingual translation)和符际翻译(Intersemiotic translation)，在翻译界已被广泛接受。本书首先将《西游记》限定为"语际翻译"的范畴，所谓《西游记》的"译"，是指从中文到英语的翻译，包括各种摘译、节译以及全译本；而根据现有《西游记》英语译本转译的译本、根据口述而成的译文①或者从汉语之外的另一种语言转译成英语的《西游记》译本不在本书的考察范围之内。其次，正如其他中国古典小说(如《三国演义》《红楼梦》)在英语世界经历了由

---

① 美国传教士奈莉·娜奥米·罗素(Nellie Naomi Russell)于 1915 年出版了《中国民间传说拾遗》(*Gleanings From Chinese Folklore*)，该故事集由玛丽·波特(Mary H. Porter)在罗素去世后整理出版。该集包括《巾帼英豪刘金定》("A Tartar Joan of Arc")、《缇萦救父》("A Daughter of the Orient")、《卞和献璧》("The Jade Treasure")、《中国英豪：韩信》("A Chinese Hero：Han Hsin")、《猫狗结仇》("How the Dog and Cat Came to Be Enemies")、《唐僧求取真经》("T'ang Sung's Journey to Get the Buddhist Classics")等篇目。在《唐僧求取真经》中，尽管从中我们可以轻易辨识出译者从《西游记》中译出的"通天河""车迟国""小雷音寺"故事，但是这则译文的译者并非以小说《西游记》为底本翻译而成，"(中国)客人们为她讲述流传甚久的民间故事……在这一过程中，她会问询很多问题，并用铅笔记下名字和要点……"(Russel，1915：27-28)具体到译文中，证据主要有二：一是罗素在述译唐僧收徒的情节时与原著迥然不同，以孙猴为例，在唐僧答应同取真经的请求后，"他在孙猴脖子上拴条绳子，便带着上路了"(同上；110)。在师徒二人遇到猪(猪八戒)时，猪八戒介绍自己"擅长捉贼"，这些情节在原著中并不存在。二是罗素在述译"车迟国斗法"的情节时，将"虎力大仙"译成"Minister Fox"，"虎"与"狐"二字差别明显，倘若罗素对照原著翻译，其译错的可能性微乎其微。从这个角度来说，罗素极可能是错把"虎力大仙"听成了"狐狸大仙"，因此该译文不在本研究范围以内。最后需要说明的是，因《西游记》也被当作"民间故事"，笔者在"孔夫子旧书网"搜索关键字 Chinese folklore(folktale)发现《中国民间传说拾遗》以及麦高温(J. MacGowan)于 1910 年出版的《中国民间故事集》(*Chinese Folk-lore Tales*)，继而从网络资源上下载到这两部译文集。

"点"到"面"的成形过程一样①，早在 1884 年《西游记》首个英译文问世之前，有关这部小说的谚语、故事梗概就已以"隐形传播"的形式出现在传教士汉学家所编纂的字典、自传、中国文学译作以及报刊上，它们作为西方人学习和了解中国语言、文化、思想的重要参考工具②，在很大程度上使后来的《西游记》译者了解到了这部作品的存在。作为《西游记》在英语世界传播的"种子"，它们存在的价值与意义不言而喻。在更多的《西游记》译文出现后，有关这部小说的"隐形传播"依旧存在，它们共同推动了这部小说在英语世界的传播，它们的贡献不应该被学界所忽视。因此，本书也会将早期这些介绍、评论《西游记》的"介"纳入这部小说的英译史范畴。

三、英语世界的《西游记》

英语是当今世界使用最广泛的语言，目前将英语作为第一语言使用的人口约有 5 亿人，另有超过 12 亿人将英语作为第二语言。之所以选择英语世界作为《西游记》英译史研究的考察对象，是由英语作为"第一通用语言"的强势地位决定的。英语作为一种文化载体，是目前全球化文化市场最为普及的语言。相对于其他语言的译介，《西游记》的英文翻译无论是从波及的地域范围，还是影响的读者数量，都在很大程度上

---

① 中国人民大学王燕老师在其论文《马礼逊与〈三国演义〉的早期传播》一文中指出，在马礼逊的相关著述中，至少有三次提及《三国演义》与《红楼梦》。尽管他并没有亲自动手译这两部小说的相关章节，但是，"马礼逊对于这两部作品的首倡之功依然是不容抹杀的，他至少让西方人很早就注意到了这类作品的存在，由此而使两部最为经典的中国章回小说很早就站到了通往西方的路口上，从而对中国古典小说的早期海外传播发挥了推波助澜的作用"（王燕，2011：212）。这种说法同样适用于《西游记》。

② 美国传教士卫三畏（Samuel Wells Williams）所编纂的汉语学习教材《拾级大成》（*Easy Lessons in Chinese*）于 1842 年在澳门出版。在其序言中，卫三畏指出，"这本教材是为刚刚开始学习汉语的人而编写的，《拾级大成》的目标语读者不仅包括在华的外国人，而且包括还在本国或正在来华途中的外国人"（Williams，1842：i）。

最能代表《西游记》作为"世界文学"的阅读和流通模式。从这个角度来说，研究《西游记》的英译历史具有独特而不可替代的意义。

而就"英语世界"这个概念来说，学者黄鸣奋认为其主要包括以英语为母语、通用语和外国语这三个层面。"以英语为母语的文化圈在发生学意义上仅限于英国；以英语为通行语的文化圈导源于英国的殖民活动，其地理范围为英国的殖民地或前殖民地；以英语为外国语的文化圈是由于各英语国家的对外影响而形成的，目前可以说覆盖了全球（当然不一定是每个角落）。"（黄鸣奋，1997：24）在《西游记》在英语世界的传播过程中，英、美两国对这部小说的翻译和解读占据着中流砥柱的位置，因此本书的中心将会是英、美两国译者（包括已加入英国或者美国国籍的华裔学者）对《西游记》的英文翻译和研究上。而就英联邦国家来说，如巴基斯坦、新加坡、南非、孟加拉国、印度等，这些国家多拥有自己成熟的母语文化，英语仅为其官方语言的一种。因此，它们对《西游记》的翻译与解读，"即使以英文形式出现，也掺杂了其传统民族文化的因素"（江帆，2014：3），所以上述地区不在本书的考察范围之内。还有一点值得注意的是，绝大部分《西游记》的英语译文（本）出现在英语世界内部，它们由在华殖民圈（香港、上海）或英、美两国本土的不同出版社发行，呈现为一种"主动接受性"的传播状态。然而，自中华人民共和国成立后，中国大陆地区也发行了一些《西游记》英译本，这些译本多是由专门的对外译介机构（外文局）发行，表现出"主动输出性"的译介状态，而"上述两种译介行为的动因、机制是完全不同的，在研究中不宜混同"（江帆，2014：2-3）。举例来说，李提摩太的《西游记》译本由上海广学会出版，而詹纳尔的《西游记》全译本则由北京外文出版社发行，从地理层面上讲，上海、北京同属于中国。然而在李氏译本发行的时期，上海属于英美等西方国家的在华殖民圈范畴，掌控上海广学会的人物均来自西方国家（英、美为主），从这个层面上来说，当时的上海在一定程度上只是"地理意义"上的中国范围。北京大学博士孙轶旻在其专著《近代上海英文出版与中国古典文学的跨文化传播》(1867—1941)中提出的"上海汉学"颇有创意和价值，"'上海汉学'从本质上来说是一种'侨居地汉学'或'口岸汉学'。从纵向来看，较早开放的通商口岸城市及西人活动聚集的城市，凭借一定的出版社，都能产生出规模不等的口岸汉学。早于上海的澳门、香港，曾经也是侨居地汉学的中心，只不过因为西人重心北移至上海而不如上海兴盛"（孙轶旻，2014：267）。另外，李提摩太翻译《西游记》的主要动机在于通过"掌控"文本，推进基督教在华的传播与接受；而就詹纳尔的《西游记》译本来说，北京外文局以"以外文说明中国，以图书沟通世界"为宗旨，聘请众多中国以及西方的翻译家，译介了大量的中国文学作品，这种"主动输出性"的译介模式与李提摩太的"主动接受性"在本质上并不相同。因此，本书并没有将这些译文作为考察对象。

四、本研究时间范围的界定及历史阶段的划分

本书将《西游记》的英译史研究范围界定在 1822 年至 1983 年，原因在于从"西游种子"的撒播，到"西游之木"的最终成形，可以洞见一部中国古典文学作品在英语世界历经 160 余年"成长"的全过程。从马礼逊《华英字典》所收录有关这部小说的部分谚语、成语开始，一直到具有浓厚学术气息的余国藩全译本问世，《西游记》的译介过程充满着曲折，透过这些特色鲜明的译本可以在一定程度上洞悉历史语境对《西游记》译本（文）所产生的重要影响。可以说，这部小说的传播过程正是多数中国古典文学作品在英语世界传播的真实写照，选取研究这个时间段的意义就在于此。

而就《西游记》英译史历史阶段的划分来说，本书主要根据译者身份、翻译目的、译本影响、译本（文）形式，以及译者对这部小说的阐释与解读这些方面来划分。但在实际操作中，我们发现想要把每个阶段划分得"泾渭分明"①是不可能的。受制于种种因素，有些译者会对这部

---

① 如上海外国语大学高翻学院江帆在《他乡的石头记——〈红楼梦〉》一书中将《红楼梦》在英语世界的翻译史划分为三个历史阶段：1830 年至 19 世纪末，20 世纪初至 50 年代末，20 世纪 60 年代至今。第一个阶段的四种片段译文均由在华外交官完成，译文呈现出"实用主义"的翻译目的；第二个阶段的四种节译本呈现出鲜明的市场化特色，这些译本在专业读者中受到冷遇，但在普通读者眼中颇具吸引力；第三个阶段则为《红楼梦》翻译的学术转向时期。（江帆，2014：15）从中我们可以看到，有关《红楼梦》的英译史阶段划分较为清晰。

小说的接受呈现出滞后性的特点。举例来说，胡适在 1923 年就通过
《〈西游记〉考证》一文彻底否定了《西游记》"丘处机作者论"的说法，这
在当时引起了广泛的影响。吊诡的是，文仁亭(E. T. C. Werner)于
1932 年出版的《中国神话辞典》仍旧采用伟烈亚力于 1867 年提出的该小
说作者"据说是丘处机"的观点①，并且仍然将其视为"迷信小说"。但
是我们却不能将其放置在传教士阐释的"迷信小说"阶段。原因是当时
随着新文化运动的展开，《西游记》(及其英译)已步入现代学术研究的
规范中，相较于海伦·海耶斯这个本时期最具影响力的译本，文仁亭的
阐释属于"个别现象"，因此不能代表当时《西游记》英译的普遍趋势。
对某一特定时期具有"差异性"的译本，我们将把它置入同时期具有较
大影响力的《西游记》英译文(本)中客观描述。

　　需要指出的是，我们承认本书在某些部分的论述会打破本该平衡的
结构，举例来说，本书的第二部分将阐释《西游记》在英语世界的"滥觞
时期"译文(本)的情况，作为《西游记》英译史的开端，此部分的重要性
不言而喻。然而，与众多传教士将这部小说视作"迷信小说"不同，同
为传教士的李提摩太却高度赞扬这部作品，誉其"蕴涵着伟大的基督精
神"。那么，为了让本书在结构上看起来更为合理，是否应该将李提摩
太译本排除出这个阶段，继而另起炉灶，将它单列一章？答案显然是否
定的，尽管他们对《西游记》有着截然不同的观点，然而究其本质还是
一致的。也就是说，这部小说在他们眼中仅是有助于传播基督教的工
具，其文学性并没有引起他们的重视。因此，李提摩太译本与本时期其
他《西游记》英译文被划归在同一章节。

----

　　① 根据"维基百科"对文仁亭生平的介绍，他于 1914 年退休之后，便到北平
(北京)定居，安心从事自己的汉学研究。直到 1943 年，他因"敌对国侨民"的身份
被日军关在山东潍县集中营。而《中国神话辞典》在 1932 年出版时，文仁亭与胡适
(时任北京大学校长)一样，同在北京。关于文仁亭的平生经历，也可参照英国作
家保罗·法兰奇(Paul French)的 *Midnight in Peking: How the Murder of a Young
Englishwoman Haunted the Last Days of Old China*，虽说是小说题材，但是作者为破解
1937 年文仁亭女儿被害一案调查了大量的卷宗，其结果令人信服，而关于文仁亭
的介绍属于历史事实。

第四节　本书所涉及的翻译理论

一、描述翻译学派

出于研究对象和所需解决问题的考虑，本书将采用描述翻译学研究的思路。詹姆斯·霍尔姆斯（James S. Holmes）于1972年发表的论文《翻译学的名与实》（"The Name and Nature of Translation Studies"）对翻译学的发展影响深远，埃德温·根茨勒（Edwin Gentzler）认为，这篇论文"被普遍视作翻译学的奠基之作"（Gentzler，1993：92）。在该文中，霍尔斯将翻译学科分为"纯"理论翻译学（"Pure" Translation Studies）和应用翻译学（Applied Translation Studies）。其中，"纯"理论翻译学又可以分为"描述翻译研究"（Descriptive Translation Studies）与"翻译理论研究"（Theoretical Translation Studies）。"描述翻译研究"主要考察翻译作品、翻译功能和翻译过程这三个方面的内容，本书以《西游记》百年英译史为研究对象，主要任务是分析《西游记》译文（本）在不同历史时期呈现的"面貌"特征、这些译文（本）对目的语读者产生了何种影响、译者如何通过对原著的剪裁和改写来实现自己的翻译目的，这些正是"描述翻译研究"所关注的主要类型。描述翻译学派十分重视"译文在目标语社会文化中的功能：重点在语境而非文本"（Holmes，2004：185），也就是"在研究翻译的过程、翻译作品以及译文功能时，描述翻译学将翻译放在译本产生的时代去研究"（Tymoczko，1999：25）。受历史语境的影响，不同历史阶段《西游记》译文（本）在英语世界的译文特征有着显著的差异，而要分析这种原因，还原各译本产生时的历史语境成为本书绕不开的重点话题。

描述翻译学派非常注重译文所用的底本。吉迪恩·图里（Gideon Toury）在《描述翻译学及其他》（*Descriptive Translation Studies and Beyond*）中曾提出颇有洞见的观点："源本可能存在许多版本。在这种状况下，如果想探寻到研究者所选择的源本，那么至少在某种程度上需要依托译文所呈现出的内容，这使确定源本的版本成为对比分析本身的一部分。"（Toury，2007：74）葛校琴也曾指出："底本是翻译的出发点，也是翻译质量评判的原始参照。对翻译底本的考证，对翻译批评和译学研究都具有重要意义。"（葛校琴，2013：66）因此如果研究者弄错译文的底本，很容易得出错误的研究结论，对译者的评价也会有失偏颇。比如，在《西游记》英译史上，李提摩太以及海耶斯的《西游记》译本占据着重要地位，然而译者并没有注明译文所用底本，这给翻译研究造成了很大的困难。《西游记》的译者们所用的底本，在一定程度上体现着译者的翻译策略和价值取向，也是影响翻译过程和结果的重要因素。对它们进行研究，有利于正确地理解和解释翻译现象。

然而我们不能忽视的是，描述翻译学研究也有着某些不足之处，如"过于强调译入语文化在研究中的中心地位，忽略了原文本和原语文化的作用"（王琰，2012：9），《西游记》的英译文（本）在很大程度上与汉学界及国内的学术史研究存在着紧密的联系，译文（本）甚至在某种程度上可以说是《西游记》学术史的产物；另外，译者的身份对《西游记》译本的最终面貌也会产生可见的影响，这是描述翻译研究所不能涵盖的范围。因此本研究还要涉及其他的相关理论，以此达到补充的目的。

二、翻译史学研究

澳大利亚学者安东尼·皮姆（Anthony Pym，2007：xxiii-xxiv）在其《翻译史研究方法》（*Method in Translation History*）中为翻译史研究制定了四条原则：一是翻译史研究要解释译作为何会在特定的社会时代和时间产生，也就是说，翻译史研究应致力于解决译作产生的社会起因问题。这与描述翻译学"将翻译放在译本产生的时代去研究"的观点是一致的。二是翻译史研究的中心应该是作为人的译者，原因是只有人才会具备社会起因（social causation）的责任感，因此我们只有深入了解译者本人和他所在的社会环境（social entourage）（包括客户、赞助人和读者），才能尝试去理解译本为何会在特定的社会时代和时间产生这个问题。第三条原则实际上是第二条原则的"续写"，如果翻译史研究的中心为译者的话，那么我们的研究应该聚焦于译者生活和工作的社会语境。四是翻译史研究应该表达、论述或致力于解决我们当前的实际问题。可以看到，皮姆的翻译史原则注重译者的主体性，而译者的主体性在很大程度上又受到译者文化身份的影响。翻译作为人类文化交流中最主要的方式之一，其发生、发展不可避免地要留下该活动主要参与者，即译者的文化身份标记。这些带有地域、性别、历史、民族、种族、宗教信仰、意识形态等特点的标记被写进了译文，为翻译研究者留出了描写、重写、重译的巨大空间。

第五节　研究内容

随着近代中国的大门被西方列强一步步打开，《西游记》逐步进入西方人的视野。自此，该小说一直被传教士、汉学家所翻译、解读。从马礼逊的首次翻译，至余国藩全译本《西游记》出版，在这160余年的时间里，有关这部小说的英译文(本)可谓层出不穷。限于篇幅，本书不能对这些译文(本)逐一展开研究，只能大致上选择某一历史阶段具有代表性的译文和译本进行分析。在充分关注《西游记》英译史上最具影响力的四个译本的同时，本研究还将对晚清时期有关这部小说的"隐形传播"和刊登在晚清西人创办报刊刊登的《西游记》英译文展开论述，原因在于两个方面：首先，由于发行时间较早，且流传不广，这给研究者的材料搜集工作带来了很大的困难。笔者依托所掌握的一手资料，希望能够正本清源，尽可能地还原早期《西游记》在英语世界的传播情况。其次，尽管这些译文并不是这部小说的完整翻译("隐形传播"甚至不能被视作严格意义上的翻译)，但是正是通过这些媒介，为日后更多的西方译者关注这部小说洒下了"种子"，它们的贡献不可忽视，因此对它们的研究有着较大的意义。

根据译者身份、翻译目的、译本（文）形式、译本影响，以及译者对《西游记》的阐释与解读，本书将这部小说在英语世界的翻译历史大致分为四个阶段：第一个阶段为 1822 年至 1916 年，这一阶段的译介主体以传教士为主，除李提摩太对《西游记》有着极高的评价外，总体而言，以传教士汉学家为译介主体的翻译家对这部小说评价颇低，《西游记》在很大程度上被视为"迷信小说"的代表，我们将这一阶段视为《西游记》英译史的"滥觞阶段"。第二个阶段为 1917 年至 1932 年，这一时期《西游记》的译介主体大体上走出了传教士阶段，我们称之为"接受启蒙期"。尽管海伦·海耶斯的《西游记》译本蕴涵着浓厚的佛教色彩，但是她在序言中大幅采用胡适《〈西游记〉考证》一文的成果，这标志着该小说正式开启了在英语世界的"现代之旅"。第三个阶段为 1942 年至 1968 年，专业的汉学家成为《西游记》的译介主体，阿瑟·韦利的译本广受称赞，在该译本的影响下，《西游记》成为西方读者眼中的经典之作，胡适在《考证》一文中提出的"神话小说、滑稽小说"通过阿瑟·韦利译本走入了西方读者心中，我们称这个阶段为"译介繁荣期"。第四个阶段为 1969 年至 1983 年，胡适的《考证》一文不断受到东西方学者的挑战，当代《西游记》的学术研究正式创立。华裔学者余国藩的《西游记》全译本正是这个时代的产物，在他的诠释下，这部小说的宗教色彩在译本中得到最大程度的还原，这个阶段可以称之为《西游记》的"全译时代"。

对晚清时期西方汉学家的《西游记》译文，我们将首先探讨这部小说在此时期的"隐形传播"，继而选择波乃耶父子、惠雅各、翟理斯这三位译者的英译《西游记》片段作为代表进行论述；本时期将选择李提摩太的《西游记》英译本作为个案研究，与传教士汉学家普遍轻视这部小说的态度不同，李氏对这部小说的"基督化"解读可谓别树一帜，而且由于李氏英译本是历史上第一个《西游记》英译本，本书会将这个译本作为重点研究对象。对于"接受启蒙期"的《西游记》译文来说，我们首先概述库寿龄《中国百科全书》对《西游记》的介绍、文仁亭《中国神话与传说》对《西游记》的译介，并以首个在英国本土发行的海伦·海耶斯

《西游记》英译本作为代表做详细的探讨。然后，我们将选择在英语世界最具影响力的阿瑟·韦利译本作为研究对象，接着对本时期涌现出众多英语学界中国文学教材关于《西游记》的阐释做出探讨。而就第四个阶段来说，我们主要选择余国藩的《西游记》全译本作为研究对象，力图最大可能地对《西游记》在英语世界从"种子"到"成形"的过程予以完整、详细的描述。

第二章　传教士汉学家对《西游记》的译介研究（1822—1916）

18—19 世纪上半期，西方国家在工业革命的推动下飞速发展，而中国却在"天朝上国"的迷梦中悠然前行。1840 年英国发动鸦片战争，腐败无能的清政府在英国船坚炮利的攻击下毫无还手之力，被迫于1842 年与英国签订《南京条约》。在割地赔款的同时，清政府被迫开放广州、福州、厦门、宁波、上海为通商口岸，并允许英国人在通商口岸享有居住、旅行、经商、传教等权利。1844 年，美国胁迫清政府签署《望厦条约》，美国享受英国在《南京条约》及《中英五口通商章程》中除割地赔款外所获取的一切特权。此外，美国也获得在广州、福州、厦门、宁波、上海建立医院和教堂的权利。1856 年英、法两国联合发动第二次鸦片战争，1858 年和 1860 年清政府再次被迫与英、法、美、俄签订《天津条约》和《北京条约》。除增加开放通商口岸之外，外籍人士还获得了在中国内地游历、通商、自由传教的权利。至此，清政府"闭关锁国"的政策在西方国家船坚炮利的攻击下逐渐坍塌，中国的国门被一步步打开，大批西方的传教士、外交官进入中国。他们不仅是"西学东渐"的主体力量，同时也承担着向西方世界介绍和言说中国的工作，大量的中国古代典籍、文学作品在这一时期传向西方世界。正是在这样的历史背景下，《西游记》开启了英语世界的旅程。据笔者目力所及，虽说已有学者对本时期的《西游记》译文做了整理和分类，但多数只是简述译者姓名和翻译章节，并未对译者的真实身份和译文特点做深入探讨，且所搜集文献还存在着信息缺失甚至有误的问题。相较于直接以小说《西游记》为底本的"显性"英译文，国内外学者普遍对本时期《西游记》在英语世界的"隐性传播"①缺少关注。所谓《西游记》的"隐性传播"，是指在本时期颇有影响的著作中，作者就小说内容、所涉典故、故事梗概等方面予以介绍，从而在某种程度上推动了它在英语世界的传播。鉴于其重要的影响力，本章首先探讨《西游记》在这一时期的"隐性传播"，继而简要概述作为"显性传播"的《西游记》译文，最后从译者身份、翻译目的着手，试图归纳出本时期《西游记》译文的不足之处。作为历史上首个《西游记》英译本，李提摩太对《西游记》的"基督式"解读可谓是别开生面，本章将其作为本阶段最为重要的翻译个案，予以详细的探讨。

第一节　本阶段《西游记》在英语世界的"隐性传播"探究

一、开创《西游记》英译史的《华英字典》

1807 年，英国传教士马礼逊（Robert Morrison）受伦敦传道会（London Missionary Society）派遣来华传教。他在广州做了大量文化工作，在中英文化交流方面有首创之功，如将《圣经》全文翻译成中文（与传教士米怜合作）、独立编撰了中国历史上首部英汉字典——《华英字典》等。其中，马礼逊的《华英字典》在其众多功绩中更值得一提。该字

---

① 受中国人民大学王燕老师所著论文（如《〈汉籍解题〉的小说目录学价值》，《文学遗产》2012 年第 1 期，第 155-158 页；《作为海外汉语教材的〈红楼梦〉——评〈红楼梦〉在西方的早期传播》，《红楼梦学刊》2009 年第 6 期，第 310-315 页；等等）的启发，笔者自创了"隐性传播"这一概念。

典共为 6 册①，自 1815 年开始印制，直至 1823 年才陆续出版完毕。在当时的历史背景下，该字典的出版具有着划时代的意义。它是世界上第一部汉英、英汉字典，字典中广泛引用、介绍有关中国政治、文化、法律、习俗、宗教等方面的内容，堪称中西文化交流史上的"百科全书"。不仅如此，该字典对其后英汉字典的编纂也产生了深远的影响，卫三畏（Samuel Wells Williams）的《英华韵府历阶》（*An English and Chinese Vocabulary, in The Court Dialect*, 1844）及麦都思（Walter Henry Medhurst）的《英汉字典》（*Chinese and English Dictionary*, 1847）都是以此作为参照，可见马礼逊的《华英字典》在汉英字典出版史上也占据着重要的地位。

《华英字典》在引文方面别出心裁②，除了广泛从中国古代典籍（如《论语》《诗经》《孟子》《道德经》《庄子》等）中引用例子外，马礼逊从中国古典小说中收录了大量的例句，在当时小说地位低下的中国历史语境下，马礼逊勇于打破偏见，其勇气难能可贵。其中，马礼逊从《红楼梦》《三国演义》《好逑传》等小说中引用的例子最多。需要指出的是，在马礼逊所选的大量例句中，他只为部分中国古代典籍标注了引文来源，而对那些从中国古典小说中搜寻的例句出处，马礼逊则没有标注。然

---

① 《华英字典》由隶属英国东印度公司的澳门印刷厂所印制，共有 6 册，总计 4595 页，分为三部分。第一部分共计 3 册，这是以部首排列为标准的汉英字典。其中共收录汉字字头达四万余，每个汉字下附多音节词和成语，首创自左至右横排，以此方便中英对照，这是中国首部横排字典。第二部分则有 2 册，它是按照字母音序排列而编成的汉英同音字典，是中国最早的同类型同音字典。第三部分只有 1 册，是以英文查中文的英汉字典。在近代中华印刷史上，《华英字典》还是中国境内最早用西方铅合金活字排印的中文书籍。值得一提的是，负责印刷《华英字典》的印刷工汤姆斯（Peter Perring Thoms）以最早翻译《三国演义》的章节片段（第八回、第九回）和"第八才子书"广东弹词木鱼书《花笺记》（*Chinese Courtship: In Verse*）而成为翻译史上的佳话。

② 在《华英字典》第一部的序言中，马礼逊指出："虽说康熙皇帝曾要求《康熙字典》应该是一部'无意不释、无音不含'的字典，但这部字典的编纂者们却忽略了口语。所以说仅仅翻译一部《康熙字典》远远不能满足欧洲学生学习汉语的需要。"（Morrison，1815：ix）因此，马礼逊别出心裁地从中国古典小说中选取了大量的例子。而这些俗语、谚语、成语正是中国传统字典、字书所忽略的地方。

而，由于马礼逊所引用的一些句子具有较高的识别度，我们很容易就可以判断其出处。以《红楼梦》为例，这部小说中耳熟能详的人物（如宝玉、黛玉、凤姐、探春等）多次在该字典中出现①。那么需要追问的是，马礼逊有没有从《西游记》中引用例子？在探讨这个话题之前，我们首先要引出另一个问题：《西游记》在当时有没有引起马礼逊的关注？1998 年，美国学者魏安（Andrew West）负责为马礼逊所藏的 20000 册中文书籍编目，最终编录《马礼逊藏书书目》（*Catalogue of the Morrison Collection of Chinese Books*）一书。经过查证，笔者发现马礼逊所藏中文书籍中有两部不同版本的《西游记》，分别为明代阳志和（也称杨致和）的《新刻唐三藏出身全传》和陈士斌诠解的《西游真诠》一百回。② 因此，我们可以断定，在编纂《华英字典》时，马礼逊关注了《西游记》。

经反复查证，笔者认为《华英字典》所收录的"人有善愿，天必从之"③正是源自《西游真诠》④第八回"我佛造经传极乐 观音奉旨上长安"，马礼逊将其翻译为"If men have virtuous wishes, heaven will certainly accord（or comply）with them"（Morrison，1822：472）。"人有善愿，天必从之"这句谚语源自明代格言、谚语集《增广贤文》，原文为"人有善愿，

---

① 在《华英字典》的第三部分《英汉词典》（*An English and Chinese Dictionary*）第370 页，在解释"bedroom"这一词汇时，马礼逊以"凤姐等来至探春房中"（Fung-tseay and the others, come into Tan-chun's room）为例，以此阐释其为汉语"卧房"之意。参见：Morrison, Robert. *A Dictionary of the Chinese Language in the Three Parts：Part the Third，Consisting of the English and Chinese*［M］. Macao：The Honorable East India Company，1822.

② 具体请参照：West, Andrew C. *Catalogue of the Morrison Collection of Chinese Books*［M］. London：School of Oriental and African Studies，1998：275-276.

③ "人有善愿，天必从之"出自《西游记》中观音菩萨之口，面对魔性未除的猪八戒，观音循循善诱地规劝他放弃吃人的行当。原文为：呆子说："还不如捉个行人，肥腻腻的吃他家娘！管什么二罪，三罪，千罪，万罪！"观音见他魔性未除，循循善诱："'人有善愿，天必从之。'汝若肯皈依正果，自有养身之处。世有五谷，尽能济饥，为何吃人度日？"呆子听闻，这才似梦方觉，受戒皈依。

④ 马礼逊所藏《西游真诠》为清代芥子园刻本。由于诸多限制，笔者并没有搜寻到该版本。上述所用文本源自清康熙年间翠筠山房藏版《西游真诠》，原本并没有标注页码。

天必佑之"，意思是一个人如果心存善念，就会得到上天的护佑。《西游记》作者对此做了修改，然后收入该小说。另外，《西游真诠》第六十二回中出现的谚语"人不可貌相，海水不可斗量"也被马礼逊所收录，其译文为"Man can not be measured by his face, nor the sea measured by a bucket"(Morrison, 1822：266)。[1]

诚然，与《三国演义》《好逑传》《红楼梦》这些小说相比，马礼逊对

---

① 除却笔者所搜索到的上述两条谚语，澳门大学林英杰在其硕士论文《马礼逊〈华英字典〉传统经典引用研究》中认为，《华英字典》收录了《西游记》中的两个成语："浪涌如山"和"树大招风"。(林英杰，2012：488-489)北京大学李丽在其论文《马礼逊〈华英字典〉及其对中华文化的解读与呈现》中经过查证，认为《华英字典》所收录的谚语"(你)不看僧(金)面看佛面"也是源自小说《西游记》。(李丽，2018：88)那么，马礼逊是否有可能从其他途径(如通过与集市上贩夫走卒以及皈依基督教的中国民众的交流)而掌握这些谚语、成语的信息？笔者认为，这种可能性微乎其微。诚然，根据苏精的研究，马礼逊在学习中文的过程中曾得到荣三德、李察庭、云官明、桂有霓、葛茂和、李先生、宋先生这七位老师的指点(苏精，2000：55-78)，但是作为近代第一位来华的基督新教传教士，马礼逊所遭遇的情形与明末清初来华的耶稣会传教士已是今非昔比。罗明坚、利玛窦、汤若望、马若瑟等耶稣会传教士广泛结交中国官员，他们在中国内地居住下来，因此能有机会深入接触中国各阶层人士，并且在一定时期内取得了较好的传教效果。其后，因罗马教皇与清廷发生中国礼仪之争，雍正二年(1724年)，清政府下令禁止天主教，不许中国人信教；各省西方传教士被遣往澳门、广州，不许入内地传教。乾隆、嘉庆、道光各朝一直严厉执行禁令。"在此期间，凡传教士秘密进入内地传教者，均遭清政府严厉镇压。"(任继愈，1998：617)而马礼逊来华的时间(1807年)非常不利于传教。1814年时，马礼逊已印刷出版了包括《圣经·新约》在内的9种书。但是这些书"无一不是在'最秘密最小心而且不易被追踪到自己'的情况下而为的，因为他深切了解自己印刷传教书一旦被中国官府发现，很可能自身遭受驱逐离华，而协助他的华人身家性命更将陷入困境。"(苏精，2018：7)马礼逊的藏书包括经部、史部、子部、集部、丛部，从"四书五经"到历史、地理、天文、数学、农学、医学、音乐、艺术、文学、训诂学、音韵学、金石学、道教、儒教等，几乎网罗了中国文化的各个领域，这些内容在其字典中都得到了体现。因此我们可以判断，《华英字典》中引用的谚语和俗语并非出自几本谚语、俗语集，而是马礼逊通过阅读大量的中文书籍而收集到的。本书所查询的《西游记》成语、谚语(包括林英杰、李丽)来源及确定，主要参考以下工具书的收录内容：《汉语成语源流大辞典》(刘洁修，开明出版社，2009)、《中华成语辞海》(杨合鸣，吉林大学出版社，2009)、《中国俗语大辞典》(温瑞政，上海辞书出版社，1989)、《汉语熟语大辞典》(武占坤、马国凡主编，河北教育出版社，1991)以及《〈西游记〉词汇研究》(王毅，上海三联书店，2012)等。

《西游记》中语汇的借用可以说微乎其微，再加上编者并没有标明引文的出处，这在很大程度上遮盖了西方读者对这部小说的发现和阅读。笔者认为，造成这种现象的原因很可能是由当时《西游记》的文学地位决定的。虽说这部小说在明代被称作"四大奇书"之一，然而，清代初年金圣叹提出影响深远的"十大才子书"①中并不包含《西游记》，可以说，它的文学地位并没有得到承认。作为近代第一位基督新教来华传教士，编纂这部字典所面临的困难可以想象。由于对现实的中国社会、文化不甚了解，来华后的马礼逊最有可能打听、继而接触的中国文学作品首先就是位于"文学系统顶端"的古代典籍，继而就是"十大才子书"，被称为"第一才子书"的《三国演义》和"第二才子书"的《好逑传》中大量的例子被《华英字典》所引用便是证明。与之相比，《西游记》被引用的例子可以用寥若星辰来形容。尽管如此，作为中西文化交流的一部分，这标志着这部小说第一次走出国门，成为其英语世界旅行的开端，其意义不言而喻。

二、艾约瑟对《西游记》在英语世界的首次介绍②

1854 年 4 月 29 日至 11 月 4 日，英国传教士艾约瑟(Joseph Edkins)分 12 次将自己的文章《中国佛教概略》("Notices of Buddhism in China")刊登在《北华捷报》(*The North-China Herald*)上。在 1854 年 7 月 1 日的

①　"十大才子书"按照排名顺序分别为：《三国演义》《好逑传》《玉娇梨》《平山冷燕》《水浒传》《西厢记》《琵琶记》《花笺记》《捉鬼传》《驻春园》。而明代"四大奇书"则为《三国演义》《水浒传》《金瓶梅》《西游记》。可以看到，《西游记》与《金瓶梅》并不在清代"十大才子书"之列。

②　在撰写博士论文《李提摩太"援佛入耶"思想形成的背景》时，笔者翻阅了艾约瑟的 *Chinese Buddhism: A Volume of Sketches, Historical, Descriptive and Critical*(1880)一书，发现了他对《西游记》的评价(第 121-122 页)，因传教士都有将之前发表在报刊上的文章集结成书出版的习惯，笔者顺藤摸瓜，通过 ProQuest Historical Newspapers 数据库上搜寻关键词，最终搜寻到 1854 年艾约瑟对《西游记》介绍的文章。

版面上，艾约瑟介绍了历史上玄奘到印度取经、荣归长安后继续从事佛经翻译的经历。之后，艾约瑟引出了《西游记》："该小说又称《西游真诠》(Si-yue-chen-ts'euen)，作者显然是一个道教徒，他灵活地使用道教、佛教中的神话故事，以此创作了自己的这部作品。"(Edkins, 1854：191)从中可以看到，艾约瑟关注到了小说蕴涵的宗教成分。另外，在当时《西游记》"丘处机作者论"甚嚣尘上的背景下，艾约瑟无疑也受到了影响，因此他将这部小说的作者名头归到了"道教徒"(丘处机)身上。其后，艾约瑟对玄奘做出高度评价："他是位英雄，为了能从印度求取真经，义无反顾地踏上了漫长且危险重重的西行之路。之后他将求取的佛教经典译成汉语，从而实现了在中国传播佛教的目的，这是作为佛教徒最崇高的理念。"(Edkins, 1854：191)阅读《西游记》可知，唐僧在小说中几乎完全丧失了历史上真实玄奘的豪勇之气，作者着意塑造的英雄为孙悟空，而非唐僧。另外，在这篇文章中，艾约瑟并没有提及孙悟空、猪八戒和沙僧。尽管艾约瑟对这部小说的介绍并不准确，但根据笔者所掌握的资料①，这是目前所知最早在英语世界介绍这部小说的文字。

----

① 为确定艾约瑟的译介是否为英语世界最早介绍《西游记》的文字，笔者查阅的基本资料包括考狄(Henri Cordier)的《西人论中国书目》(Bibliotheca sinica：Dictionnairebibliographique des ouvragesrelatifs à L'Empire chinois)、玛莎·蒂文森(Martha Davidson)的《英、法、德译中国文学篇目汇编：诗歌除外》(A List of Published Translations from Chinese into English, French, and German. Part I：Literature, Exclusive of Poetry)、袁同礼的《西文汉学书目》、王尔敏的《中国文献西译书目》等基本文献。继而重点搜寻了英语世界在1854年之前出版的有关中国文学、历史、宗教的著作以及中国古典小说译作序言。主要包括杜赫德《大中华帝国全志》英译版(Jean-Baptiste Du Halde. A Description of the Empire of China and Chinese-Tartary, Together with the Kingdoms of Korea and Tibet[M]. London：Printed by T. Gardner for Edward Cave, 1738-1741)、马礼逊的《中国通俗文献译稿》(Horæ Sinicæ：Translations from the Popular Literature of the Chinese, 1812)、郭世腊(Karl Friedrich August Gützlaff)的《开放的中国：中华帝国地理、历史、风俗、习惯、艺术、制造、商业、文学、宗教以及法律等概览》(China Opened：Or, a Display of the Topography, History, Customs, Manners, Arts, Manufactures, Commerce, Literature, Religion, Jurisprudence, etc. of the Chinese Empire, 1838)、德庇时(John Francis Davis)的《中华帝国及其居民概述》(The Chinese：A General Description of the Empire of China, and Its Inhabitants)、托马斯·珀西(Thomas Percy)的《好逑传》(Hau Kiou Choaan, or The Pleasing History, 1761)等作品。

三、伟烈亚力《汉籍解题》中的《西游记》

1867 年，英国著名汉学家伟烈亚力（Alexander Wylie）的《汉籍解题》（*Notes on Chinese Literature：With Introductory Remarks*）由上海美华书馆（The American Presbyterian Mission Press）出版，该书基本上以《钦定四库全书总目》为底本，采用经（Classics）、史（History）、子（Philosophers）、集（Belles-Letters）四部分类法，共收录 1745 种中国古代图书提要，堪称《钦定四库全书总目》英语版。在这部著作中，伟烈亚力言简意赅地介绍了《西游记》这部小说：

> 《西游记》共计一百回，讲述的是 7 世纪玄奘和尚西去印度求取真经、途中所经历的神话冒险故事。该小说作者据说为丘长春（reputed author），元代时曾因类似原因被派往印度，归国后用同样的名字——《西游记》，记载了自己旅途中的所见所闻。（Wylie，1867：162）

通过这段评论，我们可以清楚看到其中的不确之处①，然而需要指出的是，在当时《西游记》"丘作论"盛行的年代，伟烈亚力用笔极为谨慎，"据说"一词表明作者对"丘作论"观点的怀疑态度，可以说难能可贵。虽然没有证据表明《西游记》在该时期屡被译介与《汉籍解题》有着直接的联系，但有个不争的事实，即在著录《西游记》《西洋记》《双凤奇缘》等作品后，这些小说均受到在华人士"青眼有加"的待遇。举例来说，就是《双凤奇缘》（*Chao Chuin*）这部艺术水平较低的小说也于 1905

---

① 公元 1220 年，丘处机奉成吉思汗诏令，从登州昊天观出发，历时六个月到达中亚大雪山（今阿富汗境内的兴都库什山），向成吉思汗传授长生之道。丘处机的同行弟子李志常将丘处机生平、途中所见山川地理、人情风俗编纂为《长春真人西游记》。因此，丘处机一行的目的地为大雪山，而非印度；《长春真人西游记》作者为李志常，而非丘处机。

年由《亚东杂志》（The East of Asia Magazine）刊出前十九回译文。因此，"这些作品成为走向西方读者的第一批中国小说，与《汉籍解题》的著录有着千丝万缕的关系"（王燕，2012：158）。可以说，正是通过伟烈亚力的这部权威之作，《西游记》在晚清时代的英语翻译正式拉开帷幕。

四、明恩溥《中国人的德行》中的《西游记》

明恩溥（Arthur Henderson Smith）是美国基督教公理会派遣来华的传教士，著有《中国文明》（Chinese Civilization，1885）、《汉语谚语俗语集》（Proverbs and Common Sayings from the Chinese，1902）等多部与中国相关的著作。其中，他的《中国人的德行》（Chinese Characteristics）最具影响力。"该书是 19 世纪有关中国国民性的最有影响力的作品，位列来华传教士的必读书目之首，而且是各大学有关远东课程的必读书。"（Varg，1958：114）在这部著作中，他这样评论《西游记》："在中国名著《西游记》中，其主角是从石头里蹦出的一只猴子，渐渐地他进化成了人的模样。在中国一些地方，这只虚构的猴子被人们当作雨神祭拜。"（Smith，1894：297）明恩溥之所以提到《西游记》，其主要目的是借这部小说讽刺中国人的迷信观，"从这个例子中可以清楚地看到，中国人并不能辨别何谓真实，何谓虚幻，因此总是将二者混为一谈……对中国人将虚幻的猴子视为求雨对象的行为，我们西方人不能理解"（Smith，1894：297-298）。可以说，明恩溥对这部小说的认知在很大程度上代表了本时期绝大多数《西游记》译者的观点：在他们看来，这部小说是中国人迷信观念的直接佐证。（下文将具体论述。）

五、翟理斯对《西游记》"隐性传播"的贡献

《西游记》在民间不断流传，这些故事也走进了清代著名文学家蒲松龄的创作视野。在其《聊斋志异》中，作者共创作了三篇与《西游记》相关的作品，分别为《齐天大圣》《西僧》《刘全》。1880 年，翟理斯

(Herbert Allen Giles)的《聊斋志异》(*Strange Stories from a Chinese Studio*)英译本由伦敦德拉律出版社(T. de La Rue & Co)发行。翟理斯一生笔耕不辍，与中国题材相关的著作接近60部之多。其中，《聊斋志异》便是其代表译作之一，该译本多次再版，在西方世界有着广泛的影响力。译本选译了这部小说中的164篇作品，其中就包括《西僧》("Arrival of the Buddhist Priest")与《刘全》("The Pious Surgeon")这两则故事。在翻译《刘全》这篇译文时，翟理斯详细解释了"刘全进瓜"这一典故：

> 唐朝太宗皇帝身陷地府之时，他曾许诺还阳后派人来此献瓜。重回阳间后，他便张榜"纳贤"。碰巧此时，一个叫刘全的人看到妻子将金钗施于化缘僧人，便怀疑她与僧人私通，盛怒之下毒打了妻子，妻子含冤自缢。刘全愧悔莫及，借冥府进瓜探妻。他的举动逐渐被后人神化。(Giles, 1880：351)

在解释完这一典故之后，翟理斯注明："参照《西游记》第十一回。"(Giles, 1880：351)由于翟理斯当时在汉学界的地位与其《聊斋志异》译本受欢迎的程度，这在一定程度上传播了《西游记》的相关背景知识。以波乃耶(Dyer Ball & J. Dyer Ball)父子的《西游记》译文为例，在詹姆斯·波乃耶为译文添加注释时，他便多次参照翟理斯的《聊斋志异》英译本。其中，詹姆斯·波乃耶对"刘全进瓜"的解释所参照的正是翟理斯的说法。(Ball, 1884：81-82)

1886年，翟理斯出版了《远东事物参照词汇表》(*A Glossary of Reference on Subjects Connected with the Far East*)一书的修订版①，《西游记》出现在"四大奇书"(*Four Wonderful Works*)和"小说"(Novels)这两条新增条目下。作者认为"《三国志演义》《西游记》《金瓶梅》《水浒传》这

---

①　翟理斯的《远东事物参照词汇表》初版于1878年发行。根据笔者查证，该著作共计183页(包含"附录"部分)。就"四大名著"来说，翟理斯只是对《红楼梦》(*Hung-lou-mêng*)词条部分进行了解释。(Giles, 1878：62-63)

四部小说深受中国人的推崇"(Giles，1886：80)。在"小说"条目下，翟理斯这样解释："中国人一般将小说分为奸(usurpation and plotting)、淫(immoralities)、邪(superstitions)、盗(lawless characters)四类，它们分别对应《三国志演义》《金瓶梅》《西游记》和《水浒传》"。(Giles，1886：162)其中，代表"邪"的《西游记》所讲述的是"迷信"。在1900年本书的第三版中，翟理斯在保留上述信息的基础上，增添了"小说最先出现在元朝"这句话。(Giles，1900：195)在1901年出版的《中国文学史》(*A History of Chinese Literature*)中，翟理斯延续了他对《西游记》为"迷信小说"的看法(Giles，1901：276)。

第二节　作为"显性传播"的《西游记》英译文

一、惠雅各对《西游记》的译介

1905年，惠雅各(James Ware)①在《亚东杂志》上翻译了《西游记》的部分章节，译为《中国仙境》("The Fairy Land of China")。在序言部分，译者点评了这部小说的成书背景、出版年份和主要人物。值得注意的是，译者多次借用曾为《西游真诠》作序的康熙年间学者尤侗的观点，并在此基础上提出了自己的独特观点。如尤侗认为《西游记》的中心思想为："一切惟心造而已……盖天下无治妖之法，惟有治心之法，心治则妖治。"(尤侗，1991：1)②惠雅各认同这一观点，他指出："玄奘是良心的象征，他的所有行为都会受到良心的考验。他的袈裟大有裨益，

---

① James Ware 中文名字为惠雅各，这条信息是从上海师范大学施晔《近代传教士所撰上海方言文献考述》一文中看到的。具体请参见：施晔. 近代传教士所撰上海方言文献考述[J]. 道风：基督教文化评论，2017(1)：115-155.

② 笔者此处参照的《西游记》版本为上海古籍出版社于1991年发行的《西游记》，本书的底本为康熙三十五年(1696年)石印本《西游真诠》，由尤侗作序，陈士斌诠解。

因为它可以保护'良心',避免其受到身边各种邪恶力量的攻击。"(Ware,1905:82)对"心猿"孙悟空来讲,"他是人性本恶的代表。当孙悟空做出无法无天的事情时,不管距离多远,唐僧可以通过反复念'紧箍咒'的方法帮助孙悟空恢复理智。孙悟空的金箍棒(iron wand)代表着教义的功能,它或可变大,或可变小,在任何场合都能派上用场。只要孙行者说句话,它不仅可以杳然不见踪迹,也可以拔地倚天,傲然挺立"(Ware,1905:82)。猪八戒则是"粗野激情的象征",而就沙僧来说,惠雅各认为这个人物与《天路历程》中的"恐惧先生"十分相似。"沙僧象征着人类天性的软弱,需要不断的鼓励。因此,每当遭遇险境时,唐僧总会念'自信咒'①(Charm of Confidence)让他重拾勇气。"(Ware,1905:83)

惠雅各将译文②分为四个部分,第一部分为"孙悟空溯源"(第一至

---

① 原著并无相关情节。

② 在明代《西游记》版本系统中,《新刻出像官板大字西游记》(世德堂本)和《李卓吾先生批评西游记》最为流行,但二者均不存在溯源唐僧出身故事的单独章节,这与惠雅各译文第二部分为"唐僧来历"并不符合。朱鼎臣的《唐三藏西游释厄传》存在溯源唐僧出身故事的章节,但是该版本文字粗糙,并且该版本描写孙悟空初入天庭的韵文(朱鼎臣,1984:33-34)与惠雅各译文并不对应,因此可以排除惠雅各以它们为底本的可能性。在清代《西游记》版本中,均存在溯源唐僧出身故事的"陈光蕊赴任逢灾 江流僧复仇报本"章节。从这一角度来说,惠雅各译文底本为清代《西游记》版本。在众多清代版本中,《西游真诠》与《新说西游记》影响最大。"《西游真诠》之后的《西游记》版本,尽管各有其名,诸如《西游原旨》、《通易西游正旨》之类⋯⋯莫不承袭真诠本《西游记》,以它为底本翻刻。"(吴圣燮,2007:123)1888年,上海味潜斋重印张书绅点评的《新说西游记》,并更名为《新说西游记图像》发行,"此书一出,宜乎不胫而走,洛阳为之纸贵"(朱一玄、刘毓忱,2012:365)。由于惠雅各主要采取粗略概括的翻译策略,这使确定底本较为困难。笔者认为,惠雅各译文的底本很有可能是《西游真诠》(或属于此版本系统的《西游记》,如《绘图增像西游记》)。其原因有二:一是惠雅各在序言中多次引用尤侗(《西游真诠》作序者)的观点;二是惠雅各的译文与《西游真诠》中描写孙悟空初入天庭的韵文完全一致。而《新说西游记》则由张书绅批点,惠雅各并未引用;孙悟空初入天庭的韵文则是"金光万道滚红霓,瑞气千条喷紫雾"(张书绅,1994:110),与惠雅各译文并不对应。下文所引用该小说章回目选自上海古籍出版社于1994年发行的《西游真诠》。鉴于《西游真诠》在清代的影响力,笔者在后文提到的麦高温、乔治·泰勒的《西游记》选译回目均以该版本为准。

七回的节译);第二部分为"唐僧来历"(第九回"陈光蕊赴任逢灾 江流僧复仇报本");第三部分为交代取经缘由的第十、十一回("老龙王拙计犯天条 魏丞相遗书托冥吏""游地府太宗还魂 进瓜果刘全续配");第四部分为师徒"西天取经"的经历,译文打乱西行路上劫难的次序,从《西游记》中节译第十三回"唐僧落坑折随从"(陷虎穴金星解厄)、第十四回"收服孙悟空"(心猿归正)、第十九回"悟空降八戒"(云栈洞悟空收八戒)、第二十三回"四圣试禅心"、第二十一回"大战黄鼠精"(须弥灵吉定风魔)、第十五回"降服白龙马"(鹰愁涧意马收缰)、第二十七回"三打白骨精"(圣僧恨逐美猴王)、第二十八回"悟空复仇猎户"(花果山群妖聚义)、第三十一回"智胜奎木狼"(孙行者智降妖怪)、第二十二回"收服沙和尚"(木叉奉法收悟净)、第九十九回"通天河遇老鼋"(九九数完魔灭尽)和第一百回(径回东土,五圣成真)。译文比较简略,有的情节仅仅用几句话就概括完毕。如译文涉及第二十七回"三打白骨精"的情节,惠雅各用一句话就将这一故事一笔带过:

> For killing three hungry ghosts, who were seeking to devour the pilgrims, Yuen Chwang, in a fit of anger, dismissed Sung, who returned at once to his old home. (Ware, 1905:124)

其大致可以翻译为:因打死了三个试图吃掉师徒们的饿鬼,玄奘一气之下赶走了孙悟空,后者立马就回到了自己的老家花果山。(笔者自译)

惠雅各在序言中对自己翻译《西游记》的目的做出解释:"通过'中国仙境'这一故事,我们大致可以掌握中国人是如何看待自己的崇拜对象的。"(Ware, 1905:81)因此,尽管译文篇幅颇小,译者还是不吝笔墨地译出了《西游记》第四回"官封弼马心何足 名注齐天意未宁"中描写天庭景象的一首诗歌:

> 金光万道滚红霓,瑞气千条喷紫雾。金阙银銮并紫府,琪花瑶草与仙芝。(陈士斌,1991:46)

HEAVEN

Truly the city was like burnished gold and sparkling rainbow.

The sweetest odours were borne upon the healthful breezes.

The gold and silver palaces of the Great King

Were encircled by gardens containing flowers of the most exquisite hue. (Ware, 1905：87)

尽管这篇译文对原著的翻译大多比较简略，篇幅上也只有短短的18 页，然而它仍旧有着重大的意义：它意味着惠雅各走出了以往《西游记》译者的“片段式”译法阶段，而是从原著整体出发，试图给西方读者提供一幅《西游记》的“全景图像”，这种尝试值得肯定。

二、翟理斯对《西游记》的翻译与改写

除却“隐形传播”的贡献，翟理斯还为英语世界提供了一些有关这部小说的译文。他的《中国文学史》(*A History of Chinese Literature*) 于1901 年由伦敦的威廉姆·海涅曼 (William Heinemann) 出版公司发行。他在前言中这样写道：“本书是世界所有语言 (包括汉语在内) 来书写一部中国文学历史的首次尝试①，关于中国本土学者对个别文学作品鉴赏品评的著作如汗牛充栋，然而他们似乎从未构想过完成一部类似作品的计划。”(Giles, 1901：v) 它首次以文学史的形式向英语读者展现中国古代文学的整体风貌，为中国文学在英语世界的传播发挥了重要作用。然而需要指出的是，由于作者当时所接触的原始资料有限，翟理斯的这部文学史存在着很多类似以偏概全、不符史实的论断。② 翟理斯的《中国

---

① 根据李明滨的研究，世界第一本中国文学史乃是俄国汉学家瓦西里耶夫所著的《中国文学史纲要》，见《世界第一部中国文学史的发现》，载《北京大学学报》，2002 年第 1 期，第 92-95 页。

② 如翟理斯将屈原的《卜居》《九歌》统称为《离骚》，实际上它们应该属于《楚辞》。

文学史》基本上按照中国历史朝代的顺序，将中国文学的历史发展分为八个时期。其中，《西游记》被放置于第六部分的第三章"元代小说"中，并与《水浒传》《三国演义》放在一起探讨。翟理斯认为中国小说可以基本分为四类题材：一是涉及篡权与诡计，二是有关爱情与阴谋，三是反映封建迷信，四是描写土匪与暴徒。（Giles，1901：276）从中我们不难发现，翟理斯对中国小说的分类实际上还是延续了其在《远东事物参照词汇表》中对"四大奇书"的看法。在这部著作中，他这样评论《西游记》："这部小说文笔流畅通俗，深受人们的喜爱。"（Giles，1901：281）继而指出这部小说与《大唐西域记》的不同之处，"它以玄奘西赴印度求取佛经为背景，然而，除小说主角使用玄奘这一名号、旅程目的均为求取佛经以外，二者并没有什么共同之处。《西游记》是中国人喜闻乐见的小说典型"（Giles，1901：281-282）。其后，翟理斯言简意赅地介绍了石猴（即孙悟空）访仙寻道、官封弼马温、大闹蟠桃会、二郎神擒悟空这些情节后，选取小说第七回"八卦炉中逃大圣　五行山下定心猿"的后半部分（即孙悟空困囚五行山）、第九十八回"猿熟马驯方脱壳　功成行满见真如"中的"无底船渡凌云仙渡"翻译。值得一提的是，在翻译"凌云仙渡"时，翟理斯认为这一情节与基督教文学代表作品《天路历程》颇为相似，因而在处理相关情节时，用基督教的理念取代了原文的佛教思想。请看以下这个例子：

> 三藏心惊道："悟空，这路来得差了，敢莫大仙错指了？此水这般宽阔，这般汹涌，又不见舟楫，如何可渡？"行者笑道："不差！你看那壁厢不是一座大桥？要从那桥上行过去，<u>方成正果</u>哩。"长老等又近前看时，桥边有一扁，扁上有"凌云渡"三字……

> At this he was somewhat startled, and turning to Wu-k'ung (the name of the monkey) said, ' Our guide must surely have misdirected us. Look at that broad and boiling river; how shall we ever get across without a boat? ' ' There is a bridge over there, ' cried Wu-k'ung, ' which you must cross over in order to <u>complete your salvation</u>. ' (Giles, 1901：285)

在佛教学说上，经历重重贪、嗔、痴等方面的考验以及灾劫磨难，最终领悟佛法的深奥内涵，面对诱惑心不动，面对威胁从善之心不改，可以称为"修成正果"，而翟理斯将其译为"complete your salvation"，其中 salvation 为"救赎"之意，为基督教的核心教义之一，很明显翟理斯采用"归化"的翻译策略，用基督教的术语代替了原著的佛教术语。

1910 年，翟理斯应邀为高恩国际图书馆编译《中国神话故事》(*Chinese Fairy Tales*)，该书被收入"高恩国际图书系列"(Gowan's International Library Series)。翟理斯选取唐代传奇小说《枕中记》("The Magic Pillow")、《石猴》("The Stone Monkey")，以及《聊斋志异》中的《香玉》("The Flower Fairies")、《鸲鹆》("The Talking Bird")、《骂鸭》("Theft of a Duck")、《崂山道士》("Learning Magic")、《种梨》("The Wonderful Pear-tree")、《画皮》("The Painted Skin")等 12 个故事。其中，《石猴》即《西游记》第一回至第七回"猴王溯源"的翻译。阅读译文我们发现，翟理斯对这一故事的阐释有着两个显著的特点。首先，翟理斯对原著的相关情节进行了大幅缩译，译者仅仅用了不到4 页的篇幅讲述原著前七回的故事。其次，翟理斯对原著的情节，甚至人物采取了改写的翻译策略。如翟理斯删掉了原著的玉皇大帝，通篇用"如来佛祖"(Lord of Buddha)取代玉皇大帝。在翻译孙悟空与如来佛祖打赌的情节时，翟理斯"顺手"改变了原著中孙悟空"被压五行山"的结局，取而代之的是"现在返回你的花果山，今后好自为之"[1]。之所以这么做，我们认为这很可能一是为了减轻目的语读者的阅读负担；二是翟理斯有意将这则故事与《中国神话故事》中其他简短的故事形成均衡的布局。

三、麦高温《中国民间故事》对《西游记》的选译

1910 年，英国传教士麦高温(John Macgowan)的《中国民间故事》

---

[1] 翟理斯的"译文"为：Now go down to earth, and learn to keep in your proper place. (Giles, 1910：10)

(*Chinese Folk-lore Tales*)由麦克米兰有限公司(Macmillan and Co., Limited)发行,该选集共选译 11 篇中国小说故事①,其中有 4 则译自《西游记》。它们分别是《光蕊与河神的故事》("Kwang-Jui and the God of the River"),该故事译自《西游记》第九回"陈光蕊赴任逢灾 江流僧复仇报本";《神秘袈裟的故事》("The Mysterious Buddhist Robe"),该故事译自《西游记》第十二回"唐王秉诚修大会 观音显圣化金蝉"、第十四回"心猿归正 六贼无踪"以及第九十八回"猿熟马驯方脱壳,功成行满见真知";《文殊菩萨复仇故事》("The Vengeance of the Goddess"),该故事译自第三十七回至第三十九回"除妖乌鸡国";《三藏与水妖》("Sam-Chung and the Water Demon")译自《西游记》第四十七回至第四十九回"通天河大战灵感大王"。该四则故事皆独立成篇,较为符合《西游记》的故事特征;此外,译者之所以将这四则故事分散到译本中,原因很可能在于麦高温有意不希望读者了解到这四个故事选自同部小说的事实。为实现自己的目的,译者将孙悟空分别译为"monkey"(《神秘袈裟的故事》)、"Hing"(《文殊菩萨复仇故事》)、"Chiau"(《三藏与水妖》);而将唐僧译为"Sam-Chaong"(《神秘袈裟的故事》)、"Hien-Chung"(《文殊菩萨复仇故事》)、"Sam-Chung"(《三藏与水妖》)。为使译文通顺流畅,麦高温也改写了原著的部分情节。以《光蕊与河神的故事》为例,原著对谋害陈光蕊的船工刘洪在身世上并无交代,为了使原本身份低微的刘洪"顺利"假冒陈光蕊赴任江州,译者对刘洪的形象做了两方面的"修补":一是将其塑造为读书人,这就解决了刘洪上任后政务处理的问题;"他原本是一个读书人,家世显赫。但由于其道德堕落,他逐渐在社会上沉沦。最终他在家乡难以为继,只能来此做船工混口饭吃。"

---

① 据笔者考证,除四则故事译自《西游记》外,其他篇目依次为:"The Widow Ho"译自清代公案小说《施公案》第 300 至 304 回(第 300 回"风卷麻裙含冤待白 尘埋绣履抱屈难申"至第 304 回"一再开棺甘为佐证 重对质立破沉冤";"The Beautiful Daughter of Liu-Kung""The Fairy Bonze""The God of the City"分别为《聊斋志异》中的《鲁公女》《宫梦弼》《王六郎》;"The Tragedy of the Yin Family"译自清代白话短篇小说集《娱目醒心编》中的第 10 卷"图葬地诡联秦晋 欺贫女怒触雷霆";"The Reward of a Benevolent Life"译自明代公案小说《包公案》中的第十二则故事《石狮子》。

(Macgowan，1915：26)二是在刘洪的个人长相上，麦高温同样进行了改写："刘洪发现陈光蕊与本人长得非常像，他决定假冒陈光蕊去江州赴任。"(Macgowan，1915：27)可以说，在麦高温的译笔下，译文的逻辑性非常合理。

四、晚清时期其他《西游记》英译文

(一) 波乃耶父子对《西游记》的译介

从 1883 年到 1884 年，《中国评论》(*The China Review*)连续刊载了题为"中国神话选译"("Scraps form Chinese Mythology")的一系列译文，该标题下方注明译者为"已故文学硕士和医学博士波乃耶"(Translated by the late Rev. Dyer Ball., M. A., M. D.)，注释则由其子詹姆斯·波乃耶(Annotated by J. Dyer Ball)完成。其中，《中国评论》在 1884 年第 13 卷第 2 期刊登了名为《海龙王与算卦先生》("The Sea Dragon and the Fortune Teller")的译文，根据扬州大学蔡乾博士的考证，其内容是明代神魔小说《四游记》①中《西游记传》卷一"魏征梦斩老龙""唐太宗阴司脱罪"以及"刘金进瓜还魂"的相关情节。《西游记传》为明代杨致和所编，全书共计四十一回。与明、清百回本《西游记》相比，二者在情节上较为相似，只是杨致和的版本较为简略，一般称之为《西游记》节本。在这四则《西游记》译文中，共附有詹姆斯·波乃耶所撰写的 140 余条注释。在译介《西游记》的栏目中，译者将《海龙王与算卦先生》与《东海龙王太子破酒戒》("The Dragon's Son Takes the

---

①　《四游记》为吴元泰撰的《东游记》、杨志和删节后的《西游记》简写本以及余象斗撰的《南游记》与《北游记》之合称。其中《东游记》全书五十八回，叙述八仙得道故事。《西游记》共四十一回，为杨志和编。《南游记》全书十八回，余象斗编，主要讲述华光大帝为救母而大闹天宫地府之事。《北游记》共计二十四回，亦为余象斗编，讲述真武大帝成道及降妖之事。鲁迅《中国小说史略》第十六篇"明之神魔小说"(上)这样评价《四游记》："凡所敷叙，又非宋以来道士造作之谈，但为人民间巷间意，芜杂浅陋，率无可观。"(鲁迅，1927：167)

Temperance Pledge and Breaks it")①同时刊登。可见,译者想要突出的重点是有关中国龙的民间故事。在这则译文中,詹姆斯·波乃耶对"海龙王"的注释甚至达到整篇译文篇幅的三分之二,我们甚至可以将其视作一篇比较东西方龙文化的专业论文。有关这篇译文的探讨,学者蔡乾已做了详细、令人信服的考释②,本书不再赘述。

(二)G. 泰勒对《西游记》的译介

《中国评论》还于 1887 年第 16 期第 3 卷刊登了题为《中国民间传说》("Chinese Folk Lore")的文章,它由两部分组成。其中第二篇为"文学宝藏"("The Marvellous in Literature"),由 G. 泰勒(G. Taylor)翻译。该译文选取《西游记》前七回的内容,以孙悟空为中心人物,讲述了孙悟空破石而出、拜师学艺、大闹天宫、被压五行山的相关情节。1889年第 17 卷第 5 期的译文题为《玄奘的离奇身世》("The Marvelous Genealogy of Hsuen Tseng"),即《西游记》第九回"陈光蕊赴任逢灾 江流僧复仇报本"的译文。该译文以唐僧为中心,讲述了他的身世以及为父报仇的故事。1890 年第 18 卷第 4 期的译文名为"The Adventures of an Emperor in Hell",即《皇帝地府历险记》,译文讲述了"魏征斩龙""唐王游地府""刘全进瓜"这些内容,即《西游记》第十回到第十二回的选译。该段译文的特色是译者详细叙述了唐王在阴曹地府的所见所闻,如对"十八层地狱"的翻译,上述两段译文同样由 G. 泰勒译出。自此,《西游记》前十二回故事在英语世界得到完整的翻译。

(三)乔治·甘霖对《西游记》的译介

1898 年,乔治·甘霖(George T. Candlin)的《中国小说》(*Chinese Fiction*)在芝加哥出版。甘霖认为中国小说大体上可以分为三种类型,分别为历史小说(historic)、神话小说(mythic)与人情小说

---

① 该则故事为《南游记》第三回"灵耀分龙会为明辅"的翻译。
② 请参见:蔡乾. 波乃耶父子《西游记》节选译介考论[J]. 国际汉学,2018(1):57-67,204.

（sentimental）。在阐释神话小说时，他列举了四部中国古代文学作品，分别为《平妖传》（*The Exorcising of the Devils*）、《聊斋志异》（*Diversions of a Studio*）、《封神演义》（*The Apotheosis of Spirits*）以及《西游记》（*The Western Excursion*）。在该著作中，乔治·甘霖选译了《西游记》中的"四圣试禅心"（"A Curious Game at Blind Man's Buff"）、"孙悟空三借芭蕉扇"（"The Quenching of the Burning Mountain"）这两个故事。值得一提的是，乔治·甘霖从上海广百宋斋出版的《绘图增像西游记》中选取"四圣试禅心""行者一调芭蕉扇""孙行者三调芭蕉扇"这三幅插图，将它们插入译文，插图的使用不仅可以给读者提供最直接的视觉感受，而且对提高他们的阅读兴趣、加深对原著内容的理解大有裨益。

第三节　本阶段《西游记》"显性译文"的译者身份探析

在本时期的《西游记》英译者中，由于刊发这些《西游记》英译文的期刊、书籍并没有对译者做专门的介绍，他们甚至湮没在漫漫《西游记》英译史的长河之中。以 G. 泰勒为例，《中国评论》只是简略说明了他所从事的职业，"1877 年入职大清皇家海关总税务司（Chinese Imperial Maritime Customs Service）"，甚至对其真实姓名也是"讳莫如深"。我们认为，译者的身份与翻译目的在很大程度上存在着千丝万缕的联系，这就使确定译者身份成为亟待解决的问题。

波乃耶（Dyer Ball）为美国公理会派遣来华的传教士医生，先后在澳门、香港传教。1845 年波乃耶携全家迁居广州。在广州，他花费大量精力从事医疗工作和编写用于传教的小册子，1866 年病逝于广州。可以看到，他的《西游记》译文完成于 1866 年之前。詹姆斯·波乃耶（James Dyer Ball）是波乃耶的幼子，其有关中国的著作颇丰，如《英汉食谱》（*The English-Chinese Cookery Book*，1890）、《中国风土民情事物记》（*Things Chinese: Or, Notes Connected with China*，1892）、《澳门：东方明珠》（*Macao: The Holy City: The Gem of the Orient Earth*，1905）以及多种学习粤语、客家话等中国方言的语言学习手册。

1867 年，翟理斯通过英国外交部的选拔考试，来华任职于英国驻华使馆。1893 年以健康欠佳为由辞职返英，其在华生活长达 26 年。1897年，翟理斯接替威妥玛(Thomas Francis Wade)，成为剑桥大学第二任汉学教授。他一生笔耕不辍，不仅翻译了大量的中华典籍，而且发表了大量与中国典籍和文化相关的论文，为中华文化走向英语世界作出了卓越的贡献。正因为如此，他与德庇时(Sir John Francis Davis)和理雅各(James Legge)并称为英国早期汉学"三大宗师"。其代表性作品包括《聊斋志异》英译本、《古文选珍》(Gems of Chinese Literature, 1884)、《佛国记》(The Travels of Fa-hsien)、《古今姓氏族谱》(Chinese Biographical Dictionary, 1898)、《华英词典》(A Chinese-English Dictionary, 1912)、《中国与中国人》(China and the Chinese, 1912)等作品。

再次回到 G. 泰勒的真实身份这一话题。通过检索《中国评论》，笔者发现除翻译《西游记》部分章节外，G. 泰勒的译文还包括《笑林广记》(Celestial Humor: Selections from the 'Hsiao Lin Kuang')、《乾隆游江南》(A Chinese Haroun Al Raschid)、《粉妆楼》(Heroes and Villains in Chinese Fiction)中的一些片段。根据英国汉学家杜德桥(Glen Dudbridge)的研究，G. 泰勒的姓名全称为乔治·泰勒(George Taylor)，"于 1877 年入职大清皇家海关总税务司(Chinese Imperial Maritime Customs Service)，此后被调往南岬(The South Cape)担任守望灯塔的职务。1882 年被调往鹅銮鼻，协助建鹅銮鼻灯塔"(Dudbridge, 1999：3)。在此期间，他与台湾土著居民频繁接触，并撰文记录他们的生活状况和风土民情。①1889 年，G. 泰勒被调往上海，从事文案工作。

惠雅各为美国基督门徒教会(Disciples of Christ)成员，于 1890 年接受派遣，与妻子丽莉·惠雅各(lillie Ware)一同在上海传教。其主要负

---

① 《中国评论》于 1886 年第 14 卷(121-126；194-198；285-290)刊登他的《台湾的土著居民》(Aborigines of Formosa)，并附有描述当地土著居民的 10 幅木版画，这些版画生动直观记录了他们的生活状况，给我们留下了弥足珍贵的资料。

责在教会学校向学员传教布道，以让更多的中国人皈依基督教。① 除在《亚东杂志》上刊登《西游记》英译文以外，惠雅各于1906年在该杂志上还发表了《一位著名的书法家：朱夫子》(A Famous Penman：Chu Foo Tsz) 的短文。在这篇文章中，惠雅各对朱熹书法技艺大加赞赏，在拓印并翻译了朱熹的代表书法作品"鸢飞月窟地，鱼跃海中天"之后，作者继而从《中庸》《诗经》中探源，指明这句话的来历②。从中我们可以看到，惠雅各具备一定的中文水平。

乔治·T.甘霖全名为乔治·托马斯·甘霖 (George Thomas Candlin)，1853年4月15日出生于英国西部的什罗普郡 (Shropshire) 道利 (Dawley) 小镇。他自幼在故乡生活、学习，青少年时期即受洗，加入当地的卫理公会 (Methodist New Connexion)，并立志将毕生奉献给基督教事业。青年时期的乔治·托马斯·甘霖对教会事务颇为投入、勤恳，身为布道者，他被派往其他地区从事教务活动。1875年，他被委任为见习牧师。1878年他被派遣到中国卫理公会"华北教区"(North China Mission)，先后在辽宁、山东北部、天津、唐山等地传教，在华共计46年之久。甫到中国，他便全身心学习中文，凭借其过人的天赋和勤奋，他在汉语典籍、诗歌和小说上有着很深的造诣，《中国小说》便是其代表作品。③ 除此之外，他还撰写了英国卫理公会在华传教士殷

---

① 参考资料来源于狄德满 (R. G. Tiedemann) 的《在华基督教会指南》(Reference Guide to Christian Missionary Societies in China，2009：54) 以及拉哈曼 (W. J. Lhamon) 的《基督门徒教会的领地与势头》(Missionary Fields and Forces of the Disciples of Christ，1898：37)。

② 此句来源于《诗经·大雅·文王之什·旱麓》："鸢飞戾天，鱼跃于渊。"

③ 参考资料来源于弗兰科·特纳 (Frank B. Turner) 于1924年10月1日刊登于《教务杂志》(The Chinese Recorder) 的《缅怀尊敬的甘霖博士》(In Remembrance：Rev. G. T. Candlin, D. D.)，而就乔治·托马斯·甘霖的《中国小说》来说，截至2022年11月27日，该著作在120余年中流传到至少12个国家和地区，遍布亚洲、欧洲、北美洲和大洋洲等主要区域。全球最大的联机书目数据库"在线编目联合目录"(Worldcat) 显示，《中国小说》遍布全球的126家公立图书馆，除了美国、英国、澳大利亚等英语国家之外，德国、意大利、日本、荷兰、马来西亚、菲律宾等非英语国家的图书馆也有可观的馆藏记录。这在一定程度上揭示了《中国小说》的世界性影响力。

森德（John Innocent）的传记《殷森德：华北传教记》（*John Innocent：A Story of Mission Work in North China*），该书于 1909 年在伦敦出版。

　　麦高温是英国伦敦会传教士，他于 1860 年来华，先后在上海、厦门传教，直至 1910 年回国，其在华传教时间长达 50 年之久。① 更值得一提的是，麦高温著述颇丰，其著作涉及语言方言类词典编纂、中国历史、传教经历，以及中国文学等范畴。代表著作包括《厦门方言英汉字典》（*English and Chinese Dictionary of the Amoy Dialect*，1883）、《中国通史》（*A History of China：From the Earliest Days down to the Present*，1897）、《南中国掠影》（*Pictures of Southern China*，1897）、《中国人生活的明与暗》（*Lights and Shadows of Chinese Life*，1907）以及元杂剧《汉宫秋》（*Beauty：A Chinese Drama*）英译本等。

第四节　本阶段译者的译介动机考察

　　随着西方帝国主义的殖民扩张，地大物博、资源丰富的中国成为西方国家所觊觎的对象。"如果把 1840—1876 年刊登在英、美、法、德等国期刊上的文章作一个通览，也许是衡量欧洲人和美国人对中国感兴趣程度的最有效方法，也是衡量西方人对中国及其人民的认识水准的最适当途径。从整体看，这些文章表明：与欧洲大陆的公共事务相比，英国人和法国人对中国的事情更感兴趣。在 1840 到 1876 年，有 1000 多篇长短不同的、涉及中国若干方面问题的文章刊登在 30～40 家英国和美国的期刊上。"（Mason，1939：47-48）大量与远东、中国相关的报刊应运而生，这些报刊包括西方人在香港、上海所开办的英文报刊，如《中国丛报》（*The Chinese Repository*）、《北华捷报》（*North-China Herald*）、《教

---

　　① 引自 2003 年福建师范大学李颖的博士论文《基督教拯救中国？——伦敦会传教士麦嘉湖研究》，麦高温有多个汉语名字，也叫麦嘉湖。更多麦高温的生平事迹，可以参看该博士论文第 6-8 页。

务杂志》(*The Chinese Recorder*)等,而之所以创办这些英文报刊,目的是为了解这些地区人民的思想、经济、政治状况,以此配合西方国家的在华殖民活动。以刊发过《西游记》英译文的《亚东杂志》为例,编者在扉页上标明了这份杂志的创办目标:A Mirror of Far Eastern Life and Thought(了解远东地区人们生活和思想的一面镜子)。

对中国古典文学的翻译和介绍则是这些报纸、期刊的重要内容。在他们看来,一方面,与中国士大夫阶级对小说抱有的偏见不同,西方人士认为小说是与戏剧、诗歌同等重要的题材;另一方面,这些文学作品不仅是了解中国的"窗口",同时也是反映中国人思想状态的"镜子"。因为通过阅读这些中国小说,可以洞察中国人的思想状态。其中,伟烈亚力在其《汉籍解题》中的观点最具代表性:

> 即便是那些优秀的小说,中国人也不会将它们视为民族文学的组成部分。然而对那些浸淫过西方思想的人来讲,小说或是浪漫文学的重要性不容忽略。阅读这些小说,可以更好地洞察该民族在不同历史时期的风俗礼仪、处于不断变化状态的语言特征。再者,阅读这些小说,可以为大部分人提供大量的历史知识,而且在塑造个人性格的作用上也不能被忽视。尽管(中国)学者们对这些作品仍然持有偏见,然而,它们的重要性不可等闲视之。(Wylie,1867:161)

就本时期《西游记》英译文译者来讲,除翟理斯有着很深的汉学积淀外,其他译者大多是"业余的汉学家",他们的身份多是传教士或者领事馆工作人员。翻译目的论认为"弄清楚翻译原文的目的以及译文的功能对于译者来言至关重要"(Munday,2014:79)。与本时期近代外文报刊对中国古典小说的译介目的一样,《西游记》之所以受到关注,也与西方人将其视为"了解中国的窗口"的原因相关。受到具体历史语境和译者特殊身份的影响,他们译笔下的《西游记》在很大程度上被涂抹上了浓厚的"意识形态"色彩,加上作为"神魔小说"的代表作品,这部小说被视作了解中国人信仰、思想状态的工具，原著的文学性在很大程度上遭到抹杀。在惠雅各翻译的《西游记》序言中，译者这样写道：

> 通过"中国仙境"这一故事，我们大致可以掌握中国人如何看待自己的崇拜对象。他们所信奉的神明受制于时间和空间，这些神明们具有人一样的情感。总之，他们不过是永生的人类而已。因此，中国人既不爱戴，也不尊敬他们。之所以要崇拜他们，原因在于中国人被带有奴性的恐惧感所支配。《西游记》中有着形形色色的妖魔鬼怪，他们有好有坏。然而，对一般中国人来说，他们坚信这些妖怪是真实存在的，因此这些中国人一生的行为举止都要求取神明的安排指示。（Ware，1905：81）

在中国，敬天、祭神、拜祖等多神崇拜活动无处不在，并在中国人身上根深蒂固，而基督教则坚信一神论的上帝观。它认为统治宇宙万物的只有唯一的神，神是独一无二的，而且是永生不灭的。《圣经·以赛亚书》中说："我是耶和华，在我以外并没有别神。"（2009：709）《圣经·出埃及记》中神对摩西说："我是自有永有的。"（2009：55）通过惠雅各的评论，一方面我们可以看到译者的翻译动机：掌握中国人是如何看待自己的崇拜对象的；另一方面，译者带有一种居高临下的基督教文化优越感，而对中国人的信仰不以为然。在当时的历史语境下，这样的情况可以说并不鲜见。因为在绝大部分来华传教士眼里，基督教文化是"任何地区建立真正文明、进步社会的根本条件"（Healy，1970：135）。而晚清中国人的信仰（尤其是迷信观）成为他们大力鞭挞的主要对象。

乔治·托马斯·甘霖不仅将神话小说视为中国小说的重要分支，更是将其看作东方民间传说的源头。而之所以要了解这类小说，译者给出自己的解答："只有如此，我们才能对那些让中国人深陷其中、不能自拔的复杂迷信观念知根知底。"（Candlin，1898：30）不惟本时期《西游记》的译者，很多传教士在译介中国古典神话小说时也存在类似的倾向。如甘路德(J. C. Garritt)认为传教士应该将《封神演义》这样的作品纳入阅读范畴，原因是"它们展示了中国人的思想状态，不仅有助于我们了解中国人无知的迷信观念，而且会让我们知晓与其迷信观念作斗争的方式"（Garritt，1899：174）。

第五节 "援佛入耶"：李提摩太对《西游记》的"基督式"阐释

1913 年，上海广学会（Christian Literature Society's Depot）推出了英国传教士李提摩太的《西游记》英译本《天国之行：一部伟大的中国史诗和寓言》，这是首个《西游记》英译单行本（见图 2-1、图 2-2），在这部小说的英译史上占据着重要的地位。通过前文提到的清末民初的"传教士汉学家"对这部小说的评价，我们知晓他们在很大程度上只是将《西游记》当作了解中国人思想状态的"迷信小说"，对其文学价值评价并不高。在李提摩太眼中，这部小说被视为"伟大的史诗与寓言"。从表面来

图 2-1 李提摩太《西游记》英译本封面　　图 2-2 李提摩太《西游记》英译本扉页

看，李提摩太眼中的这部"伟大作品"与多数传教士所定位的"迷信小说"看起来有着很大的差异，然而从本质意义层面来说，李提摩太对《西游记》的阐释与本时期的译者如出一辙，即他们都将这部小说视作传播基督教的工具。唯一的区别是，李提摩太采取的是"褒扬"措施，而非多数传教士的"贬抑"方式。在他的阐释下，《西游记》成为蕴涵深刻基督教内涵的小说。

一、李提摩太其人介绍

李提摩太系晚清著名在华传教士。1859 年，14 岁的李提摩太接受洗礼，成为英国浸礼会(Baptist Churches)的信徒。之后的 1865 年至 1869 年，他进入哈佛孚德神学院(Haverforwest)，开始系统学习神学。其间他曾积极参与神学院的课程改革运动，其中改革的一项就是"要求神学院设置包含埃及、巴比伦、印度、中国在内的世界通史，取代单纯的欧洲历史课程"(Richard, 1916：9)，校领导最终同意了他们的要求。由此可见，在李提摩太来华之前，他就已经对中国历史有了初步的了解。1866 年，由浸礼会(Baptist Churches)资助的戴德生(James Hudson Taylor)深入中国内地传教，并创立"中国内地会"(China Inland Mission)，这个传教组织的创立对浸礼会内部产生了很大的震动。之后的 1868 年，在听得有关"内地会"在中国的传教计划演讲后，李提摩太被他们那种带有英雄主义的、自我奉献的传教精神所感动。在哈佛孚德神学院的求学生涯行将结束时，李提摩太决定加入他们的传教队伍之中，并向浸礼会提交了前往中国北方传教的申请。当教会问及原因时，他这样回答："因为中国人是非基督教信仰中文明程度最高的民族，当他们皈依基督教后，会对欠开化的周边民族传播福音大有益处……当北方的中国人成为基督徒后，他们会影响整个帝国同胞们对基督教的看法。"(Richard, 1916：29)1869 年 11 月 17 日，李提摩太搭乘"亚克利号"轮船离开英国，从此开启了漫长的中国传教生涯。在抵达香港后，李提摩太听从乔治·摩尔(George Moule)牧师的建议，开始学习中文的

212 个部首。1870 年 2 月，李提摩太到达上海，正式开始了在中国的传教活动。之后他身体力行，积极参与"丁戊奇荒"的赈灾活动。1886 年，李提摩太结束了为期近两年的休假，再次踏上前往中国的旅程。1890年，通过李鸿章的介绍，李提摩太应邀出任天津《时报》(*Shin Pao*)主编，短短一年之内他在《时报》上发表有关世界政治、经济、改革方面的社论 200 余篇，这是他正式投身中国政坛的标志性事件。1890 年，广学会创立者韦廉臣(Alexander Williamson，1829—1890)去世，李提摩太接替韦廉臣担任该会督办(后改称总干事)。该机构宗旨为"以西国之学，广中国之学；以西国之新学，广中国之旧学"(古吴困学居士①，1896：8)，编译出版了大量有关政法、史地、实业、理化等方面的书籍，并发行《万国公报》《中西教会报》《大同报》《女铎报》等报刊。在李提摩太当政广学会的 25 年期间(1891—1916)，他主持翻译了一大批深刻影响当时中国思潮的西方作品。比如，他与助手蔡尔康合作，将英国历史学家马恳西(Robert Mackenzie)的《十九世纪史》(*History of the Nineteenth Century*)译为《泰西新史揽要》出版。《十九世纪史》主要介绍19 世纪欧美各国政治变法的历史，在西方史学著作中地位很低，甚至被评价为"观点狭隘、受着文化局限而又沉闷冗长的三流作品"(邹振环，1996：101)。然而《泰西新史揽要》在中国出版后却风行一时，"该书卖出一百万部以上，翻版及节本者尚不在内，为维新时期最风行的读物"(张星烺，1934：42)。此外，由他翻译的《百年一觉》(据美国作家爱德华·贝拉米(Edward Bellamy)的小说《回顾，2000—1987》节译)也有很大的影响，"这两本书在中国知识界造成的影响，标志着西学翻译运动的转折点"(孔慧怡，2005：161)。

1906 年，以他的《中国诸神表》(*Calendar of Gods in China*)为标志，李提摩太转而书写和翻译中国宗教的作品。这包括《万众皈依》

① 根据杨代春的研究，"古吴困学居士"为清末翻译家沈毓桂(1807—1907)的别号。参见：杨代春. 华人编辑与《万国公报》[J]. 湖南大学学报(社会科学版)，2008(6)：21-26.

(*Conversion by the Million in China*: *Being Biographies and Articles*, 1907)、《选佛谱》(*Guide to Buddhahood*, 1907)、《大乘起信论》(*The Awakening of Faith in the Mahayana Doctrine*, 1907)、《大乘佛教新约》(*The New Testament of Higher Buddism*, 1910)、《李提摩太致世界释家书》(*An Epistle to All Buddhists Throughout the World*, 1916)以及《西游记》英译本等作品。在李提摩太的这些著作(包含译作)中，"援佛入耶"是其典型的翻译特点。在他看来，佛教是基督教在亚洲的变异形式，因此他屡次使用"格义"的翻译手法，用基督教词汇取代原著的佛教词汇，以此达到传教的目的。①

二、李提摩太"援佛入耶"思想形成的历史背景

早在山东青州传教时期，李提摩太就开始研习与中国宗教相关的书籍，这包括《近思录》《金刚经》等作品。与早期来华传教士(代表性人物如郭实腊、马礼逊等)对中国佛教采取鄙视的态度不同，从 19 世纪晚期开始，就有一大批传教士以学术的眼光细致地研究中国佛教，这其中包括艾约瑟(Joseph Edkins)、塞缪尔·毕尔(Samuel Beal)、苏慧廉(William Soothill)、欧德理(Ernest John Eitel)、艾香德(Reichelt Ludvig)以及李提摩太等人。艾约瑟是最早用学术眼光研究中国佛教的来华传教士，他的《中国佛教》(*Chinese Buddhism*: *A Volume of Sketches*, *Historical*, *Descriptive and Critical*, 1880)"对西方汉学界影响深远，以至今日仍是西方了解中国佛教的必读参考书"(李新德，2007：116)。然而在艾约瑟看来，中国的宗教(儒教、道教、佛教)始终是基督教入主中华的巨大障碍，他在《远东早期宗教思想的传播》(*The Early Spread of Religious Ideas*: *Especially in the Far East*, 1893)中这样评价佛教："它迷惑了中国的知识分子，让他们落入无神论的陷阱中，是佛教本身的思想误导了他

---

① 可参见：常凯. 菩萨道与上帝国——李提摩太与《大乘起信论》的耶化诠释[J]. 基督宗教研究，2021(2)：465-475.

们。"（Edkins，1893：111）塞缪尔·毕尔有关中国佛教的著作主要包括
《汉文佛典纪要》(*A Catena of Buddhist Scriptures from the Chinese*，1871)、
《中国佛教》(*Buddhism in China*，1884)、《佛国记》(*The Travels of Fah-
Hsien and Sung-Yun*，1869)、《大唐西域记》(*Si-Yu-Ki：Buddhist Records
of the Western World*，1884)、《大慈恩寺三藏法师传》(*The Life of Hiuen-
Tsiang. Translated from the Chinese of Shaman Hwui Li*，1911)等。根据《多
默行传》的记载，作为十二使徒之一的圣多默（St. Thomas）曾远到印度
传教，由于缺乏明确的证据，历史上对这一说法众说纷纭，未有定论。
塞缪尔·毕尔则坚信这一说法是真实的。他在《中国佛教》中写道："马
鸣曾在大约公元 50 年在北印度迦腻色迦王手下任职，而那时候圣多默
也在该地区传教。马鸣的著作以中文的形式流传下来，仔细阅读这些作
品，我们发现其中混杂着假冒基督教教义的成分。"（Beal，1884：138）
作为大乘佛教的根基，《大乘起信论》的地位不言而喻，但是塞缪尔·
毕尔对其权威性提出了质疑，"之前这部作品并没有被研究者仔细研究
过，在我翻译了部分章节后，我认为它与小乘佛教教义恰好相左，却与
基督教的某些形式紧密相连"（Beal，1884：138）。也就是说，在塞缪
尔·毕尔看来，大乘佛教正是基督教在亚洲的"变形"。塞缪尔·毕尔
的观点对李提摩太的佛教观念产生了直接影响，他在《李提摩太致世界
释家书》中这样写道："多马与约翰同传道于亚细亚，使变更释教，其
道遂亦遍布亚洲。"①（Richard，1916a：24）值得一提的是，李提摩太不
仅对中国佛教典籍（尤其是大乘佛教）进行了系统严肃的翻译，更是走
出书斋，与中国佛教界人士展开了一系列的交流与对话。举例来说，他
曾与晚清致力复兴中国佛教的代表人物杨仁山居士合作，翻译出版了
《大乘起信论》。他的努力大大推动了晚清时期"佛耶对话"的发展进程，
可以说他是这一时期的里程碑人物。

---

① 本书所用《李提摩太致世界释家书》汉译文字由闽侯邵所译，下同。

三、李提摩太翻译《西游记》动机探析①

《西游记》是李提摩太翻译的唯一一部中国古典小说,那么《西游记》是如何走入李提摩太的视野的? 他选择翻译这部小说的原因是什么?

(一)清代民间的"猴王崇拜"

清代著名文学家蒲松龄曾创作短篇文言小说《齐天大圣》,收录在其《聊斋志异》第十一卷,"客言大圣灵著,将祷诸祠。盛未知大圣何神,与兄俱往。至则殿阁连蔓,穷极弘丽。入殿瞻仰,神猴首人身,盖齐天大圣孙悟空云"(蒲松龄,2017:1494)。通过这句话的描述,我们可以了解到,清代时期在福建地区存在"猴王崇拜"的民俗。美国学者周锡瑞(Joseph W. Esherick)在其《义和团运动的起源》(*The Origins of the Boxer Uprising*)一书中探讨 19 世纪末山东秘密宗教仪式时,曾引用一位德国传教士有关当地风俗的记载:"在正月里,村子挑选 4 名青年男子,把他们带到庙里或其他合适的地方,在那里背诵顺口溜:'一匹马,两匹马。孙猴王来玩耍。一条龙,两条龙,猴王下凡逞英雄。'随后,这四个人脸朝下躺着,只到有时被猴王附体为止。"(Esherick,1987:62-63)可见,这个风俗是与《西游记》主角孙悟空有关的。曾在山东农村传教的美国传教士明恩溥(Arthur Henderson Smith)在其《中国人的德行》(*Chinese Characteristics*)中曾指出:"在一些地区,这只猴子(指孙悟空,笔者注)会被人们当成雨神来祭拜,它既不是河神,也不是战神。"(Smith,1894:164)从这两则传教士的记载来看,有关《西游记》的传奇故事很可能在当时的山东地区较为流行。而作为《西游记》译

---

① "李提摩太翻译《西游记》动机探析"这一部分受到中国社会科学院外国文学研究所于怀瑾论文的启发,特此致谢。参见:于怀瑾. 从《西游记》的翻译看李提摩太的宗教理想[J]. 烟台大学学报(哲学社会科学版),2014(6):62-70.

者的李提摩太在参与"丁戊奇荒"的赈灾活动时，曾详细描述山东青州官员和民众因旱灾到各样寺庙里祈祷求雨的行为，"当官员在庙中的神像面前跪拜时，百姓们就跪在外边的院子里，非常急切地祈祷雨的降临"(Richard, 1916b：97)。虽然没有足够的证据指证李提摩太所描述的"各样寺庙"中包括"猴王庙"，但就他曾多次深入民间考察中国民间宗教和文化的亲身经历来讲，我们有理由相信早在1913年他的《西游记》英译本出版时，这部小说已经在他脑海中留下了很深刻的印象。

(二) 清代《西游记》的宗教评点倾向

作为"文本状态"的《西游记》之所以能引起李提摩太的关注，这与清代批评家们对这部小说的评点有着莫大的关系。评点是中国古代文学批评的重要形式，最先源于经注，发端于诗文批评，兴盛于明代中叶以后的古典小说。评点在很大程度上反映出该时期学界对某一小说的研究情况，此外，这些名家评点的小说会形成"名人效应"，这会影响读者对该小说的阅读、理解及接受。自《西游记》问世以来，明、清两代对其文本的点评传播便层出不穷。尽管被李渔列为"四大奇书"之一，然而与《三国演义》《水浒传》《金瓶梅》相比，《西游记》在当时的文学地位并不突出，这在很大程度上与清代点评家对该小说的宗教诠释息息相关，这与金圣叹批《水浒》、毛宗岗父子批本《三国演义》、张竹坡批本《金瓶梅》的文学内涵型评本着实有着不小的差异。在清代点评本中，陈士斌诠解的《西游真诠》流传最为广泛，它成为《西游记》评点历史上第一部以金丹大道全面阐释这部小说的评点本。其后刘一明的《西游原旨》在独尊金丹大道的基础上，提出《西游记》"其书阐三教一家之理，传性命双修之道""悟之者在儒即可成圣，在释即可成佛，在道即可成仙"(刘一明, 2017：5)，首次阐释了《西游记》"三教合一"的理念。张含章的《通易西游正旨》(1839)在刘一明"三教合一"的基础上，以《易经》为主体，阐述金丹大道。"窃拟我祖师托相作《西游》之大义，乃明示三教之源。故以《周易》作骨，以金丹作脉络，以瑜伽之教作无为妙相。"(朱一玄、刘毓忱, 2012：339)释怀明的《西游记记》(1858)仍以

"三教合一""金丹大道"的点评为主，与其他《西游记》点评本不同的是，他将这部小说的著作权归在北宋道士、内丹学家张紫阳名下，这更加增加了这个评点本的道教内丹意味。1892年，含晶子评点的《西游记评注》又回到《西游真诠》评点的传统，丘真人"其不著为道书，而反归诸佛者，以佛主清净与道较近。道教漓其真久矣，且陷于邪者，习之不正，足以误人而病国。故以佛为依归，而与道书实相表里，此《西游记》所由作也"（朱一玄、刘毓忱，2012：363）。可见，含晶子比较注重这部小说的道、佛成分，至于其主旨思想，"此书探源《参同》，节取《悟真》，所言皆亲历之境，所述皆性命之符"（朱一玄、刘毓忱，2012：363）。因此，含晶子的这部点评本还是独尊"金丹大道"。《新说西游记》则是清代版本《西游记》中最为独特的一部，张书绅以儒家思想阐释这部小说，"《西游记》一书，古人命为证道书，原是证圣贤儒者之道。至谓证仙佛之道，则误矣"（张书绅，2017：1224）。他认为《西游记》的宗旨为："三藏真经，盖即明德新民止至善之三纲领也。而云西天者，言西方属金，言其大而且明，以此为取，其德日进于高明。故名其书曰《西游》，实即《大学》之别名，明德之宗旨。"（张书绅，2017：1232）

从上述论述中可以看到，清代《西游记》评本的最主要特征便是宗教阐释，这就为对中国宗教十分感兴趣的李提摩太提供了好的阐释"模板"。另外，清代《西游记》批评家的观点各异，且互相攻讦，这也为李提摩太的基督教阐释提供了可能。

四、"援佛入耶"——李提摩太对《西游记》的"基督式"改造

李提摩太对中国宗教十分关注，而且身体力行，不仅多次亲身参与中国的各种宗教活动，而且将多部佛教典籍译为英语。在阅读《大乘起信论》之后，李提摩太有关中国佛教的观念发生了重大的转折，他宣称"这是一部蕴涵基督教教义的作品！尽管所用的术语是佛教的，但它的思想却是基督教的"（Richard，1916b：195）。其后这种"援佛入耶"的思

想在翻译《妙法莲华经》《大乘起信论》等佛教典籍时得以实施。①《西游记》是李提摩太的最后一部译作，此时可以说他的"援佛入耶"策略已是熟稔于心，这在他的《西游记》译本中得到最大程度的展现。那么，李提摩太是如何在《西游记》的翻译实践中切实推行"援佛入耶"的思想？即译者是如何将这部小说一步步改造为基督教文学作品的？目前，学界已有多篇文章探讨李提摩太对原著的基督式改造：刘珍珍从译者宗教意识入手，分析了译者的基督教意识形态对《西游记》的主题、结构以及人物形象(唐僧与孙悟空)重塑上所起的作用(刘珍珍，2017)。此外，胡淳艳(2013)、于怀瑾(2014)、罗琤(2016)、严苡丹和宋明蕊(2018)等学者的论文也都涉及了上述问题的讨论。总体来说，他们的研究值得肯定，但是一些细节尚待商榷。我们认为，李提摩太对原著的"基督式"改造主要表现在以下几个方面：首先是对《西游记》作者丘处机的"包装"上，在李提摩太看来，丘处机实际上是皈依的基督徒，那么他是如何改造丘处机身份的？他执著于改造丘处机身份的原因又是什么？其次，在翻译策略上，李提摩太重新塑造小说的主要人物，以此实现翻译目的的契合，这主要表现在他对唐僧和观音菩萨的"基督式"改造上。最后，《西游记》作为一部中国古典小说，李提摩太认为其中包含着景教色彩，并按照自己的思路牵强附会地"发现"并阐释这些景教成分，以此实现将《西游记》改造为基督教小说的翻译目的。

(一) 李提摩太眼中的《西游记》作者

关于《西游记》的真正作者历来是学界争论的焦点。现存《西游记》的最早版本为金陵唐氏世德堂刊行的《新刻出像官板大字西游记》，即通行的百回本《西游记》，署名为"华阳洞天主人校"。在明代文人陈元之所作的《刊西游记序》中，他也指出"《西游》一书，不知其何人所为"

---

① 可参见：常凯. 菩萨道与上帝国——李提摩太与《大乘起信论》的耶化诠释[J]. 基督宗教研究，2021(2)：465-475. 杨靖. 译经背后的真相——李提摩太英译《妙法莲华经》探微[J]. 外语与外语教学，2018(4)：109-121，150.

（吴承恩，2016：1）。1663 年，著名学者黄周星与书商汪象旭合作，对明百回本《西游记》在文字上润饰修改，并更名为《新镌全像古本西游证道书》（《西游证道书》），并在卷首另附元朝虞集撰写的《西游证道书原序》及《丘长春真君传》，首次提出小说的作者为"国初丘长春"（即丘处机）的说法。此后，"丘作论"的观点被《西游真诠》《西游原旨》《通易西游正旨》《西游记评注》等清代主要点评本所接纳。可以说，《西游记》为丘处机所著的说法在清代占据着主流的位置。需要指出的是，在这一主流说法以外，也存在着质疑丘处机著作权的学者。其中，晚清著名学者王韬便是代表人物之一。1888 年，上海味潜斋重印张书绅点评的《新说西游记》，并更名为《新说西游记图像》发行，该书曾风靡一时，"此书一出，宜乎不胫而走，洛阳为之纸贵"（朱一玄、刘毓忱，2012：365）。在由王韬所作的序言中，他公开质疑"丘作论"的观点。"或疑《西游记》为丘处机真人所作，此实非也。元太祖驻兵印度，真人往谒之，于行帐记其所经，书与同名，而实则大相径庭。以蒲留仙①之淹博，尚且误二为一，况其他乎？因序《西游记真诠》而为辩之如此。"（蒲松龄，2017：365-366）作为晚清时期有着较大影响力的公众人物，李提摩太和王韬曾有过较多的接触和交流。前者接掌广学会后，曾采用举办征文活动这种颇有新意的方法，以此达到推广社会教育的目的。评判会则设在中西书院内，评审团由王韬、沈毓桂、蔡尔康组成。② 由此我们可以推断，在翻译《西游记》之前，李提摩太有可能也怀疑过《西游记》并非由丘处机所作。然而，在 1913 年出版的这个译本中，李提摩太对"丘作论"的观点却深信不疑。在其回忆录《亲历晚清四十五年》（*Forty-five Years in*

---

① 蒲留仙即清代著名文学家蒲松龄，他在《聊斋志异》中的《齐天大圣》这篇故事里指出，"孙悟空乃丘翁之寓言"（蒲松龄，2017：1494），丘翁即丘处机。很明显，蒲松龄也将丘处机视为《西游记》的作者。

② 参见：柯文《在传统与现代性之间——王韬与晚清改革》，南京：江苏人民出版社，1995 年，第 164 页。另，熊月之的《西学东渐与晚清社会》（上海：上海人民出版社，1994 年）第 557-559 页也提到广学会 1894 年举办的一次面向五省的大型征文比赛，王韬名列三评委之首。关于西人驻华机构征文活动的情况请参阅这本书"有奖征文与社会影响"一节。

China）中李提摩太曾提到："1913 年 8 月，我正在翻译中国著名传说和寓言故事《西游记》，那时我十分渴望去看看这位小说作者———一位著名道士曾居住过的地方。"（Richard，1916b：356）为此，李提摩太"踏着崎岖不平、布满砾石的道路，到达了太清宫"（Richard，1916b：356）。1913 年上海广学会出版他的《西游记》译本时，李提摩太特意将拍摄的太清宫照片附在译本中，并指出"丘长春正是在崂山开启了自己的传教生涯"（Richard，1913：363）。除此之外，李提摩太在译本扉页、序言中可谓全方面地介绍，并改造丘处机。

（二）从道教徒到基督徒——李提摩太对丘处机宗教身份的重塑

李提摩太在扉页介绍上将丘处机描述为"原本为道教的迦玛列，后成为景教的先知和中国朝廷的顾问，生卒年为 1208—1288，比但丁出生早 67 年"（A Taoist Gamaliel who became a Nestorian Prophet and Advisor to the Chinese Court, CH'IU CH'ANG CH'UN. A. D. 1208-1288, Born 67 years before Dante）。那么谁是迦玛列？李提摩太为何拿迦玛列与丘处机作类比？

根据《圣经·新约》的记载，迦玛列为犹太公会权威人物，他通晓并教授犹太律法，使徒保罗是他的学生之一，他在公会里极有影响力（《使徒行传》：34；22：3）。迦玛列在关键时刻救过使徒们的性命。在李提摩太《西游记》英译本序言中，他对迦玛列与丘处机二者关系做了如下阐释："所有的中国学者都把本书作者（按：丘长春）当作他那个时代最伟大的道教圣人，在创作这部小说时，他一定向保罗一样已经皈依了基督教，那时他不再是迦玛列的门徒，而是皈依基督教的伽玛列本人。"（Richard，1913：xviii）保罗，本名"扫罗"（Saul），他是早期基督教最具有影响力的传教士之一。据《圣经·使徒行传》记载，保罗是一名严厉的法利赛人，曾激烈反对基督教并参与迫害基督徒的行动。后来在大马士革得到耶稣启示，便转而信奉基督教，之后为基督教在世界的传播作出了突出的贡献。（《使徒行传》9：1-19，31；22：1-22，31；26：9-24，31）但从《圣经·新约》中找不到任何透露保罗的老师伽玛列最终皈依基督教的信息。那么，李提摩太是如何在译本中一步步将丘处机由道教徒改造为基督徒的？

在中国历史上，曾有多次打击佛教的活动。其中，"三武法难"①可以称为最具代表性的事件。在李提摩太看来，身为道教徒的丘处机并没有借创作《西游记》时攻击佛教，而是在晚年时改信了大乘佛教，"所有的中国人都将丘处机视为道教教徒，然而令人诧异的是，他居然为大乘佛教做了绝佳的辩护"（Richard，1913：xxxii）。李氏此处所提的"辩护说"与他对这部小说主题思想的解读相呼应："《西游记》不是一部讲述比较宗教学的著作，然而它却包含着许多伟大宗教的思想，尤其是大乘佛教思想。大乘佛教旨在将世人从邪恶和苦难中拯救出来，并超脱那些迷失在地狱中的灵魂。这部小说记录了虔诚信奉大乘佛教的主人公所经历的变化（Richard，1913：viii）。"李提摩太在《大乘佛教新约》序言中曾暗示大乘佛教实际上是基督教在亚洲的"变形"形式，"大乘佛教由马鸣创立，而非释迦牟尼。这个佛教教派创立于基督教时代的公元一世纪左右，这时候东西方交流非常频繁"（Richard，1910：2）。之后的1916年，李氏将这个观点直接写进了《李提摩太致世界释家书》之中："多马与约翰同传道于亚细亚，使变更释教，其道遂亦遍布亚洲。"（Richard，1916a：24）需要指出的是，在"改造"丘处机时，李提摩太并没有直接将作者晚年信仰的大乘佛教等同于基督教，而是采取循序渐进的方式，借用了景教作为连接基督教与大乘佛教的"桥梁"。

"景教"即唐代传入中国的涅斯脱里教（Nestorianism），该教派起源于叙利亚，属于基督教教派，但是由于反对将圣母玛利亚作为神灵膜拜，被基督教斥为"异端"。唐太宗贞观九年（635年），以阿罗本为首的一批景教信徒经皇帝下诏同意后在长安传播景教。公元638年，"景教乃为唐朝公认，以国费建大秦寺，置僧21人，这就是景教流行中国的开始"（朱谦之，1998：73）。景教在李提摩太改造丘处机宗教身份时

---

① 指中国历史上北魏太武帝、唐武宗、北周武帝这三位皇帝排斥打击佛教之事。

发挥着重要的作用，在序言的第 14 部分，译者特意撰写了《重新发现的景教文献》(*Lost Nestorianism Rediscovered*)一文，宣称译者在《西游记》中找到的惊人发现，"尽管我们没有讨论大乘佛教的起源问题，但是毫无疑问，这个问题在小说第 88 回①给我们做了解答，这些朝圣者因受上天启示而皈依的大乘佛教实际上和景教是一样的。因此，他们皈依的其实就是基督教"(Richard，1913：xxxii)。也就是说，在李提摩太看来，大乘佛教、景教与基督教在本质上是等同的。既然"晚年的丘处机以大乘佛教的形式皈依了景教"(Richard，1913：xxxii)，那么他无疑也就是基督教的成员之一。翻译文化学派代表学者安德烈·勒菲弗尔(André Lefevere)曾提出以下观点："译作是原作的改写，不管出于何种目的，译者总是会操纵文学作品，反映某种意识形态和诗学观念，改写即操纵。"(Lefevere，2007：vii)在李提摩太的操纵下，《西游记》的作者丘长春终于皈依基督教，这就为译者继续改造《西游记》打下了牢固的基础。也就是说，既然小说作者最终皈依了基督教，那么这部作品很可能会折射出某些"基督色彩"，这就为李氏"援佛入耶"的阐释手段创造了条件。

(三)借古喻今——李提摩太对"宗教自由"观念的阐释

李提摩太之所以将丘处机等同于伽玛列，这也在很大程度上折射出译者"宗教自由"的理念。在彼得和众使徒四处传播基督教时，该教义在当时不仅不受认可，而且教徒们也经常遭到迫害。作为犹太教权威的伽玛列在关键时刻保护了他们，在当时的历史背景下，他的行为确实值得钦佩。在李提摩太看来，伽玛列对这些教徒的保护行为就有了"宗教自由"的影子。实际上，作为基督教传教士，"宗教自由"一直是李提摩太所追求的理想。自近代基督教进入中国，西方列强通过一系列不平等条约强行保障基督教在华特权，这在很大程度上让中国人民对基督教传教士心存抵触，民间教案因此多次发生(青浦教案、天津教案、巨野教

---

① 请看笔者下文关于"李提摩太《西游记》译本中景教成分"的论述。

案），直至酿成声势浩大的"义和团运动"。面对这种情形，李提摩太身体力行，以自己所办的报刊为媒介，"大量登载对传教士有利的声明，并且强调传教士在帮助中国赈灾和医药援助方面所作的种种贡献"（Richard，1916b：242）。1908 年，李提摩太与日本首相伊藤博文在日本见面，伊藤博文相信"一个民族，如果反对宗教自由，势必导致不同宗教之间的持久论争，久而久之，必然发展成政治上的冲突，甚至引起内战……而另一方面，如果宗教自由得到保障，其他宗教的信奉者们也会效忠于政府，就会在从事有益于社会的事务上相互竞争，从而从各个方面壮大国家的力量"（Richard，1916b：345）。李提摩太十分认可伊藤博文所言，甚至将伊藤博文的"宗教自由"的观点写进他的《西游记》英译本序言中，"无论何种宗教，如果它们声称只有自己的宗教才是完美无缺的，就采取暴政的方式摧毁其他所有宗教，这样的行为令人无法忍受……宗教对话的基本原则是承认没有任何宗教能独霸真理，无论何种宗教，只要其教义的精华部分是神圣永恒的，那么这些教义应该得到所有人的尊重"（Richard，1913：xi-xii）。

在李提摩太看来，伊藤博文"宗教自由"的观念与丘处机如出一辙："这部小说的作者心胸并不狭隘，即他不是只称颂自己所信奉的宗教，而将其他宗教一概视为邪恶派系的那类人。小说作者原本为道教弟子，但在该作品中他同样描绘了儒教的圣人、佛教徒的佛祖以及天上的道家统治者们。"（Richard，1913：viii-ix）尽管深受蒙古皇帝的器重，丘处机却并没有利用特权去打压，甚至摧毁其他宗教。在李提摩太的诠释下，"心胸宽广"的丘处机不仅赞扬了儒教、道教的圣人，甚至"在小说第100 回，作者也称颂了伊斯兰教和印度教的创造之神梵天"（Richard，1913：viii）。读到这里，我们不禁心生疑窦。《西游记》第一百回最后部分为唐僧师徒与众多佛教神仙合掌皈依，口念 63 个佛教人物的尊称，李提摩太对这些名称做了详尽的翻译。如果说综合婆罗门教和佛教等其他宗教教义而形成的印度教与佛教还存在一丝联系，那么伊斯兰教与佛教的差异却太过明显。我们发现，译者将该部分的"南无清净大海众菩萨"译成"In Mohammed of the Great Sea"（Richard，1913：362）。这样一来，《西游记》中就自然而然地"出现了"伊斯兰教。那么李提摩太在翻译"南无清净大海众菩萨"时，是如何实现"移花接木"的？我们认为，李提摩太有意将"清净"（Pure and Clean）改写为相近的"清真"（Pure and True），而"清真"和伊斯兰教有关。于是在李提摩太的改写下，伊斯兰教也成为丘处机在小说第一百回所赞扬的宗教之一，其"宗教自由"的理念在译本中也得以呈现。

（四）忽必烈之宠臣？——李提摩太对丘处机生平际遇的改写

为实现言说自我的目的，李提摩太不惜借用大量篇幅详细介绍丘处机的生平。有学者认为，"在清代的诸种版本里，只有《证道书》在体例上'首冠以虞集序，次《丘长春真君传》，次《玄奘取经事迹》'"（李晖，2013：31）。这与李提摩太《西游记》译本关于丘处机介绍的文字貌似实现了契合，于是作者得出了《西游证道书》是李提摩太《西游记》译本底本主要参照本的结论（李晖，2013：31）。细读两篇文字，我们便会发现二者存在着很大的不同。首先，这篇《丘长春真君传》只是相对简略地叙述了丘处机的一生，并没有英译文中的"劝阻元朝皇帝屠戮平民、拯救30000汉人"①这种堪称英勇行为的记载，他对皇帝的建议充其量为"轻徭薄赋，减轻人民负担"②；再者，原文同样缺少译文中所提及的王重阳唯一女弟子孙不二③。可见，李提摩太译本中有关丘处机介绍的来源并非《西游证道书》中的序言部分。实际上，李提摩太在介绍丘处机的开头部分，已经点出了它的来源——《钦定元史》。笔者按图索骥查阅到《钦定元史》于1884年由上海同文书局出版（据清乾隆四年（1739

---

① 原文为：After some time Chiu returned to Chihli and sent his disciples by order of the Emperor to release those who had been taken prisoners, so that slaves became freemen again, and those who were at the point of death were delivered. The number of people so released was no less than 30, 000. (Richard, 1913：ix-xi)

② 原文为："兵火相继，流散未集，宜量免税赋，以苏黔黎，亦祈福之一端耳。"（吴承恩，2008：3）

③ 原文为：Chiu went there and received instruction with five others, one of whom was a famous woman, Sun Pu Erh. (Richard, 1913：ix)

年)校刊本石印),现将其主要内容摘抄如下:

> 丘处机,登州栖霞人,自号长春子。儿时,有相者谓其异日当
> 为神仙宗伯。年十九,为全真学于宁海之昆仑山,与马钰、谭处
> 端、刘处玄、王处一、郝大通、<u>孙不二同师重阳王真人……岁己</u>
> <u>卯,太祖自乃蛮命近臣札八儿、刘仲禄持诏求之……太祖时方西</u>
> <u>征,日事攻战,处机每言欲一天下者,必在乎不嗜杀人。及问为治</u>
> <u>之方,则对以敬天爱民为本……</u>时国兵践蹂中原,河南、北尤甚,
> 民罹俘戮,无所逃命。处机还燕,使其徒持牒招求于战伐之余,由
> <u>是为人奴者得复为良,与滨死而得更生者,毋虑二三万人。</u>中州人
> 至今称道之。①

按照《钦定元史》的记载,丘处机卒于丁亥年(即 1227 年),"卒年
八十",也就是出生于 1148 年;上文的"岁己卯,太祖自乃蛮命近臣札
八儿、刘仲禄持诏求之"指的是 1219 年元太祖成吉思汗派遣侍臣求贤于
丘处机之事。然而,阅读李提摩太译文,我们惊奇地发现译者有意将上
述年代增添了一个甲子。于是,李提摩太在扉页对丘处机介绍的生卒年
变成了"1208—1288,比但丁出生早 67 年";1219 年成吉思汗派遣侍臣
持诏求之之事也顺理成章地更改为"公元 1279 年,元代第一位皇帝忽必
烈派遣两位大臣邀请丘处机入宫谋事"②。对此,李提摩太是这样解释
的:"一些学者认为丘处机的出生年份应该是前一个甲子年(即 1148
年),这个观点无疑是错误的。"(Richard,1913:ix)至于李提摩太为何
如此相信自己的判断,他却没有给出任何凭据。那么他是否知晓丘处机
真正的生卒年份?阅读序言部分及其他相关资料,我们并没有找到确切
的答案。鉴于此,我们尝试给出一个推测。首先,译者之所以添加上条

---

① 1884 年同文书局版《钦定元史》并没有标注页码。

② In 1279, the first Emperor of the Yuen Dynasty, Kublai, sent two ministers, Liu
Chung Luh and Chebur to invite him to come to the court. (Richard,1913:ix)

注释，说明他已经注意到丘处机生卒年份的问题，不过李提摩太本人更相信丘处机的生卒为较晚的甲子年（1208—1288 年）。其次，在解释忽必烈的插图时，译者注明"忽必烈为成吉思汗的孙子"，可见译者是知晓成吉思汗这位历史人物的，而《钦定元史·丘处机传》中多次出现成吉思汗的庙号"太祖"这一称呼，根据李提摩太在华四十五年的传教经历以及较高的汉学水平，我们有理由相信李提摩太了解丘处机的生卒年份以及他与成吉思汗的关系，也很清楚忽必烈与丘处机并无来往。从这个角度来说，李提摩太将丘处机的出生年份推迟一个甲子，是有意为之。原因在于，唯有推迟丘处机的生卒年份，才能将其与译者理想的君主忽必烈勾连在一起。历史上忽必烈于1271 年建立元朝，1279 年消灭了南宋最后的残余势力，最终完成了全国的大一统。而李提摩太在序言中宣称："公元1279 年，他将这部伟大的作品呈献给忽必烈大汗。"（Richard，1913：xii）这样一来，在李提摩太的"撮合"下，卒于1288 年的丘处机便与忽必烈建立起了联系。

李提摩太在译本中对忽必烈情有独钟，在该译本所附的30 幅插图中，译者将这位与《西游记》原本毫无关系的元朝皇帝插图放置其中。那么，李提摩太何以对忽必烈这位蒙古皇帝青睐有加，以至于用他来替代成吉思汗？笔者认为，译者的选择绝非率尔操觚，而是有着两个方面的考虑。首先，李提摩太之所以将原文中的主角——皇帝成吉思汗替换为忽必烈，很可能是因为成吉思汗在西方人心中的形象不佳。尽管李提摩太将成吉思汗视为"有史以来最伟大的军事天才"（Richard，1913：xiii），但是有个不争的事实，即成吉思汗统治期间，他多次发动对外战争，遍及中亚、东欧的黑海海滨地区，给该地区人民带来了深重的苦难。其次，在李提摩太看来，与成吉思汗相较，忽必烈代表着理想的君主形象，他与丘处机的合作在很大程度上折射出其政治抱负。这一点我们可以在李提摩太所作的序言中洞见端倪：

> 与那些古今伟大的印度、希腊和欧洲的作家和科学家相比，该
> 不朽作品的作者丘处机毫不逊色。当元朝建立者忽必烈从各地招贤

纳士，以助自己能够取得震古烁今的成就之时，丘处机被选中为朝
廷及其宗教政策出谋划策……在阅读完《西游记》中所阐释的大乘
佛教教义后，元朝统治者放弃了残暴不仁的战争杀戮政策，取而代
之的便是和平与文明时代的到来。(Richard，1913：xii-xiii)

在元代皇帝中，忽必烈是后世所推崇的君主之一。虽说他也曾指挥
蒙古军队各地征战，但是在其统治期间，他努力恢复因战争而几近崩溃
的中原经济，实行较为宽松的宗教政策。其中最为世人称道的，便是他
能打破蒙汉界限，推崇儒术治国，并且重用汉族人才。《元史》这样评
价忽必烈："世祖度量弘广，知人善任使，信用儒术，用能以夏变夷，
立经陈纪，所以为一代之制者，规模宏远矣。"(宋濂，1976：377)清代
著名思想家魏源对其知人善任的特点也是赞赏有加："及世祖兴，始延
揽姚枢、窦默、刘秉忠、许衡之徒，以汉法治中夏，变夷为华，立纲陈
纪，遂乃并吞东南，中外一统。"(魏源，2002：142)由此可见，李提摩
太对忽必烈打破蒙汉界限、乐于招贤纳士的评价比较中肯。然而，通过
上文的论述，我们已经知晓丘处机与忽必烈不可能在现实生活中产生互
动联系，因此丘处机"被选中为朝廷及其宗教政策出谋划策"可以说是
妄谈之论。之所以如此，这与李提摩太的个人际遇在某种程度上存在关
联。1890年，李提摩太担任广学会督办(后改称总干事)，之后组织编
译出版了大量有关西方政法、史地、实业、理化等方面的书籍，并发行
《万国公报》《中西教会报》《女铎报》等报刊，这些报刊在某种程度上引
导了19世纪末的中国改革思潮。康有为"初讲学长兴里，号长兴学舍，
好测览两学译本，凡上海广学会出版之书报，莫不尽量购取"(冯自由，
1981：47)。他曾向当时香港《中国邮报》的编辑说："我信仰维新，主
要归功于两位传教士，李提摩太牧师和林乐知牧师的著作。"(卢茨，
1988：39)当梁启超听闻李提摩太需要一名秘书协助其工作时，"便自
告奋勇地表示乐意担当此任"(Richard，1916b：255)，之后他积极参与
戊戌变法，通过翁同龢向光绪帝提出了包括"改革货币""兴建铁路""创
办新式教育"等7项措施，得到了光绪帝的肯定(Richard，1916b：

256）。1898 年，康有为邀请李提摩太担任光绪帝"维新变法"的顾问，然而未及赴任。这次变法在慈禧太后的阻挠下宣布流产，李提摩太"变革中国"的政治理想也因此化为泡影，这对他无疑是一次重大打击。李提摩太在翻译《西游记》时，曾多次在译本前言中强调丘处机"蒙古皇帝顾问"的身份，可以说对丘处机深受蒙古皇帝信赖的人生经历十分羡慕，丘处机和忽必烈君臣一心、共拓大业正是李提摩太政治理想的表达。遗憾的是，虽说光绪帝十分认可李提摩太的改革主张，但是由于大权旁落，还没来及将这些改革措施付诸实施，就被慈禧太后软禁瀛台，就此凄凉地度过了余生。从这个角度来说，李提摩太在很大程度上是在借助他们的君臣关系，"浇胸中之块垒"。1902 年，李提摩太用"山西教案"的赔款在太原创办了山西大学堂（今山西大学），它是中国最早的三所国立大学堂之一，与北洋大学堂（今天津大学）、京师大学堂（今北京大学）一道开启了中国高等教育的新纪元。尽管戊戌变法并没有成功，但是李提摩太仍旧为开启国人民智、推进中国社会变革"作出了谁也没法抹煞的贡献"（李宪堂，2007：375），这一点值得我们铭记。

受译者文化身份与具体历史语境的影响，李提摩太对他眼中的《西游记》作者丘处机进行了改造。首先，作为虔诚的基督教传教士，李提摩太通过循序渐进的方式，首先将丘处机从最初的道教徒改造为"大乘佛教的辩护者"，继而借用景教这条连通大乘佛教与基督教的桥梁，使丘处机最终皈依基督。之后，李提摩太对译文的相关内容进行改写，使丘处机成为其"宗教自由"理念的代言人，这与李提摩太的传教诉求相契合。其次，译者的翻译行为总会不可避免地打上译者所处历史语境的烙印。从这个角度来说，李提摩太对良臣丘处机与明君忽必烈的阐释在很大程度上折射出他的人生际遇。译者在华时间长达 45 年之久，在努力传播上帝"福音"的同时，他借《万国公报》大力向中国推行各种新知，并就社会政治、经济、教育等方面提出具体改革方案。然而，戊戌变法的失败使其变革中国的雄心壮志成为泡影。与之形成对比的是，李提摩太笔下的丘处机不仅受到忽必烈的重用，而且在他将不朽作品《西游记》献给忽必烈之后，和平与文明取代了野蛮的杀戮政策。可以说，丘处机在某种程度上代表着李提摩太梦想成为的政治人物。

五、走向基督——李提摩太对《西游记》人物形象的重塑

李提摩太在序言中称："这部小说不是景教徒的《圣经》，而是它的《天路历程》。"(Richard，1913：xiii)《天路历程》为英国约翰·班扬(John Bunyan)创作的长篇小说，是一部典型的基督教寓言故事。小说讲述了一个坚韧的"基督徒"为寻求永生而踏上了荆棘遍布的漫漫长旅。按照李提摩太的阐释，大乘佛教、景教与基督教是等同的(Richard，1913：xiii)，因此可以说，在他眼里，师徒四人西行求取"大乘佛教"的艰难旅程正如同"基督徒"前往天国(Celestial City)的"天路历程"。摆在他面前的，就是考虑如何将小说中出现的主要人物"顺利转变"为基督徒。在李提摩太的回忆录中，他曾对《西游记》的主要角色这样评价：

> 1913年，我翻译的中国文学名著《西游记》以《天国之行》的名义发行。就我看来，这部作品很明显有着深厚的基督教哲学思想。师父(唐僧)是这次远征的领导者，他是一位耶稣式的寓喻人物，历经险阻时他总会挺身而出，而且也是徒弟们皈依的关键。在他的帮助下，一只恃能自傲、神通广大的猴子心生忏悔，他的神通广大得以在正道中发挥本事；原先低级趣味、自私自利的猪转变为自我牺牲、奉献的典型；一个原先自负的海豚(按：李氏将沙僧翻译为dolphin)也变得谦逊；一条愚蠢的龙在西行道路上贡献了自己的力量。因而当这些成员投身于拯救世人的事业后，他们最终被纳入天国，并被上帝赐予不朽荣耀。我心里丝毫不怀疑，这是一位基督徒(丘长春)旨在让中国人皈依基督教的著作。只是读者们要想完全理解其中的奥义，还需要很多时间。(Richard，1916b：343-344)

为实现自己的翻译目的，译者对原著中的主要人物进行了相应的改

造。笔者认为与原著相比，唐僧与观音的形象在李提摩太译本中的转变
最为明显。

(一) 李提摩太对唐僧的"基督式"改造[①]

尽管李提摩太在其自传中将唐僧看作耶稣式的人物，然而我们发
现，李提摩太在译本中对他的"耶稣式改造"并不明显。相较而言，译
本中的唐僧与保罗的形象更加相似，这主要表现在以下两个方面：

首先，唐僧与保罗对"圣教"态度的转变经历十分相似。保罗，本
名"扫罗"（Saul）。他是早期基督教最具有影响力的传教士之一。据《使
徒行传》记载，保罗是一名严厉的法利赛人，曾激烈反对基督教并参与
迫害基督徒的行动。他曾前往大马士革追捕基督徒，得耶稣启示后才转
而信奉基督教。《使徒行传》第二十二章记载了保罗叙述皈依基督的
经过：

> 我将到大马士革，正走的时候，约在晌午，忽然从天上发大
> 光，四面照著我。我就仆倒在地，听见有声音对我说：扫罗，扫
> 罗！你为甚么逼迫我？我回答说：主啊，你是谁？他说：我就是你
> 所逼迫的拿撒勒人耶稣。与我同行的人看见了那光，却没有听明那
> 位对我说话的声音。我说：主啊，我当做甚么？主说：起来！进大
> 马士革去，在那里，要将所派你做的一切事告诉你。（《圣经》，
> 2009：166）

李提摩太在序言中这样介绍唐僧："他的前世名字叫做金蝉，之前
信奉小乘佛教而鄙视大乘佛教，后来因为观音的感召才皈依大乘佛教，
他对大乘佛教的这种态度就如保罗对基督教的态度一样。"（Richard，

[①] 学界已有数篇论文涉及李提摩太对唐僧的基督式改造，其中胡淳艳在其
《〈西游记〉传播研究》中的论述最具代表性，具体请参见：胡淳艳.《西游记》传播
研究[M].北京：中国文史出版社，2013：243-250.

1913：xxxvi)之后，译者提示读者阅读译本第 359 页和第 12 章的信息：在《西游记》第一百回"径回东土 五圣成真"中，在如来将"旃檀功德佛"的封号授予唐僧之前，他这样对唐僧说："圣僧，汝前世原是我之二徒，名唤金蝉子。因为汝不听说法，轻慢我之大教，故贬汝之真灵，转生东土。今喜皈依，秉我迦持，又乘吾教，取去真经。"(《绘图增像西游记》，1889：369)①李提摩太的对应译文为：

    Holy monk, in a former life you were my disciple, second in rank,

---

    ① 有关李提摩太《西游记》英译本所用底本的问题，一直是学界所关注的焦点问题。在笔者论证出结果之前，有关李提摩太译文的相关论文通常将《西游证道书》作为译文的底本(胡淳艳，2013；刘珍珍，2017；欧阳东峰，2017；等等)。笔者经过反复阅读清代各种版本的《西游记》，认为李提摩太译文的底本应为《绘图增像西游记》，笔者所用的版本标有"乙丑仲夏上海广百宋斋校印"(国家图书馆藏本，时间为 1889 年)。该版本属于《西游真诠》系统，由上海广百宋斋刊印。在翻阅"红学"专家胡文彬《冷眼看红楼》时，笔者偶尔发现了这条有关"广百宋斋"的信息："清光绪间，广东徐雨之观察(润)创广百宋斋于上海，铸铅字排印书籍，爰取家藏此本付印，以公同好。纸墨精良，校对详审，世颇称之。"(胡文彬，2001：312)据《徐愚斋自叙年谱》叙录："光绪十一年乙酉，四十八岁。广百宋斋经理王哲夫先生并朱岳生、许幼庄，以钢板、铅板选辑朱批《雍正上谕》《九朝圣训》《四书味根录》《四书文富》《绘图三国演义》《聊斋》《水浒》《石头记》及缩本《康熙字典》分售于上海，并托抱芳阁寄销，除开销外，所有盈余清还资本，其余书籍与各书庄相通对调。是年秋金陵乡试，又托抱芳阁鲍叔衡设分局于南京代售各书籍。"(徐润，2012：54-55)笔者根据这条记载按图索骥，通过多方搜寻，发现创建于 1885 年的广百宋斋在第一批印书中并没有包含《西游记》，也并没有找到 1886 年由广百宋斋发行的《西游记》版本。而在孔夫子旧书网上，笔者发现存在 1887 版《绘图增像西游记》，经过与该小说的 1889 年版初步对照，发现二者是一致的。经过细致对比李提摩太译本与 1889 年版《绘画增像西游记》，笔者认为李提摩太译本与该版本正文文字一致。只是有一点需要特别指出，李提摩太在解释译本插图的来源时，指出译本除了忽必烈等三幅插图以外，其余部分均选自附有 146 幅插图的《西游记》版本。遗憾的是，笔者并没有找到这个《西游记》版本。但是，李提摩太译文中与这部小说相关的插图却与《绘图增像西游记》基本一致，文字也是一致的。因此，我们可以判断，李提摩太所说的这个《西游记》版本必属于《绘图增像西游记》系统。对李提摩太译文底本的探讨，笔者将其安排在"海伦·海耶斯《西游记》英译本研究"部分，原因是二者所用底本相同，因此本部分将不再专门探讨。书中有关《西游记》原著的文字皆选自 1889 年版《绘图增像西游记》。

called Kin Shen. But, because you did not study carefully, and looked down on our great religion(Nestorianism) you were condemned to be re-born in China. Fortunately you have now believed our religion and fetched the true Scriptures. (Richard, 1913: 359)

"轻慢我之大教"，原意是指"轻视大乘佛教"。而在李提摩太的阐释下，"大教"被译为"景教"(Nestorian)，由于他一贯将"景教"等同于基督教，因此，在他的附会下，唐僧轻视的对象便成了基督教。于是在李提摩太眼中，二者都曾对"基督教"不敬，后均皈依，并成为虔诚的教徒。这样一来，保罗与唐僧便有了共同的特点。

其次，唐僧与保罗对"圣教"在东西方传播均作出了巨大的贡献。保罗曾赴地中海沿岸各国传道，著书立说，广建教会，大大促进了基督教在世界范围内的扩张。可以说，保罗所作的贡献不可估量。而就唐僧来说，在立下"不取真经，永堕沉沦地狱"的弘誓大愿后，他只身从长安出发，途中收下孙悟空等徒弟四人，他们一路西行，历经 17 年的时间，行程达十万八千里，最终如愿取得真经。在李提摩太看来，"玄奘之行的目的地不是印度，而是天国"(Richard, 1913: vii)，唐僧将这些大乘佛教的经书带回长安，其后又传入日本、朝鲜，在李提摩太看来，玄奘为"大乘佛教"在整个东亚地区的传播作出了伟大的贡献。李提摩太始终认为，大乘佛教是基督教在亚洲的变形形式，正是因为玄奘的"撒播"，才为基督教在东亚地区的传播奠定了基础。二者分别为基督教和大乘佛教在欧洲、亚洲(东亚)的传播作出了卓越的贡献。除此之外，为实现自己的翻译目的，李提摩太在译文中也大幅改变原著唐僧的形象，下文将论述这个话题。

(二)《天国之行》中唐僧形象的转变

唐代贞观年间，僧人陈玄奘因佛法教义混杂，"乃誓游西方以问其惑。并取《十七地论》，以释众疑"(慧立、彦悰，2006：6)。在历经十七年的艰难困苦后，他于贞观十九年(公元 645 年)终于远涉归国，并将657部佛经典籍带回长安。在极其恶劣的条件下，玄奘不畏艰险，竟能孤身前往，行程万余里，堪称人类史上的奇迹，这本身就极具传奇色彩。再加上惠立绘声绘色的描述，玄奘取经的故事更是增添了奇异的成分，从而离"取经"这一真实历史事件愈行愈远。此后，玄奘取经的故事便开始在民间广为流传，到宋代以后，西天取经故事已经成为说书人的重要节目，如无名氏的《大唐三藏取经诗话》正是出现在南宋这一时期。情节虽说相对粗糙，然而主要人物雏形初具，猴行者化身白衣秀才，第一次出现在"西天取经"的故事中，他沿途降妖伏魔，保护唐僧西行取经，取代唐僧成为主角。同时，玄奘的形象在这则诗话中发生了根本的转变，他由现实中庄严的佛学大师变成纯粹虚构的市井俗气之人。在中国民间传说和话本、戏曲的基础上，《西游记》作者凭借自己高超的文学才能和艰苦的加工创作，终于完成了这部享誉世界的文学巨著。在这部小说中，玄奘为取真经而不畏艰险的精神几乎不见踪迹。然而，在李提摩太的译笔下，原著中的"孙悟空绝对主角、唐僧昏庸领导"的描写则发生了逆转，那个懦弱、自私，甚至冷酷的唐僧在译本中在很大程度上被删减，取而代之的则是意志坚定、品德高尚的佛教宗师形象。那么他的形象是如何得以逆转的？

首先，李提摩太对原著描述懦弱唐僧的情节进行了大幅的删改。例如原著第十五回"蛇盘山诸神暗佑　鹰愁涧意马收缰"中，唐僧、孙悟空路过鹰愁涧时，小白龙将唐僧的"白马连鞍辔一口吞下肚去"，且看唐僧的反应，"既是他吃了，我如何前进！可怜啊！这万水千山，怎生走得！说着话，泪如雨落"（《绘图增像西游记》，1889：307）。见此情形，孙悟空非常暴躁，直喊唐僧为"脓包"。而后，胆怯的唐僧不允许孙悟空去找寻小白龙归还白马，原因是怕"他暗地里撺将出来，却不又连我都害了"（《绘图增像西游记》，1889：308），悟空闻得这话，"就叫喊如雷道：你忒不济！不济！"在李提摩太的译本中，译者如此处理上述情节：

One dragon ate the white horse, and this terrified the Master. Sun said he would go and look for another horse. The Master would not let him go, lest his absence he should be attacked by something worse. Sun was angry with the Master for not letting him go. (Richard, 1913：142)

译文可以大致翻译为：一条龙将白马吃掉了，这情形惊吓到了法师。孙悟空说自己可以去找寻另一头马充当坐骑。法师否定了他的想法，因为如果让他离开，自己可能会受到更为糟糕的攻击。对此，孙悟空大发雷霆。(笔者自译)从译文中我们可以看到，原著中形容唐僧懦弱无能的"脓包""不济"字眼几乎不见踪影。再举一例，原著第二十九回"脱难江流来国土 承恩八戒转山林"中，在不识妖魔、驱逐忠心耿耿的孙悟空后，唐僧很快便为黄袍怪所擒，八戒、沙僧前往波月洞大战黄袍怪，试图救出唐僧。小说中这样写道唐僧的内心情形："却说那长老在洞中悲啼，思量他那徒弟。眼中流泪道……岂知我遇妖魔，在此受难。几时得会你们，脱了大难，早赴灵山！"(《绘图增像西游记》，1889：489)

李提摩太译文如下："For the Master, who was bound inside, was praying for them. He also wept, fearing that he would be murdered, although he knew that his time had not yet come." (Richard, 1913：176)

通过译文我们可以看到，译者改写了原著情节。在李提摩太的译笔下，译文中唐僧哭泣的原因是由于"尽管知道自己大限未至，但还是因为害怕被谋害而啼哭"，这就在很大程度上弱化了无能懦弱的唐僧形象。

其次，李提摩太在译本中最大限度地弱化原著那个冷酷、自私的唐僧形象。原著中的唐僧"耳软心活"，屡屡听信猪八戒谗言，用紧箍咒残酷打压忠心不二的孙悟空，着实可恨，这在"三打白骨精"中表现得最为明显。在孙悟空打死白骨精假变的村姑后，唐僧听了八戒谗言，"果然信那呆子撺唆，手中捻诀，口里念咒"(《绘图增像西游记》，1889：473)。而在译文中，李提摩太删掉了这一情节，只是处理为"he was blamed by the Master for his vengeance"(Richard，1913：172)。在求

65

得唐僧原谅之后，孙悟空又一次打死了仍是白骨精变化的老妇人，唐僧"更无二话，只是把《紧箍儿咒》颠倒足足念了二十遍"，可怜孙悟空的头"勒得像亚腰葫芦"。李提摩太译文则为："Then appeared an old woman of eighty, whom the Monkey attacked and killed."（Richard，1913：172）将上述情节完全删除。在孙悟空终于将变幻为老公公的白骨精打死之后，唐僧原本相信了白骨夫人的说法，却禁不住猪八戒的挑唆，"唐僧果然耳软，又信了他，随复念起（紧箍咒）"。（《绘图增像西游记》，1889：173）而在译文中同样删除了"紧箍咒"这一情节，而后将其改写为"But the Master had made up his mind to dismiss the Monkey, and gave him a letter of dismissal."（Richard，1913：173）这让原著中冷酷、愚昧的唐僧形象在译本中消失殆尽。

再举一例，在原著第五十六回"神狂诛草寇　道迷放心猿"中，孙悟空打死了山贼，唐僧给死者超度："你到森罗殿下兴词，倒树寻根，他姓孙，我姓陈，各居异姓。冤有头，债有主，切莫告我取经僧人。"八戒笑道："师父推了干净。他打时却也没有我们两个。"（《绘图增像西游记》，1889：315）三藏真个又撮土祷告道："好汉告状，只告行者，也不干八戒、沙僧之事。"作为师父的唐僧居然能把责任推得一干二净，他的这种行为实在令读者瞠目结舌。而在李提摩太译本中，这一情节被剔除得一干二净。因此，唐僧自私自利的个性也就在译本中同样不见踪影。

（三）安慰信徒的圣灵①——李提摩太对观音菩萨的形象改写

除唐僧外，观音菩萨也是李提摩太在译本中所重点"改造"的对象。

---

①　笔者对观音菩萨的探讨受到香港中文大学黎子鹏教授《翻译佛教——李提摩太对〈西游记〉的基督教诠释》一文的启发，在此表示感谢。参阅：黎子鹏，顾静琴．翻译佛教——李提摩太对《西游记》的基督教诠释[J]．基督教文化学刊，2015（1）：55-78．江西师范大学杨靖对李提摩太译本中的观音形象有较为深入的讨论，具体请参见：杨靖．观音与圣灵：李提摩太《西游记》英译本中"观音"形象英译研究[J]．解放军外国语学院学报，2021（4）：142-149．

在他的《西游记》序言中，李提摩太认为"她是劝人行善、心怀慈悲的鼓舞者、致力让信徒皈依的引导者，她在佛教体系中的地位就如同基督教中的'圣灵'（Holy Spirit）"（Richard，1913：xxxvi）。在《约翰福音》中，在耶稣升天后，圣灵就从天降下，"我要求父，父就另外赐给你们一位保惠师，叫他永远与你们同在，就是真理的圣灵"（《圣经》，2009：123-124）。圣灵的工作是"叫世人为罪、为义、为审判，自己责备自己"（《圣经》，2009：125）、使人重生得救（《圣经》，2009：106）。同时，圣灵是基督徒随时的帮助与安慰者，在《罗马书》中，保罗对罗马人说："圣灵与我们的心同证我们是神的儿女……我们的软弱有圣灵的帮助，我们本不晓得当怎样祷告，只有圣灵亲自用说不出来的叹息替我们祷告。"（《圣经》，2009：175）实际上，李提摩太对观音这一佛教中的重要人物可以说一直非常关注，在他的《大乘佛教新约》中，就曾专门选取《妙法莲华经》第七卷之《观世音菩萨普门品》（又称《观世音经》）翻译。在这部译作中，李提摩太已经阐释了自己"观音等于圣灵"的观点。在他的《亲历在华四十五年中》也曾写到她"拥有圣灵的诸多本性"（Richard，1916b：273）。而在《李提摩太致世界释家书》中，他则更为详细地阐释了自己的观念："上帝、天、阿弥陀佛及真如诸名，皆为释教中上帝之意义。而如来佛、药师佛、地藏菩萨诸名系代表耶稣基督、弥赛亚、救世主。于释教之中，观世音即大慈大悲之观音，使吾人回念圣神之事业。惟此观音，怜众生之受难，实实为之祈求。观罗马八章廿六节保罗尝云，圣灵亦助我侪之荏弱。盖我侪不知所当求，乃圣灵以不可言之感叹，为我侪求也。"（Richard，1916a：30）

在李提摩太的《西游记》译本中，他重点阐释的是观音"劝人皈依"、"使物重生"和师徒"随时帮助者"的主要能力，现分开阐述：

首先，李提摩太将观音塑造为劝人皈依者的形象。在遇到唐僧之前，包括孙悟空在内四位罪恶滔天的徒弟均已得到观音点化，有心皈依我佛（李提摩太眼中的基督教）。其中，译者对猪八戒皈依的翻译与改写最能体现出他的苦心。观音前往大唐寻找合适的取经之人时，遇到在福陵山"吃人度日"的猪八戒，她这样劝戒道："若要有前程，莫作没前程。你既上界违法，今又不改凶心，伤生造孽，却不是二罪俱罚？"（《绘图增像西游记》，1889：206）然而猪八戒并不接受观音的劝诫，他回答道："前程，前程，若依你，教我嗑风！……还不如捉个行人，肥腻腻的吃他家娘！管甚么二罪、三罪、千罪，万罪！"（《绘图增像西游记》，1889：206）面对顽固不化的猪八戒，观音没有放弃，而是继续劝诫："人有善愿，天必从之。汝若肯归依正果，自有养身之处。世有五谷，尽能济饥，为何吃人度日？"（《绘图增像西游记》，1889：206）这样猪八戒才如梦方醒，然而考虑到自己的罪孽，"我欲从正，奈何获罪于天，无所祷也"（《绘图增像西游记》，1889：206）。这时观音抛出西天取经大业，八戒摩顶受戒，专候取经人。李提摩太将上述八戒的"皈依"经历翻译为：

> Kwanyin said, "If you wish to be saved, you must not do what will ruin you. Having sinned in heaven and been sent down here, you must not sin again. If you have a good purpose in life, God will help you to succeed."
>
> "I wish to follow the right, but having sinned against God, what can I do?"
>
> Kwan-yin said, "I have been authorizied to go to the East in search of a Chinese Pilgrim who will go to the West for Sacred Books. If you follow him on his journey, and learn of him, then your sin will be forgiven for your good services."
>
> The demon said, "I agree." (Richard, 1913：107)

可以看到，在李提摩太的阐释下，八戒对观音劝诫最先表现出不以为然的句子完全删除，译文重点突出观音的劝诫话语，最终如愿让八戒皈依，这无疑凸显了观音作为"圣灵"使人皈依的能力。

其次，李提摩太有意将观音塑造为使人（物）重生者的形象。在他的《西游记》译本中，观音使物重生的能力主要表现在两个章节，一是关于无头泾河龙王的故事；二是复活人参果树。比如，在小说第十回"老龙王拙计犯天条 魏丞相遗书托冥吏"中，泾河龙王错犯天条，闻之要被魏徵斩首，于是便来到宫中请求唐太宗的帮助。唐王允诺，假装与魏徵对弈，以此拖过行刑时刻。不想，魏徵竟在梦中将龙王斩首。因未能实现自己的诺言，泾河龙王在被斩首之后，晚上"手提着一颗血淋淋的首级"前来找唐王索命，值此危难之际，观音出现，为唐王解围。原文中这样描写相关情形：

> 正在那难分难解之时，只见正南上香云缭绕，彩雾飘飘，有一个女真人上前，将杨柳枝用手一摆，那没头的龙，悲悲啼啼，径往西北而去。原来这是观音菩萨，领佛旨上东土寻取经人，此住长安城都土地庙里，夜闻鬼泣神号，特来喝退业龙，救脱皇帝。那龙径到阴司地狱具告不题。(《绘图增像西游记》，1889：241)

相应译文如下：

> In this dilemma, when none of his Ministers or Doctors could heal or save him, Kwanyin came with her jar of water and sprig of willow and made the dragon's head grow on his body again, and the Emperor was no more haunted. (Richard, 1913：115)

其大致可以翻译为：遇此险境，手下的大臣或者御医没有一个人能救治唐王。这时，观音手执杨柳枝和一瓶净水前来，她让龙王的头重新长了出来。而且，唐王自此也不被龙王鬼魂惊扰了。

对照原文和译文我们可以发现，经过李提摩太的改写，"龙王的头重新长了出来"，这赋予观音"生命赐予者"的形象，实现了与基督教"圣灵"能力的契合。还有一点需要指出的是，李提摩太所译的"唐王自此也不被龙王鬼魂惊扰了"与原文完全不符，在此次观音拯救唐王之后，无头的泾河老龙王照例前来骚扰，这才有了"门神"秦叔宝、尉迟敬德的历史故事。

　　观音能使万物复活的力量还表现在小说第二十六回"孙悟空三岛求方 观世音甘泉活树"这一故事中，在孙悟空砸坏"天开地辟之灵根"的人参果树之后，面对镇元大仙的要求，孙悟空四处找各路大神寻求帮助，以让人参果树复活。最后，还是依靠观音的杨柳枝才让其起死回生，李提摩太同样对这一情节进行了较为详细的翻译，其目的不仅在于凸显观音"生命赐予者"的形象，而且能表现出她"随时帮助者"的"圣灵"品性。不惟如此，西天取经路上困难重重，纵使孙悟空拥有通天入地的本领，然而面对法力更为高强的妖魔时也会无能为力，这时候观音屡屡前来帮助他渡过难关，如助悟空收服黑熊怪、降服红孩儿、收服灵感大王等，这些情节李提摩太也全部译出。为更直观地向读者说明"观音即圣灵"的观点，李提摩太对底本《绘图增像西游记》中的观音图像甚至也做了修改(见图2-3、图2-4)。

图2-3　《绘图增像西游记》中的观音　　图2-4　李提摩太《西游记》译本中的观音

根据《鹦哥宝卷》①的记载和《西游记》的描述②，白鹦哥为观音菩萨衔念珠。对照两幅插图我们可以清楚地看到，李提摩太将原著的白鹦哥替换成了鸽子。不仅如此，他还在"改造"后的观音插图下端标注"观音即圣灵：鸽子与念珠便是其标志"（Kwanyin the Holy Spirit：The Dove and Rosary as symbols）的文字。在《圣经》中，鸽子很容易让读者联想到《约翰福音》里耶稣接受洗礼的情形。因此，李提摩太之所以将白鹦哥替换成鸽子，目的还是将观音与圣灵"强行"联系在一起。

六、李提摩太眼中的《西游记》宗教成分

前文已论述，《西游记》蕴涵着丰富的宗教色彩，这给清代点评家关于儒、释、道的点评提供了可阐释的空间，那么李提摩太又如何看待原著的宗教成分？

(一) 李提摩太眼中的"大乘佛教"与"小乘佛教"

李提摩太在《大乘佛教新约》序言中指出，基督教与大乘佛教存在着诸多相同之处。紧接着他开始批判以下观点："因为释迦牟尼早于耶

---

① 白鹦哥是《鹦哥宝卷》的主角，"其身生得氤氲，体态端正。浑身羽毛白如银牙，其实可爱。"奄奄一息的母亲十分渴望吃到仅生长在东土的樱桃。这只孝顺的白鹦哥便不顾危险飞去东土取樱桃。不幸的是，它却在积宝山被猎人们捕获。由于这只白鹦哥会讲人话，贪婪的猎人们便将它带到十字街贩卖，结果却被横行一方的恶霸任天富员外抢走。最后，它通过装死的方式才得以逃脱。在飞回家之后，它的母亲已经去世，白鹦哥悲痛欲绝。观音菩萨被它的孝心所感动，将玉净瓶中的水洒在它身上，白鹦哥终于苏醒了过来。观音帮助它的双亲投生善处，白鹦哥请求终生跟随观音以报恩。上述故事情节，笔者根据《鹦哥宝卷》（1881 年镇江宝善堂藏版）概括而出。

② "白鹦哥"多次出现在《西游记》中，如小说第十二回"玄奘秉诚建大会 观音显象化金蝉"中，作者在用一首韵文描写观音菩萨时提道，"面前又领一个飞东洋，游普世，感恩行孝，黄毛红嘴白鹦哥"；再比如原著第五十七回"真行者落伽山诉苦 假猴王水帘洞誊文"中也曾提道"正讲处，只见白鹦哥飞来飞去，知是菩萨呼唤，木叉与善财遂向前引导，至宝莲台下"。

稣五百年出生，因此基督教义借用了佛教教义。"(Richard，1910：2)李提摩太认为这个观点非常肤浅，因为"这些人不知道释迦牟尼所代表的小乘佛教影响范围局限于本地，而且持续时间并不长久。与之相反的是，大乘佛教在中国、朝鲜、日本被大部分民众所接受，而且影响至今"(Richard，1910：2)继而，李提摩太引出大乘佛教来论证自己的观点，"这些学者同样不知道大乘佛教由马鸣创立，而非释迦牟尼。这个佛教教派创立于基督教时代的公元1世纪左右，这时候东西方交流非常频繁"(Richard，1910：2)。《大乘起信论》意味着大乘佛教的正式兴起，在李提摩太看来，这个教义为"佛教新约"(*New Testament Buddhism*)。很明显，李提摩太认同大乘佛教，并将其等同于基督教，这种观念也被他带进了《西游记》译本。

在《绘图增像西游记》第十二回"玄奘秉诚建大会 观音显象化金蝉"中，玄奘奉唐太宗敕令，宣讲佛法，以此超度冥界亡灵。恰巧此时，观音菩萨前来东土寻找取经之人。在"水陆大会"上，二人曾如此对话：

> 这菩萨近前来，拍着宝台厉声高叫道："那和尚，你只会谈小乘教法，可会谈大乘么？"玄奘闻言，心中大喜，翻身跳下台来，对菩萨起手道："老师父，弟子失瞻，多罪。见前的盖众僧人，都讲的是小乘教法，却不知大乘教法如何。"菩萨道："你这小乘教法，度不得亡者超升，只可浑俗和光而已。我有大乘佛法三藏，能超亡者升天，能度难人脱苦，能修无量寿身，能作无来无去。(《绘图增像西游记》，1889：273)

译文如下：

Then Kwanyin called out to him in a loud voice, and said, "You have only explained to us Primitive Buddhism. Now explain to us the Higher Buddhism. Early Buddhism cannot save the dead, but Higher Buddhism can take them to heaven, can save men from trouble, can

make them long-lived without being reborn again in this world.
(Richard, 1913：134)

可以看到，李提摩太对大乘佛教"伟大之处"的翻译非常详细。笔者认为，这依旧与他眼中"大乘佛教"等同于"基督教"的观念密切相关。他在译本序言中指出："《西游记》不是一部讲述比较宗教学的著作，然而它却包含着许多伟大宗教的思想，尤其是大乘佛教。大乘佛教旨在将世人从邪恶和苦难中拯救出来，并超脱那些迷失在地狱里的灵魂。这部小说记录了虔诚信奉大乘佛教的主人公所经历的变化。值得注意的是，故事中的每个英雄人物都皈依了该教，其中之一便是深海里的一条龙。"（Richard, 1913：viii）与对"大乘佛教"推崇的态度截然相反，李提摩太对"小乘佛教"近乎蔑视。他在《李提摩太致世界释家书》中曾写道：

> 小乘目的在救一己，大乘目的在救众生，小乘不拜神，惟信赖无助之人力，于轮回转生中求得救。而大乘之道，则颇似基督教，崇奉我佛，不讲轮回，独赖佛力而得救。小乘以产生为有罪，谓妇人非先转生成为男子，终无得救之日也，惟大乘则不然，以观音为善良慈悲之模范，其救护受苦受难之众生，颇著效力，有忏悔者必畀以新生命，其所以现千手之身者，盖以为普遍救济，完美仁慈也，乃其怜爱与慈悲及其情愿牺牲一己之品性，殊堪称颂，详见《西游记》，鄙人于宣统二年译成英文，刊行于世。（Richard, 1916：25）

李提摩太对"小乘佛教"的态度也清楚地表现在译文之中，在翻译完菩提老祖传授给孙悟空的永生秘诀后，译者不忘在文本中添加这一注释：

> To regard reproduction as sin is the fatal error in Primitive Buddhism, for if carried out, the human race and all living creatures would be extinct in the second generation. (Richard, 1913：18)

其大致可以译为：小乘佛教将繁衍后代视为罪恶，这是该教的致命缺陷。如果该教义得以贯彻，那么人类和所有的生物都会在第二代灭绝。（笔者自译）

(二)李提摩太《西游记》译本中的景教分析

景教在李提摩太"援佛入耶"的阐释中发挥着重要的作用，它如同连接大乘佛教与基督教的桥梁。在序言的第 14 部分，译者特意撰写了《重新发现的景教文献》("Lost Nestorianism Rediscovered")一文，宣称译者在《西游记》中的惊人发现，"尽管我们没有讨论大乘佛教的起源问题，但是毫无疑问，这个问题在小说第八十八回给我们做了解答，这些朝圣者因受上天启示而皈依的大乘佛教实际上和景教是一样的。因此，他们皈依的其实就是基督教。如果仔细阅读第 310 页中对那个祈祷者以及祷告词的描绘，我们会发现，这部史书不是描绘景教的《圣经》，而是基督教徒们本身的天路历程"(Richard，1913：xxxii)。实际上，李提摩太曾在序言部分多次提到原著的第八十八回，如在宣称《西游记》并非一部比较宗教学的作品后，他指出"尽管这部小说的主要目标在于弘扬大乘佛教，但是它还包含了儒教、道家以及第八十八回中的景教教义"(Richard，1913：viii)。那么我们不禁要问，李提摩太所提的小说第八十八回的景教教义到底是指什么？

小说第八十八回"禅到玉华施法会 心猿木母授门人"主要讲述师徒一行来到临近天竺的玉华州，唐僧的三位徒弟传授三位小王子法术的故事。起初，三位小王子对他们颇为不敬。于是，悟空三人便将自己的法术展示了一番，"弟兄三个大展神通，都在那半空中，一齐扬威耀武"(《绘图增像西游记》，1889：205)。紧接着，作者用一首韵文描绘了上述情形："真禅景象不凡同，大道缘由满太空。金木施威盈法界，刀圭展转合圆通。"(《绘图增像西游记》，1889：205)阅读这首韵文可以发现，作者的目的在于配合并赞扬悟空三人的高超武艺。李提摩太的译文如下：

The true Illustrious Religion is not human,

The Great Way, whose origin is in all space,

Whose influence pervades the Universe,

Has balm to heal all suffering. (Richard, 1913：309)

　　《西游记》中不仅包含大量的佛教词汇，其中的道教元素也是不容忽视的。比方说，作者运用基于阴阳五行、道家炼丹术语来指称故事中的几位中心人物，如他用"金公"代指孙悟空，用"木母"喻指猪八戒，"刀圭"（二土）指称沙僧。李提摩太对原著这些道教色彩关注并不多，因此他在这首诗歌的翻译上将"金""木""刀圭"完全删掉，这就为他篡改原文内涵提供了"可乘之机"。其中，原文中的"景象"是指"景色"或者"现象"，与景教没有任何关系。但在李提摩太的翻译下，"景象"被翻译成了"Illustrious Religion"，因此他的译文可以大致翻译为：景教不凡同，大道缘太空。感导贯寰宇，救世之良方。（笔者自译）译完这首诗后，李提摩太不忘为"true Illustrious Religion"添加注释："此处所用的汉语名字与景教碑上指称基督徒所信教名相同。"[①]他所指的"景教碑"是指"大秦景教流行中国碑"，此碑建于唐建中二年（781年），碑文由波斯传教士景净撰刻，朝议郎前行台州司参军吕秀岩书并题额。明代天启三年（1623年）被发掘，现藏于西安碑林。碑文运用许多中国宗教经典阐释景教教义，所谓"真常之道，妙而难名；功用昭彰，强称景教"（朱谦之，1998：47）。李提摩太之所以如此牵强附会，目的还是希望实现自己的翻译理想：在新教传教士到达中国之前，就已经有很多中国人信奉了景教（基督教），那么如今在这个时代，中国人加入信奉基督教的行列也是指日可待的。一旦如愿，那么作为"救世之良方"的基督教即可拯救深陷苦海的中国人，李提摩太作为传教士的愿望也就实现了。

---

　　① 英语原文为：The Chinese name used here is the same as that used on the Nestorian monument for Christianity.

李提摩太论述景教的情节还表现在小说第六十六回"诸神遭毒手 弥勒缚妖魔"中，唐僧不听孙悟空劝告，执意参拜妖魔假设的小雷音寺，结果师徒四人，连同前来助阵的二十八星宿一并被黄眉老怪所擒拿。孙悟空侥幸逃脱后，便前往武当山求助荡魔天尊，原文这样介绍这位"当年威震北方统摄真武之位，剪伐天下妖邪"的荡魔天尊："净乐国王与善胜皇后梦吞日光，觉后有孕，怀胎一十四月，于开皇元年甲辰之岁三月初一午时降诞于皇宫。"(《绘图增像西游记》，1889：443)李提摩太译文如下：

> Now Chin Wu(the True Conqueror) was the ruler of the Pure Land Country, and had an all-powerful Queen who, after swallowing a beam of of light, had given birth to a son in A. D. 581. (Richard, 1913：259)

开皇元年，即隋文帝登基后的第一年。李提摩太用 581 年指代"开皇元年"，将读者引入自己熟悉的西历计时法，这样的改动可以说以"目的语读者为导向"。然而需要注意的是，译者对"A. D. 581"的注释为：

> If the Nestorians taught that the Spirit of their Saviour had reappeared in the person of Olopen, the leader of the Nestorian Mission to Sianfu, then, since we know that the Mission arrived in A. D. 635 Olopen must have been, according to the author's reckoning, fifty-four years of age when he arrived in China. -Tr. (Richard, 1913：259)

在李提摩太的阐释下，真武大帝正是第一个到中国传播涅斯多流派(Nestorian)基督教的叙利亚传教士阿罗本(Olopen)的化身。按照译者的意思，阿罗本出生于 581 年，于公元 635 年抵达唐朝首都长安(清代称之为西安府)，译者由此推断他抵达长安的年龄为 54 岁。而中国人称涅斯多流派为"景教"，该教派于 6 世纪左右进入中国传教。唐太宗贞观九年(635年)，以阿罗本为首的一批景教信徒经皇帝下诏同意后在长安传播景教。公元638年，"景教乃为唐朝公认，以国费建大秦寺，置僧21人，这就是景教流行中国的开始"（朱谦之，1998：73）。其后，阿罗本也受到唐高宗的礼遇，被封为"镇国大法主"，景教也在当时盛极一时，达到"法流十道，寺满百城"的地步。然而，作为中国道教神话中的神仙，真武大帝很明显与阿罗本没有任何关系。李提摩太为了实现自己的翻译目的，真可谓煞费苦心；但从另一方面讲，译者细读文本的索隐派功夫确实值得敬佩。

第六节　本时期《西游记》译介之不足

作为近代中西文化交流的重要媒介，以传教士汉学家为主体的译者无疑为《西游记》在英语世界的传播作出了一定的贡献。然而，受制于译介者的汉语文化水平和对中国古典小说的有限认知，他们译笔下的《西游记》存在着诸多不足之处。其中，细节错误频现是本时期《西游记》英译文最典型的特点。

以惠雅各的《西游记》译文为例，小说第一回写到孙悟空寻师学艺前，曾在南赡部洲海边遇到渔民，"他走近前，弄个把戏，妆个虎，吓得那些人丢筐弃网"（陈士斌，1994：9）。而译者的翻译如下："He approached cautiously and then, suddenly changing himself into a tiger, he sprang ashore..."（Ware，1905：84）其中，"妆个虎"意思为"扮个鬼脸吓人"，而译者将其理解为"将自己变为一只猛虎"，很明显犯了望文生义的错误。① 在翟理斯的《中国文学史》中，译者用简略的笔触概述了"云栈洞悟空收八戒"这一情节。原著中孙悟空与猪八戒斗得天昏地暗，不分胜负。在孙悟空亮明西天取经者的身份后，猪八戒才算"正式归降"。

---

① 传授孙悟空"七十二变"的菩提老祖还未出现在小说中，因此"美猴王"当时并不能随意变化。

而翟理斯却这样写道："在保护唐僧西天取经的路上，石猴降服了一只猪精。石猴将自己变为一颗药丸，并设计让猪精不小心吞进肚子里。这样，石猴抓住机会从他的肚子里进行攻击，最终成功降服了他。"（Giles，1901：284）泰勒在翻译《西游记》中"江流僧复仇报本"这一故事时，也出现细节上的错误。玄奘讲经参禅，难倒了一酒肉和尚，被骂作："你这业畜，姓名也不知，父母也不识。"（陈士斌，1994：220）玄奘悲痛不已，这时方丈拿出唐僧母亲殷温娇留下的血书、汗衫，交待他去江州寻母认亲。母子相见，谨慎的殷温娇问道："你母姓甚?"玄奘道："我母姓殷，名唤温娇……"（陈士斌，1994：222）泰勒将这段对话处理为："What was your mother's name?""Huan Wan-chiao."（Taylor，1889：278）从中我们可以看出，译者将"唤"视为温娇名字的一部分，因此出现了翻译上的失误。再以波乃耶父子的《西游记传》英译文为例，他们在对阴间判官崔珏的翻译上存在问题。首先，前文使用名"珏"（Yuh），后面改称"崔判官"（Judge Tsuy）或"崔"（Tsuy），这会给没读过原著的读者造成错觉，从而将其理解为两个不同的人物。其次，译者将"珏"（jué）的发音误认为"Yu"。①

有一点需要特别指出，作为一部皇皇巨著，《西游记》包罗万象，蕴涵着丰富的中国文化。在这部小说的英译史上，即使是声名显赫的一流汉学家译笔下的《西游记》译本也会存在瑕疵之处。举例来说，韦利在中国古代文学作品英译上居功至伟，他的《西游记》译本《猴》为经典之作，然而他的译本中也存在将"赤脚大仙"译为 Red-legged Immortal 这样的错误。因此，挑错式批评不能抹杀译者的功绩，更不是笔者的目

---

① 除上述细节错误外，一些译者还存在着对中国古典文学知识欠缺的问题。如泰勒在《文学宝藏》这篇文章中，在翻译《西游记》前七回之前，他还介绍了包括《东周列国志》《水浒传》等古典小说，在介绍《水浒传》时，译者这样评论："这部小说写于 700 多年前……作者提到了欧洲（书中写作'大西洋欧罗巴国人'，笔者注）。小说中有位名叫唎哑呢唎（Lianili）的欧洲军官，据说他以商人的身份在广东定居，他将现代科学的作战方法传授给了儿子白瓦尔罕。"（Taylor，1887：181）很明显，译者错误地将清代道光年间的《结水浒传》（又名《荡寇志》，绍兴人俞万春所作）等同于《水浒传》这部小说。

的，探究产生这些误译现象的原因才是研究的宗旨所在。笔者认为，本时期的《西游记》译文之所以出现一些令人"啼笑皆非"的错误，除却这些译介者对中国语言、文化缺乏了解的因素，还与以下这个原因息息相关：这一时期以传教士、外交官为译介主体的译介群从整体上缺乏对中国古典文学的精确了解和认知，因此出现"《结水浒传》等同于《水浒传》"的错误也就不足为奇。而就李提摩太的译文来说，尽管他对《西游记》这部小说的评价甚高，然而它还是没有摆脱"被利用的工具"的地位。

第七节　本章小结

"近代中西交往的特殊历史条件决定了中西文化交流无法在最高层次上通过双方最优秀的学者来进行，而只能借助传教士之手，从这个意义上说，由传教士承担西学东渐的任务是历史的必然选择。"（王立新，2008：472）历史的选择虽然是唯一的，但不一定是尽善尽美的。就《西游记》在本时期的译介来说，传教士作为译介主体，他们的宗教价值观和强烈的传教目标使他们无法客观介绍《西游记》。在他们眼中，这部小说在很大程度上被视为中国人"迷信观"的代表作品。尽管李提摩太对《西游记》大为推崇，但是译者只是将它作为"援佛入耶"的工具。无论是"迷信小说"还是"基督小说"，这些译者看待这部小说的本质都是一样的，即《西游记》在该阶段被视为传教的工具，其文学价值并没有在译文（本）中得到体现。作为本时期最权威的汉学家，翟理斯对《西游记》的评价可谓最好的概括："这部小说非常出名，但是也是一部低级趣味的作品，它主要讲述了一只猴子闹剧般的冒险故事。李提摩太的节译本以'一部伟大的寓言和史诗'的名头由广学会出版，准确地说，这是一种错误的翻译。李提摩太认为该小说自始至终充满着深厚的宗教内涵，总是试图彰显凡人能像上帝一样不朽和全能。这种评论和见解实则是李提摩太热情、无知的丑陋表现。"（Giles，1997：53）然而我们还是要说，尽管本时期《西游记》的译者并不是完美无缺的传播主体，但从中西文化交流的角度来说，以传教士为主体的译者们为《西游记》的"西游记"做出的努力仍是不容忽视的。

第三章 《西游记》在英语世界传播的启蒙期(1917—1932)

　　晚清时期国家政治腐败，民生凋敝。鸦片战争、中法战争、甲午战争、八国联军侵华使中国一步步沦为半殖民地半封建社会，在这种情况下，中国的仁人志士希冀摆脱"亡国灭种"的命运，先后发起了洋务运动、维新运动、辛亥革命、五四运动等一系列救亡图存的运动，猛烈冲击着中国的政治、经济、文化以及社会生活的各个方面。与此同时，西方的现代学术理念也在这股"西潮"中进入中国。在自身学术传统变化与西方学术思想冲击的合力作用下，中国学术也发生了现代转型。陈平原指出，这一转型的实现应归功于晚清和"五四"两代学人的"共谋"，具体过程为"走出经学时代、颠覆儒学中心、标举启蒙主义、提倡科学方法、学术分途发展、中西融会贯通等"（陈平原，2010：9）。其中，胡适是"五四"时期最著名，也最有影响力的学者之一。

　　胡适"集合融会中国旧有的各派学术思想的优点，而以西洋某一种的治学的方法来部勒它，来涂饰它"，这"使中国史学完全脱离经学的羁绊"。（周予同，1996：542）在20世纪20年代初的中国学界，"科学方法"几乎成为胡适所独有的"专利"。他在《论国故学——答毛子水》中提出"为真理而求真理"的学术境界，在《新思潮的意义》中提出"评判的态度，科学的精神"，在《〈国学季刊〉发刊宣言》中提出"历史的眼光""系统的整理""比较的研究"，"为了使'科学方法'能顺利地在中国传播，胡适借助于清代的考据学传统，且将其简化为'拿出证据来'"（陈平原，2005：169）。在《胡适口述自传》中，他将"科学"定义为"一种思想和行为的法则"（胡适，2009：187），并将这种"科学"融入自己的治

81

学方法中，即"大胆的假设，小心的求证"，这掀起了学术界重新评估中国古代典籍的新思潮。在当时的历史背景下，小说的地位有了显著提高。"由于胡适、鲁迅等新文化大师推崇白话文学和民间文学，以《水浒》、《西游》为代表的白话通俗小说必然受到褒奖、重视。"(竺洪波，2005：87)随着这些小说地位的提高，它们在中国文化史上的价值也得到重新评定，这使其"成为严谨的学术对象，小说研究则以芃然勃兴之势成为中国学术的重要领域"(竺洪波，2005：87)。从1920年到1933年，胡适以"序言""导论""考证"等不同方式，为12部①中国古典小说撰写考证文章。他将这些小说分为两种类型(历史演进型和作者创造型)，以此展现并传播自己的治学方法。就第一种类型来说，胡适以《西游记》《三国演义》《封神演义》为例，"对这些小说，我们必须用历史演进法去搜集它们早期的各种版本，来找出它们如何由一些朴素的原始故事逐渐演变成为后来的文学名著"(胡适，2009：188)。而就第二种"作者创造型"来说，胡适以《红楼梦》为例，指出如果要正确理解该小说，"我们就必须尽量搜寻原作者的身世和传记数据，以及作品本身版本的演变及其他方面有关的资料"(胡适，2009：188)。同时，胡适还提出"历史的眼光"，在研究古籍中注意时代的变迁与学术演进的关系。他于1923年发表的《〈西游记〉考证》一文是其考证的重要成果，在相当长时间内影响了国内外学者对《西游记》的研究。

此外，更有一大批"五四"时期的著名学者加入中国古典小说的研究阵营，包括鲁迅、俞平伯、董作宾、赵景深、郑振铎等一流学者。以鲁迅为例，他曾于20世纪20年代前后在北京大学、北京师范大学等高校讲授中国古代小说，并在《古代小说钩沉》等小说史料基础上完成了《中国小说史略》这一经典作品。"现代《西游记》学术史便是在这样的时代条件和学术背景下发轫。"(竺洪波，2005：88)可以说，胡适、鲁迅

① 除《西游记》外，胡适曾为《红楼梦》《水浒传》《三国演义》《三侠五义》《镜花缘》《官场现形记》《儿女英雄传》《老残游记》《海上花列传》《孽海花》《儒林外史》作序或就作者问题发表考证文章。

等"五四"学者为这部小说的现代转型揭开了序幕，并作出了卓越的贡献。那么《西游记》在中国的学术转型是否会对本时期的《西游记》译者们产生影响？这一时期主要包括四个《西游记》英译文（本），分别是库寿龄《中国百科全书》①对这部小说的介绍、文仁亭两部中国神话著作有关《西游记》的译介，以及首个在英国本土发行的海伦·海耶斯《西游记》英译本。

第一节　库寿龄《中国百科全书》对《西游记》的介绍

1917 年，由英国汉学家库寿龄（Samuel Couling）编纂的《中国百科全书》（*The Encyclopaedia Sinica*）由上海别发洋行（Kelly and Walsh, Limited）和牛津大学出版社同时出版发行。他在序言中明确说明了编纂动机："编者诚挚地希望《中国百科全书》不仅能为外国读者深入了解中国提供帮助，而且能够增进东西方的互相了解和尊重。"（Couling，1917：vii）库寿龄详细解释了"西游记"（HSI YU CHI）这一词条："在中国存在着两部知名的同名作品，由于西方学者在研究时不能兼顾二者，以至于他们在研究其中一部作品时总会无视另一部同名作品，这导致读者很难区分它们。"（Couling，1917：241）紧接着，库寿龄指出了这两部作品的区别："《长春真人西游记》作者为李志常，该书记载了其师父丘处机从山东行至波斯成吉思汗行宫路程的所见所闻……第二部作品在性质上与《长春真人西游记》完全不同，它是一部深受欢迎的小说。该作品以历史上真实存在的唐代僧人玄奘为原型，根据其印度求取真经的经历创作而成。"（Couling，1917：241）库寿龄对《西游记》的情节也做了粗略的描述："在该小说的故事开篇部分，一只猴子从石头中孵化出来，其后他担任'弼马

①　笔者从孙轶旻《近代上海英文出版与中国古典文学的跨文化传播（1867—1941）》中看到库寿龄《中国百科全书》收录"西游记"这一词条的信息。（孙轶旻，2014：106）

温'(Master of the Horse)一职，最终位列道教顶级仙班行列。"(Couling,
1917: 242)总体来说，库寿龄对《西游记》评价颇低："多数读者可能会将
其视为荒诞幼稚的大杂烩(a hotch-potch of puerile absurdities)。"(Couling,
1917: 242)此外，库寿龄还探讨了这部小说的作者问题。受晚清《西游
记》"丘作论"的影响，晚清时期的译者也普遍将丘处机视为作者，这在
李提摩太译本中表现得最为明显。对此，库寿龄发表了自己的观点：
"最近李提摩太将其节译为英语，然而，在李提摩太看来，这部小说可
以被誉为世界级名著、一部伟大的史诗与寓言，而且想当然地将作者当
作丘处机。"(Couling, 1917: 242)库寿龄用"想当然"来评论李提摩太的
"丘作论"，可见他对这一观点不以为然。同时，在他的这部《中国百科
全书》中，库寿龄还列出"丘长春"这一词条，直接质疑《西游记》乃是丘
长春创作的定论，"李提摩太以《天国之行》名字节译的《西游记》，并认
为该小说作者为丘长春，实际上这是一部无名氏创作的小说"(Couling,
1917: 110)。遗憾的是，库寿龄并没有列出《西游记》并非由丘处机创
作的证据和材料。然而需要指出的是，库寿龄在当时的环境下大胆质疑
"丘作论"，这种怀疑的精神本身就令人钦佩。

　　之所以将库寿龄对《西游记》的介绍纳入这部小说在英语世界传播的
"启蒙阶段"，主要原因在于以下这个方面：自《西游记》问世后，由于
"《西游》一书，不知其何人所为"(朱一玄、刘毓忱，2012: 225)，这导致
四百年来旷日持久的"谁是作者"的公案。我们认为，确定这部小说的作
者有着重大的意义，正如钱锺书所指出的："须晓会作者立言之宗尚、当
时流行之文风，以及修辞异宜之著述体裁，方概知全篇或全书之指归。"
(钱锺书，1986: 177)"谁是作者"在很大程度上影响着读者对这部小说的
认知和解读。举例来说，汪澹漪的《西游证道书》首次将作者归在丘处机
名下之后，整个清代时期的点评家始终将这部小说归为"谈禅""证道"
"劝学"之类的"宗教小说"，这导致"不根之谈愈不可拔也"(鲁迅，1927:
177)。尽管库寿龄没有考证出谁是真正的作者，但是在当时的历史条件
下，否认"丘作论"的意义就在于它在一定程度上指引着学界日后重新界
定《西游记》的作者，从而开始重新探讨这部小说的"属性"，因此我们将

其视为这部小说在英语世界传播"启蒙阶段"的发轫之言。

第二节　文仁亭有关中国神话作品中的《西游记》

倭纳(Edward Theodore Chalmers Werner)出生在新西兰，汉语名字为文仁亭。19 世纪 80 年代来到北京，在英国公使馆担任翻译实习生(student interpreter)的工作，之后曾先后在北京、广州、天津、澳门、九江等地任职。1914 年退休后，文仁亭选择在北京定居，专心研究汉学。其著作包括《中国人的中国》(*China of the Chinese*, 1919)、《中国神话与传奇》(*Myths and Legends of China*, 1922)、《中国小调》(*Chinese Ditties*, 1922)、《中国的武器》(*Weapons of China*, 1932)、《中国神话辞典》(*Dictionary of Chinese Mythology*, 1932)、《中国文明史》(*A History of Chinese Civilization*, 1940)等。在众多著作中，以他对中国神话的研究最为出名。《中国神话与传奇》"成为西方世界里最为流行的介绍中国神话的著述之一，对于世界各地读者了解中国神话产生了广泛而持久的影响"(杨利慧，2014：156)。在《中国神话与传奇》序言中，文仁亭指出了本书材料的来源，包括《搜神记》《封神演义》《神仙列传》《历代神仙通鉴》《聊斋志异》。实际上，本书的第 14 部分"猴子如何成圣"(How the Monkey Became a God)取材于《西游记》。文仁亭采用粗略复述的方式，在大致溯源了师徒五人(孙悟空、猪八戒、唐僧、沙僧、小白龙)的身世后，作者选译了"八十一难"中的"四圣试禅心""夺宝莲花洞""大战红孩儿""黑水河遭难""显圣车迟国""大战青牛精""三调芭蕉扇""错坠盘丝洞""灭法国降妖"以及"五圣成真"这些故事。阅读该部分序言我们不难发现，文仁亭对《西游记》的评价完全承袭惠雅各在《中国的仙境》中对《西游记》的观点，这主要体现在以下几个方面：首先是对《西游记》的评价上，作者直接引用惠雅各的观点："《西游记》中有着形形色色的妖魔鬼怪，他们有好有坏。然而，对一般中国人来说，他们坚信这些妖怪是真实存在的，因此这些中国人一生的行为举止都要求取神明的安排指示。"（Werner，1922：325）其次，在对师徒四人的评价上，文仁亭的评价与惠雅各几乎如出一辙："玄奘是'良心'（conscience）的象征，他的所有行为都会受到良心的考验。他的袈裟大有裨益，因为它可以保护'良心'，避免其受到身边各种邪恶力量的攻击。"（Werner，1922：325）对孙悟空来讲，"他是人性本恶的代表（human nature, which prone to all evil）。当孙悟空做出无法无天的事情时，不管距离多远，唐僧可以通过反复念'紧箍咒'的方法帮助孙悟空恢复理智"（Werner，1922：325-326）。猪八戒则是"粗野激情的象征"（coarser passions）。而就沙僧来说，文仁亭与惠雅各的认识似乎不同，他认为这个人物与《天路历程》中的"信念先生"（Mr Faithful）十分相似，而不是惠雅各所说的"恐惧先生"（Mr Fearful）。然而，作者紧接着重复了惠雅各对沙僧的评价："沙僧象征着人类天性的软弱，需要不断的鼓励。"（Werner，1922：326）由此我们可以断定，文仁亭所说的"信念先生"应该是"恐惧先生"，原因在于如果沙僧是"信念先生"的话，则不需要"不断的鼓励"。之所以出现这样的错误，原因在于文仁亭粗心地将惠雅各译文的"fearful"看成了"faithful"。

1932 年，文仁亭的《中国神话辞典》（*A Dictionary of Chinese Mythology*）由上海别发洋行（Kelly and Walsh, Limited）发行，该辞典介绍并溯源《西游记》师徒五人的出身和来历：孙悟空、沙僧、猪八戒、唐僧和白龙马（Werner，1932：462-468）。令人不解的是，尽管胡适在1923 年已经考证出了这部小说的作者为吴承恩，然而文仁亭在介绍这部小说作者时却依旧"置若罔闻"，他仍然采取了伟烈亚力《汉籍解题》的观点："这部小说据说作者是丘处机。"（Werner，1932：464）

第三节　东方佛学的"西游记"：海伦·海耶斯《西游记》英译本研究

1930 年，英国伦敦约翰·默里出版社（John Murray）和纽约达顿出版社(E. P. Dutton)同时推出了海伦·海耶斯(Helen M. Hayes)翻译的《西游记》英译本《佛教徒的天路历程》(*The Buddhist Pilgrim's Progress*)。继1913年李提摩太在上海出版的最早的《西游记》节译本《天国之行：一部伟大的中国史诗与寓言》后，该译本成为首个在英国、美国发行的《西游记》英译本。此外，它被收入"东方智慧丛书"(Wisdom of the East Series)，为该小说在英语世界的传播作出了重要的贡献。然而，较之韦利、余国藩以及李提摩太的《西游记》译本，学界对该译本的关注较少。胡淳艳就胡适对海耶斯译本的影响、该译本"删繁就简"的特点，以及译本存在的失误等方面内容做了专门的探讨(胡淳艳，2013：243-253)；陈琳则从译本的封面、译者前言对其予以介绍，并通过对比李提摩太译本，从两者的异同之处探讨了海耶斯译本的特色。可以说，她们对海耶斯《西游记》译本的探索开拓并丰富了该小说的外译研究。同时，陈琳指出："虽然'导言'部分内容较为丰富，但有关翻译工作和译本情况，包括翻译目的、底本选择、如何选材、如何翻译等英译研究者感兴趣的话题却只字未提，颇为令人遗憾。"(陈琳，2015：53)鉴于此，本节力图解答上述话题。在海耶斯的译本中，出版社并没有对译者做专门的介绍。我们认为，译者的身份与翻译目的、翻译倾向在很大程度上存在着千丝万缕的联系，这就使确定译者身份成为亟待解决的问题。

一、译者海伦·海耶斯的身份探析

上文提到，出版社并没有在海耶斯《西游记》英译本中透露译者的个人信息。然而通过阅读译者前言和译文正文，我们从中可以得到以下线索：海耶斯在日本有过生活的体验。在译者前言中，在引出孙悟空原型正是哈奴曼时，她指出："1929年，这部小说在日本顺应现代生活的潮流，已被改编成电影，而孙悟空则与美国、英国明星一样活跃在电视屏幕。"(Hayes，1930：10)紧接着，海耶斯这样写道："当我们想到孙悟空能远渡重洋到达日本，我们会发出会心的微笑。"(Hayes，1930：11)在译文中，海耶斯曾多次提到自己在日本的宗教体验。如在翻译"车迟

国求雨斗法"时,译者提道:"日本真言宗创始人弘法大师(空海)也曾实践过求雨仪式。"(Hayes,1930:79)

日本学者栗田英彦在《国际文化研究中心所藏静坐社资料——解说与目录》①一文中给我们提供了以下信息:"海伦·海耶斯是作家丽莉·亚当斯·贝克(Lily Adams Beck)的私人秘书,二人曾在日本京都定居。在此期间(20世纪20年代左右至1931年),她们和比亚特丽丝(日本著名禅宗研究者铃木大拙之妻)一同在神月彻宗门下与佛教徒一起参禅,同时也跟随'静坐社'的创立者小林信子静坐修行。海耶斯的《西游记》英译本正是在旅居京都时翻译完成的。"(栗田英彦,2013:249-250)而海耶斯在译者前言中所提到的"山边教授"(Professor Yamabe)即山边习学,根据栗田英彦的研究,"他为日本净土真宗的学僧,'一战'期间,以大谷大学(日本净土真宗大谷派所设立的大学)留学生的身份在英国学习,其间他与亚当斯·贝克共同将净土真宗创始人亲鸾的《净土和赞》(Buddhist Psalms)译为英语。其后,由小林信子翻译、亚当斯·贝克润色的《枕草子》英译本(The Sketch Book of the Lady Sei Shōnagon)②也被'东方智慧丛书'系列收录"(栗田英彦,2013:249-250)。那么,这里又引出一个问题,即亚当斯·贝克是何人?笔者通过检索维基百科(Wikipedia)"Lily Adams Beck"这一词条,顺着词条列出的链接,在加

① 栗田英彦《国际文化研究中心所藏静坐社资料——解说与目录》这条文献是笔者在2018年左右翻阅《第七届中国译学新芽》论文集中吴晓芳《多元宗教对话——论海伦·M.海耶斯对〈西游记〉的节译(1930)》看到的,特此鸣谢。笔者通过上海外国语大学图书馆电子资源系统下载到此文,并请上海外国语大学日语专业博士生伊雪扬、宗聪帮助解答、翻译,在此深表谢意。

② 根据栗田英彦在《南山宗教文化研究所所藏静坐社资料——解说与目录》一文中的介绍,小林信子(Nobuko Kobayashi)为日本"静坐社"创立者。(栗田英彦,2017:24)由小林信子翻译的《枕草子》英译本(The Sketch Book of the Lady Sei Shōnagon)于1930年由约翰·默里出版社出版,也被"东方智慧丛书"收录,译文正文只有120页。序言部分由亚当斯·贝克撰写,"原著《枕草子》不可能只有这个译本如此短的篇幅,实际上,小林信子原本非常细致地完整翻译了原著。本人在通读了她的译本后,帮助她选取了译本的内容"(Beck,1930:9)。从这些话我们可以看到,贝克对小林信子的译本做了润色和删改。

拿大西蒙弗雷泽大学（Simon Fraser University）数字化馆藏系统（SFU Digitized Collections）中找到了这位作家的相关信息。她于 1860 年出生在爱尔兰科克市皇后镇（Queenstown，Cork，Ireland），父亲为英国皇家海军将军约翰·莫里斯比（Admiral John Moresby），原名伊丽莎白·路易莎·莫里斯比（Elizabeth Louisa Moresby）。1912 年后，与第二任丈夫拉尔夫·库克·亚当斯·贝克（Ralph Coker Adams Beck）广泛游历于埃及、印度、日本、中国等东方国家与地区，正是在这段时间，她对亚洲文明与佛教文化产生了浓厚的兴趣，并在此后的 20 年撰写了大量与此相关的作品。1919 年，她定居加拿大并开始写作。伊丽莎白·路易莎·莫里斯比有三个笔名，分别是路易斯·莫里斯比（Louis Moresby）、巴丽顿（E. Barrington）、亚当斯·贝克（L. Adams Beck）。其中，她用亚当斯·贝克这个笔名撰写了大量蕴涵佛教思想的东方哲学与宗教类书籍。如《亚洲荣耀》（*The Splendor of Asia*）、《东方哲学故事》（*The Story of Oriental Philosophy*）、《释迦牟尼传》①（*The Life of Buddha*）等。

上文已提到，海耶斯的《西游记》英译本正是在旅居京都时翻译完成的。我们认为，由于海耶斯长期生活在佛教气氛浓厚的环境中，这在很大程度上影响了译者对《西游记》的解读。如海耶斯认为《西游记》蕴涵着丰富的佛学思想，吴承恩创作该小说的直接动机是"将其所蕴涵的佛教哲学思想传递给普罗大众"（Hayes，1930：9）。为证明吴承恩本人崇尚佛教哲学的说法，海耶斯援引山边习学的观点："吴承恩不仅在禅宗上学识渊博，而且对其有着高深的见解。"（Hayes，1930：15）这为译者对《西游记》佛教思想的解读提供了根基。也就是说，在海耶斯看来，既然小说作者崇信佛教，那么他的作品在很大程度上会折射出某些佛教色彩。那么她是如何对《西游记》这部神魔小说进行"佛教阐释"的？在回答这个问题之前，我们有必要将译本产生时的《西游记》学术史考虑

---

① 据笔者考查，该书已有三个汉译本。分别为 1981 年新华出版社版《释迦牟尼的一生》、2007 年陕西师范大学版《释迦牟尼的故事》以及 2019 年华文出版社推出的《释迦牟尼传》。

在内，即海耶斯《西游记》译本出版于 1930 年，此时在中国颇具影响力的《〈西游记〉考证》一文已面世 7 年，它是否会对海耶斯译本产生影响？

二、胡适《〈西游记〉考证》对海耶斯《西游记》译本的影响

尽管海耶斯的《西游记》译本只有 105 页，但是她的序言部分就占了 12 页之多，可见译者非常注重借助序言表述对该小说的看法。阅读该部分我们发现，海耶斯大幅采用了胡适 1923 年《〈西游记〉考证》(以下简称《考证》)的研究成果，这主要表现在以下三个方面。

首先，海耶斯接受胡适"吴承恩为《西游记》作者"的观点，并将胡适视为"《西游记》研究的权威人物"(Hayes，1930：15)，而李提摩太"将丘处机的地理学著作《西游记》与吴承恩的同名小说混为一谈，以致弄错了小说的真正作者"(Hayes，1930：16)。此外，海耶斯对吴承恩诗歌的翻译也参考了《考证》一文，比如海耶斯称，"吴承恩以即兴诗而闻名"(Hayes，1930：12)。为说明这一点，译者翻译了吴承恩的《田园即事》与《堤上》这两首诗。其中，《堤上》取自《考证》所引吴承恩四首诗中的第二首，而《田园即事》则由董作宾提供，之后收入《考证》后记一。同时，译者较为详细地介绍了吴承恩的生平，其所使用的材料同样出自胡适《考证》一文。如"隆庆初(约 1570 年)在淮安与陈文烛、徐子与往来应酬，酒酣论文"，海耶斯不仅将其引用，而且联想到"酒赋予中国诗人灵感，正如爱情赋予西方诗人灵感一样"(Hayes，1930：14)，为说明中国文人对酒的情有独钟，海耶斯翻译了杜甫《饮中八仙歌》中的"李白斗酒诗百篇""张旭三杯草圣传，脱帽露顶王公前，挥毫落纸如云烟"①以及刘克庄《一剪梅·余赴广东实之夜饯于风亭》中的"酒酣耳

---

① 其英译文为：Chang Hsu after three cups writes inspired characters；Throws off his cap，appears bare-headed before the Prince and high officials；Strokes of his long-haired writing-brush drop on the paper like clouds or driving mist. (Hayes，1930：14)

热说文章，惊倒邻墙"①。

其次，在孙悟空的原型问题上，胡适在《考证》中指出："我总疑心这个神通广大的猴子不是国货，乃是一件从印度进口的。"（胡适，1923：23）根据俄国学者钢和泰（von Stael-Holstein）的指引，胡适从印度最古老的记事诗《拉麻传》（即《罗摩衍那》）里"寻得一个哈奴曼（Hanuman），大概可以算是齐天大圣的背影了"（胡适，1923：23）。从中我们可以看到，胡适对孙悟空的原型只是猜测而已，并没有完全确认。而在海耶斯的序言中，她完全肯定胡适的猜测："《西游记》在朝鲜、日本也有着巨大的影响力……他是印度神猴哈奴曼的化身，这远早于7世纪玄奘西天取经的壮举。"（Hayes，1930：11）在海耶斯看来，"哈奴曼与他的主人携手走进西方净土，这与《西游记》中的唐僧师徒的结局是一致的"（Hayes，1930：11）。

最后，胡适认为《西游记》与丘处机的地理学著作《西游记》毫无关系，但与《大唐大慈恩寺三藏法师传》（以下称《三藏法师传》）以及《大唐西域记》有着直接的联系。"传说中说玄奘路上经过的种种艰难困苦，乃是《西游记》的种子。"（胡适，1923：2）其后，胡适引用《三藏法师传》卷一中"起载诞于缑氏终西届于高昌"（玄奘初启程）的部分文字，指出玄奘取经的故事逐渐被佛教徒和民间"随时逐渐加添一点枝叶，用奇异动人的神话来代换平常的事实"（胡适，1923：8），胡适的这一观点也在很大程度上影响了海耶斯对《西游记》的翻译，她指出："吴承恩利用《大唐西域记》这一材料，巧妙地将其更名为《西游记》，使之成为自己的作品。通过书写带有寓言性质的妖魔来渲染西天之行的冒险经历，以此迎合大众口味。然而，尽管有这些巧妙的渲染，我们还是能看出他们的历史原型。"（Hayes，1930：62）由此我们可以看出，海耶斯非常重视史学层面上"真实"玄奘的取经经历。因此，除翻译原著部分情节以外，译者在译本中大量穿插由英国学者萨穆埃尔·毕尔翻译的《大唐西

---

① 其英译文为：Talks learnedly, argues vigorously, startles all who sit on the four sides of the feast. （Hayes，1930：14）

域记》(*Buddhist Records of the Western World*, 1884)和《三藏法师传》(*The Life of Hiuen-Tsiang*, 1911)英译文①,以此与小说中唐僧取经的情节形成对照,这成为海耶斯《西游记》译本最突出的特点之一。

从上述分析中可以看到,胡适《考证》一文对海耶斯影响颇深。那么需要追问的是,既然海耶斯认为"胡适是《西游记》研究的权威人物",那么她是否会认同胡适对《西游记》主题思想的解读?

三、海耶斯对《西游记》主题思想的认知

胡适在《考证》一文中将清代儒、释、道对这部小说的解说视为"《西游记》的大仇敌"。他在《考证》一文里指出:

> 《西游记》被三四百年来的无数道士和尚秀才们弄坏了。道士说,这部书是一部金丹妙诀。和尚说,这部书是禅门心法。秀才说,这部书是一部正心诚意的理学书⋯⋯这部《西游记》至多不过是一部很有趣味的滑稽小说,神话小说;他并没有什么微妙的意思,他至多不过有一点爱骂人的玩世主义。这点玩世主义也是很明白的;他并不隐藏,我们也不用深求。(胡适,1923:50-51)

尽管海耶斯将胡适视为"《西游记》研究的权威人物",然而译者并不认可胡适对小说主题思想的解读。与之形成鲜明对比的是,海耶斯将《西游记》视为佛教小说,其主要表现在以下三个方面。

首先,海耶斯认为《西游记》蕴涵着丰富的佛学思想,吴承恩创作该小说的直接动机是"将其所蕴涵的佛教哲学思想传递给普罗大众"(Hayes,1930:17)。可见,海耶斯并不认同胡适就这一问题的看法。

---

① 在胡淳艳的论文中,她曾提到"在译本第四、五、六章的译文中间,他不断地回溯《大唐西域记》中所记载的真实的玄奘赴印度之行"(胡淳艳,2013:248)。笔者受此启发,顺藤摸瓜查询到海耶斯在译本中也多次引用毕尔《三藏法师传》英译本文字。

想要实现传递高深佛法思想的目的，海耶斯指出："吴承恩只能通过娱乐、诙谐的方式去屈尊迎合他们的阅读需求。"（Hayes，1930：9）因此，海耶斯得出了这样的结论："无论是从文学审美角度，还是从人文方面考虑，《西游记》都是值得我们深思熟虑的小说。"（Hayes，1930：9）从中可以看出，译者显然也并不认同胡适对《西游记》"至多不过是一部很有趣味的滑稽小说，神话小说"的评价。对小说中诸如"五行相克""婴儿""姹女""龙虎""泥丸"等遍布全书的道教词汇与诗词，海耶斯则选择忽略。究其原因，海耶斯认为："师徒取经路程中所遇到的道士与西天的道教神仙形成了鲜明的反差，这表明了道教的堕落。"（Hayes，1930：77）因为"这些道士不仅最为卑劣，而且与妖魔相互勾结"（Hayes，1930：74）。从这些评论可以看出，海耶斯认为小说中道教的地位较低，与译本重点传输的"智慧"关系不大，因此对其略而不译。对李提摩太"意识这部作品很明显有着深厚的基督教哲学思想"（Richard，1916b：343）的说法，海耶斯并不认同，"从这部小说中我丝毫没有发现基督教义的痕迹"（Hayes，1930：16）。

其次，突出《西游记》英译本中的佛教色彩。《西游记》原著中包含着大量的诗词，这些诗词大致分为四种类型：一是景色及事物描述；二是评论情节进展和人物个性；三是用作"对话"的韵文；四是关于佛教、道教的宗教诗词。对吴承恩经常在小说中穿插大量诗词的做法，她认为"这些诗词蕴涵着大量的佛教思想概念，可以作为小说文本的评论语"。（Hayes，1930：17）正因为如此，海耶斯如此"简练"的译文共翻译原著21首诗词，而其中宣扬佛教思想的更是多达11首。[①] 除此之外，在译文中，译者还直接引用有关佛教思想的著作，这包括《西藏度亡经》（*Tibetan Book of the Dead*）、《金刚经》（*Diamond Cutter Scripture*）、《华严

---

①　在海耶斯所选译的21首诗词中，除11首蕴涵佛教色彩的诗词以外，其他10首则绝大部分属于"评论情节进展和景色描述"的范畴，如译者选译的原著第二回"悟彻菩提真妙理"回末语"贯通一姓身归本，只待荣迁仙箓名"属于"评论情节进展"的范围。再如第四回，孙悟空入天宫的景色描写"金光万道滚红霓，瑞气千条喷紫雾。金阙银銮并紫府，琪花瑶草与仙芝"则属于"景色描述"的范畴。而对原著中大量的道教诗词，海耶斯则完全将其忽略。

经》(*The Avatamsaka Sutra*)等，这使译本呈现出鲜明的佛教色彩。

最后，胡适在《〈西游记〉考证》一文中曾提出《玄奘法师传》《大唐西域记》与小说《西游记》存在紧密的联系，即"传说中说玄奘路上经过的种种艰难困苦，乃是《西游记》的种子"(胡适，1923：3)。就胡适的这一看法，胡淳艳在其论文中提出了颇有洞见的观点："在《西游记》故事原型与小说文本的关系上，海斯的观点比胡适走得更远。在序言中，她认为《西游记》其实是历史上真实的玄奘赴印度之行的精神寓言。"(胡淳艳，2013：248)顺着胡淳艳的这一说法，我们在序言部分找到了她对这部小说的精神寓言解读：

> 这部小说是 7 世纪玄奘印度之行的精神寓言，吴承恩以敏锐的才智察觉到这其中所蕴涵的寓言成分。因此他使用了玄奘的真实姓名，并且在小说中详述玄奘取经回国后所受到唐太宗的盛大礼遇，而这些情节在《西游记》中则都被作者转换成了精神层面的寓言。可以说，玄奘西天取经的壮举是一首人类追求精神理想而朝圣的史诗。(Hayes，1930：19)

四、海耶斯《西游记》译本中的唐僧形象[①]

在《西游记》中，玄奘"乘危远迈，杖策孤征"的豪迈精神几乎不

---

① 笔者关于"海耶斯《西游记》译本中的唐僧形象"部分深受胡淳艳的启发，特此说明并致谢。除却上文提到的"精神寓言"解读以外，胡淳艳在其论文中也提及了海耶斯译本夹杂史学上唐僧的原型问题，"受胡适的影响，海斯译本在序言以及译文中，不止一次提到了《西游记》故事的最初原型——唐初年的贞观赴天竺的种种经历，其所占篇幅在译本中颇为可观……在译本第四、五、六章的译文中间，他不断地回溯《大唐西域记》中所记载的真实的玄奘赴印度之行。在译本中，历史的真实与文学的虚构交错在一起，以证实其观点不谬"(胡淳艳，2013：248)。之后，胡淳艳言简意赅地概括出了史学上的唐僧在海耶斯译本中出现的章节，如历史上的玄奘印度之行(第四章)、被强留高昌国以及其最终归宿等内容。笔者根据胡淳艳所提供的线索和自己的进一步探索，更为详细地探讨了这一话题。

见踪迹。相反，作者用较多的笔墨描绘了唐僧自私、懦弱、愚昧的一面。面对西天取经路上的重重困难，身为师父的唐僧却是屡屡"泪如雨下"，这与孙悟空乐观豪迈、英勇战斗的精神形成了鲜明对比。不仅如此，唐僧"耳软心活"，屡屡听信猪八戒谗言，用紧箍咒残酷打压忠心不二的孙悟空，着实可恨。作为虔诚的佛教徒，唐僧恪守佛教教条，多次抵住美色的诱惑，但倘若碰到妖精变幻的"美女"，他不是变得软弱无力，就是怕得无所适从。直到旅程行将结束，唐僧的道德和精神依旧没有表现出任何升华的痕迹。对此，夏志清曾对小说中的唐僧有着一针见血的评价："他无疑不会让人联想到历史上玄奘的豪勇之气，或是基督徒为求真理而甘愿经受考验的不屈不挠精神。"（Hsia，1968：128）有关《西游记》原著对唐僧形象的塑造问题，亿万中国人心中的经典电视剧——1986年版《西游记》的导演杨洁曾回忆道："我们开拍之前，曾访问过赵朴初先生，希望他给我们写片头字幕。但他婉言谢绝了，因为《西游记》里歪曲了唐僧形象，佛教界对《西游记》不认可，所以他不能为我们题写片名。赵朴初先生诚恳地提出建议：希望我们在电视剧里为唐僧平平反，起码不要丑化唐僧。"（杨洁，2014：230）令我们颇感惊奇的是，在海耶斯译本中，我们却丝毫找不到原著中自私、懦弱、不明是非的唐僧形象。至于原因，这与译者对该小说佛教寓言的阐释息息相关，即《西游记》实质上是历史上玄奘印度取经的"精神寓言"。因此在译本中，译者大量穿插《大唐西域记》与《三藏法师传》所记载的真实玄奘的取经经历，这使以玄奘为原型的唐僧在形象上得到最大程度的美化。为方便言说，笔者特举几个例子分析。

在译本第四章"法师朝圣"的开篇，海耶斯首先给予玄奘"无可匹敌的决心""无私奉献的志向""令人愉快的虔诚"的高度评价后，又如此评论："在中国佛教徒中，有谁能像他一样富有冒险精神、学富五车而又如此令人钦佩呢？"（Hayes，1930：61）海耶斯认为："吴承恩正是从玄奘身上看到众生从凡人到修成正果的朝圣之旅，它由艰辛旅途所驱动，玄奘自我想象的四个徒弟陪伴着他,同时他们也会阻碍西天进程。"(Hayes,1930:61)紧接着,海耶斯再一次强调师徒的寓言象征:"孙悟空象征着人的智力(the Intellect),八戒则是肉体欲望的象征(the Lusts and Desires of the Flesh),白龙马代表着忠诚的心(Heart),而沙和尚代表着性情(Temperament)。吴承恩让玄奘来做它们的主人,以此统领它们。"(Hayes,1930:61-62)

原著第九回"陈光蕊赴任逢灾 江流僧复仇报本"①溯源唐僧出身来历,海耶斯对这一章节并未做详细翻译,仅用一句话粗略地概括:"玄奘有着显赫的身世,小说中的唐僧亦然。作者通过编织他所经历的一系列奇遇,使之顺利成为唐太宗指派西天取经的合适人选。"(Hayes,1930:62)接着作者回溯《三藏法师传》中玄奘的真实经历:"事实上,玄奘本人并没有那么幸运,由于他在战乱期间逃离中土,这使皇帝(唐太宗)根本没有机会去认识他。(由于当时法令禁止出关)他通过伪装,才得以踏上西行的征程。"(Hayes,1930:62-63)之后,海耶斯大幅引用毕尔《大唐西域记》英译文字,指明玄奘自幼聪敏,"洎乎成立,艺殚坟素"(成年之时,学艺已穷尽典籍),由于其佛学知识高深,而且品行高贵,这使"朝野挹其风猷,中外羡其声彩"(为官者倾慕他的风度品格,京城和外地人歆羡他的名声风采)(Hayes,1930:64)。② 而对历史上玄奘西行的真正动机,海耶斯继续引用《大唐西域记》中的英译文:"中国佛教各宗派教义互相冲突,急于讲究末节而忽视根本,讲究语言华丽却不顾佛教本宗,于是南北佛教教义矛盾,他们互相指责。玄奘法师心里十分怅然。但又担心自己无法指出全部的翻译错误,便提议重新审视佛

---

① 关于明代世德堂版《西游记》章回与清代《西游记》版本的不同之处,可参照"第五章第三节一、余国藩对《西游戏》的底本选择以及对小说第九回的认识"这部分的论述。

② 其英译文为:He mastered the nine divisions of books, and swallowed the lake (acquired a vast erudition). His fame spread wide among eminent men.(Hayes,1930:64)此句出现在毕尔《大唐西域记》译本的第3-5页。

法真谛。"（Hayes，1930：64）①在阐释完上述问题之后，海耶斯话锋一转，重新回到译本中的唐僧身上。

之后译者简略概括了唐僧收服孙悟空、佩戴紧箍咒、出城逢虎、扫灭六贼这些情节，在翻译小说第十九回"云栈洞悟空收八戒　浮屠山玄奘受心经"时，海耶斯又将熟谙西行之路的乌巢禅师与《三藏法师传》中的胡翁作类比，指出后者"说的话最令人沮丧"（Hayes，1930：67），继而引用《三藏法师传》描写："胡公因说西路险恶，沙河阻远，鬼魅热风，遇无免者。徒侣众多，犹数迷失，况师单独，如何可行？愿自料量，勿轻身命"②（慧立、彦悰，2006：13），以此作为自己观点的支撑。而对小说中乌巢禅师指路的行为，海耶斯则称"虽说师徒取经必行之路上会碰到带有象征意义的危险和妖魔，乌巢禅师对此描述颇为轻松"（Hayes，1930：68）。译者同样对乌巢禅师的指路韵文进行了翻译，以此与胡翁的劝阻形成对照。

在西天取经途中，猪八戒常因抵不住美色的诱惑而遭到惩罚，这与唐僧形成了鲜明对比，这在"四圣试禅心"这一故事中表现得非常明显。海耶斯认为由菩萨幻化的母女招亲故事来源于玄奘在高昌国的经历，而

---

① 其对应《大唐西域记》原文为："名流先达，部执交驰，趋末忘本，撼华捐实，遂有南北异学，是非纷纠。永言于此，良用怃然。或恐传译踌驳，未能筌究，欲穷香象之文，将罄龙宫之目。"（辩机，2017：16）毕尔的英译文如下：The schools were mutually contentious; they hastened to grasp the end without regarding the beginning; they seized the flower and rejected the reality; so there followed the contradictory teaching of the North and South, and the confused sounds of "Yes" and "No," perpetual words! On this he was afflicted at heart, and fearing lest he should be unable to find out completely the errors of translations he proposed to re-examine the writing of the Buddha. (Beal，1884：5)海耶斯在译本中直接选取了毕尔的这段译文。

② 其英译文字为："The western roads are difficult and bad, sand-streams stretch far and wide; evil sprites and hot winds when they come cannot be avoided; numbers of men travelling together, although so many, are misled and lost; how much rather you, Sir, going alone! How can you accomplish such a journey? I pray you weigh the thing with yourself well and do not trifle with your life."（Hayes，1930：67-68）上述译文引自毕尔《三藏法师传》英译本的第 15-16 页。（Beal，1911：15-16）

黎山老母的原型正是高昌国国王麴文泰。海耶斯这样评论："高昌王十分钦佩这位高僧，以致想让玄奘放弃西行、永远留在高昌国，为此赏赐给玄奘许多珠宝。然而玄奘认为这些珠宝与求取真经相比，其价值不过是过眼云烟，于是拒绝了国王的好意。"（Hayes，1930：71）随后，海耶斯继续引用《三藏法师传》中所描述的玄奘的真实经历，麴文泰强留玄奘，而他求取真经的决心始终坚定，"玄奘来者为乎大法，今逢为障，只可骨被王留，神识未必留也"（慧立、彦悰，2006：20）。尽管小说情节与历史史实存在很大的差异，然而这并不妨碍二者在精神层面的对接。而《西游记》之所以将物质诱惑替换为美色诱惑，译者认为原因在于"吸引下层民众，因为这些情节他们不仅能够理解，而且会很喜欢"（Hayes，1930：72）。

在译文第六章"终成正果"（*The Crown of Buddhahood*）中，师徒西天取经大业已经完成，在译完小说师徒受封加冕的情节后，海耶斯没有忘记向读者交代历史上玄奘的最终归宿："像比德（Venerable Bede）一样，玄奘为翻译这些经书而孜孜不倦，这项工作一直持续到其生命的尽头。"（Hayes，1930：105）最后，海耶斯引用司空图《二十四诗品·典雅》中"落花无言，人淡如菊。书之岁华，其曰可读"[①]来评价玄奘。其中，"人淡如菊"以菊花比喻玄奘，菊花隽逸疏淡，秋枝傲霜，为中国文人高风亮节的象征。海耶斯用这句话评价玄奘，流溢出译者对玄奘的赞叹之情。通过上述分析可知，玄奘是这部译作的真正主角，由此我们也可以理解出版社选择他作为译本封面的原因。

而唐僧的形象之所以与原著有着很大的不同，除海耶斯将玄奘西天取经视为精神寓言的原因之外，还有一点就是译者有意将唐僧与《天路

---

① 其英译为：Around his dreams the dead leaves fall; Calm as the starred chrysanthemum. He notes the season glories come, And reads the books that never pall. （Hayes，1930：105）需要指出的是，这首诗出自《三藏法师传》英译本序言的结尾部分（Beal，1911：xiv），序言由克莱默-宾（L. Cranmer-Byng）撰写，其后英译全文（*The Poet's Vision*）被收入其汉诗英译集《玉琵琶》（*A Lute of Jade*）中。（Byng，1917：10）

历程》中的"基督徒"进行对照，这就使译本内容与译本的标题"佛教徒的天路历程"在很大程度上实现了契合。

五、佛教徒唐僧的"天路历程"①

海耶斯在前言中坦言："尤其感激李提摩太博士，从他的译本中获得了许多关于小说的背景信息。"（Hayes，1930：15-16）那么她是否会接受李提摩太"意识到这本书具有深奥的基督教哲学基础"（Richard，1916：343）的说法？对李提摩太将大乘佛教等同于景教（Nestorian Christianity）的做法，海耶斯并不认同："从这部小说中我丝毫没有发现基督教义的痕迹。"（Hayes，1930：16）阅读译文我们可以发现，海耶斯有意将这部译作与《天路历程》进行对照，然而其目的并不在于如李提摩太一般"援佛入耶"。笔者认为，海耶斯有意使之与《天路历程》中的"基督徒"形成呼应。译作中唐僧经过海耶斯最大程度的"美化"，与《天路历程》中的主人公"基督徒"就有了很大的相似之处：二者为实现自己的理想，不顾艰难困苦以及险象环生的环境，靠着坚韧和毅力，最终殊途同归，各自抵达了梦想中的"天堂"。

在译文中，海耶斯频繁借用《天路历程》中出现的人物、地名甚至直接引入文字。如在第四章"法师朝圣"中，海耶斯将师徒遇险的地方比喻成"绝望巨人"（Giant Despair）和"灰心沼"（Slough of Despond）。在《天路历程》中，"绝望巨人"是"怀疑城堡"（Doubting Castle）的主人，基

---

① 迄今关于《西游记》与《天路历程》对比研究的论文不胜枚举。在众多论文中，以陈明洁的相关文章最具代表性，具体请参见：陈明洁.《天路历程》与《西游记》之平行比较[J].河海大学学报（哲学社会科学版），2006（3）：67-69，91，94-95.此外，《西游记》的译者们也经常在他们的译本（文）中将这两部小说做类比。如翟理斯在其《中国文学史》中专门翻译了《西游记》第九十八回唐僧师徒乘无底船过"凌云渡"这一片段，他认为"这一场景让我们想到了《天路历程》"（Giles，1901：285）。至于想到《天路历程》的哪些情节，翟理斯并没有说明。巧合的是，在海耶斯译本中，她翻译了"凌云渡"这一部分，并大量引用《天路历程》中的内容，这就将二者的相似之处明晰化。笔者对这一部分的具体分析请看下文。

督徒和"希望"(Hopeful)曾在这里饱受他与妻子"胆怯"(Diffidence)的折磨与摧残。在"灰心沼",基督徒因心生恐惧、疑虑而很难爬出这个泥潭,在"援助"(Help)的帮助下,基督徒重新树立信念,才得以穿越"灰心沼"。与此对应的译文情节为"三打白骨精"与"大战黄袍怪"。孙悟空被不识妖魔的唐僧所驱逐,随后唐僧就落入"黄袍怪"所设下的圈套,并被变为一只老虎,经历了"人变兽"的磨难。在猪八戒"智激美猴王"后,孙悟空打败黄袍怪,师徒消除误会,再一次踏上西天之行。从某种意义上讲,孙悟空就是《天路历程》中的"援助"。再如在"四圣试禅心"这一故事中,四位菩萨化为母女,她们有着"家赀万贯,良田千顷",假意招师徒四人为婿,以此试探他们禅心是否坚定。而译者将黎山老母比作气泡夫人(Madam Bubble)。在《天路历程》中,通过"大无畏"(Stand-fast)口中所描述的"气泡夫人",我们了解到她会把人"诱进愚昧有害的情欲陷阱,人们在那里必定会身败名裂,永世不得翻身"(Bunyan,1946:310)。海耶斯翻译了原著的相关情节,在她的笔下,小说中的唐僧形象同样得到"美化"。面对黎山老母的诱惑,唐僧如"雷惊的孩子,雨淋的虾蟆,只是呆呆挣挣,翻白眼而打仰"(《绘图增像西游记》,1889:410),可以说形象并不雅观。而在译文中,海耶斯将其处理为"To all this the Master said not a word, sitting silent as frogs after rain"(Hayes,1930:70),可以看出,原著中略显丑态的唐僧形象早已"销声匿迹",而在译本中海耶斯则构建了另一个迥然不同的唐僧形象:他取经意志坚定,丝毫不为财富所迷惑,而这个经过"重构"的唐僧在品质上就与"基督徒"实现了契合。

在译文第六章"终成正果"中,海耶斯更是大量引用《天路历程》中的内容,以此与译作内容呼应。师徒抵达西天圣地时,唐僧师徒已走完了妖魔横生的取经之路,海耶斯将其称为"中国的安乐国"(Chinese land of Beulah),并引用《天路历程》中的话——"在安乐国,天使们常来散步,因为这里就在天堂的附近"(Bunyan,1946:157)。在《天路历程》中,基督徒与"希望"(Hopeful)抵达"安乐国"时,他们已走出"着魔之地"(Enchanted Ground),远离"死阴谷"(Valley of the Shadow of Death)。

唐僧师徒乘无底船过"凌云渡"这一情节则与《天路历程》中基督徒与"希望"渡河抵达"天国之城"颇具相似性。对前者来说，唐僧师徒必须渡过"凌云渡"才能抵达西行目的地"灵鹫峰"，而后者也只有趟过"横在他们和天门之间，可是河上没有桥，而且水非常深"（Bunyan，1946：159）的河，才能到达上帝居住的锡安山（Mount of Zion）。而渡过"凌云渡"后，唐僧已脱胎换骨，他"轻轻的跳上彼岸"（Bunyan，1946：161），在译者看来，这如同基督徒和"希望""把尘世的衣服扔进了河水"（Bunyan，1946：161）。

通过上文的分析，我们可以得出玄奘成为海耶斯《西游记》译本绝对主角的结论。吊诡的是，翻阅这部译作我们发现译者也将大量的笔墨用在了孙悟空的身上，需要追问的是，译者是否改写了原著中的孙悟空形象？他所塑造的孙悟空又有何特点？

六、海耶斯《西游记》译本中孙悟空的形象

细读译文我们发现，译者在翻译《西游记》时却引入了日本净土真宗的教义，而译本的净土真宗色彩集中表现在她对孙悟空形象的重塑上。日本净土真宗之所以出现在海耶斯《西游记》译本中，与海耶斯所处的"地理环境"息息相关。一是海耶斯在译者前言中曾多次提到净土真宗学僧山边习学，并援引他对《西游记》的看法，加上作为亚当斯·贝克的秘书，海耶斯很可能会和山边习学有一些交流，很容易受其影响。二是净土真宗为"日本最大、具有历史性的，或许是最有影响力的传统佛教组织"（安斯图兹，2008：46），海耶斯的《西游记》译本正是在日本翻译完成，其译本含有净土真宗色彩也属正常。

日本净土真宗由亲鸾（1173—1263 年）创立。其基本教义包含"净土信仰"和"恶人正机"说。就第一种来说，按照他的教义，人们只要相信弥陀本愿就一定可在死后往生（即成佛）净土，而能否往生与个人的善恶行为无关。而"恶人正机"则是亲鸾净土真宗思想的重要组成部分，即"连善人都往生净土，恶人更不在话下"（唯圆房，1994：10）。而孙

悟空在译本中则被海耶斯解读为"恶人正机"典型。为了实现这一目的，在译本中出现了多次"有意的误读"，孙悟空被塑造为"恶人"形象。现分开详述。

在译文第一章"石猴"中，译者在翻译孙悟空"龙宫夺宝"时这样评论道："他很幸运地从老龙王那里通过诱骗的手段夺走了'如意金箍棒'（As You Choose It）。之后，他又从龙王的其他三位兄弟那里用敲诈的方式得来了'锁子黄金甲'（Gold Armour）和'藕丝步云履'（magic sandals）。"透过"诱骗""敲诈"这两个字眼，我们可以清楚地看到海耶斯对孙悟空"恃强凌弱"的行为很不赞同，继而称他为"和平的破坏者"（breaker of the peace）。在孙悟空"官封弼马温"后，海耶斯指出："孙悟空进入了新的环境，由于他对天宫礼仪一无所知，因此他尚能奉公守法。"（Hayes，1930：36）然而在得知"弼马温"的官职其实并不入流时，恼羞成怒的孙悟空便回到花果山，并自封"齐天大圣"。而在小说中，玉帝得知孙悟空"因嫌官小，昨日反下天宫"的奏报后，派托塔李天王、哪吒、巨灵神等天兵天将前去讨伐，然而面对法力高强的孙悟空，巨灵神、哪吒先后败下阵来。此时，太白金星奏请"降招安旨意"，本欲"着众将即刻诛之"的玉帝答应了这一请求。而在译文中，海耶斯将这一情节改写为"他玩忽职守的行为被告知玉帝，然而玉帝再次不计前嫌，并给了他痛改前非的机会"（Hayes，1930：37）。从中我们可以看到，译者有意忽略玉帝讨伐孙悟空失败的经历，这既可以渲染玉帝的仁慈大度，同时又反衬出孙悟空的罪孽深重。

在第二章"猴王在天宫"中，译者加入自己中国之行的体验，提到中国人所描绘的精致天宫，以此表述天宫之雄美。不仅如此，在海耶斯眼中，天宫还有着美酒、珍肴、仙丹、仙桃以及美丽的侍女。译者认为，"在这样的环境中，孙悟空很难保持自己的品行"（Hayes，1930：40）。在孙悟空负责管理蟠桃园后，译者指出："刚开始担任这一职责时，孙悟空可以说很规矩。然而不久他便不可避免地辜负了玉帝的信任。他不仅偷吃蟠桃、八珍佳肴，并且因盗饮御酒而愚蠢地酩酊大醉。"（Hayes，1930：40）意识到自己所犯的弥天大罪之后，他又逃回了花果山。海耶斯认为："在尝过天宫的甜头之后，如今的花果山又怎能满足得了他的口腹之欢呢？在孙悟空拒绝属下奉上的椰酒后，海耶斯这样评论："只有天宫的玉液琼浆才能满足他饥渴的灵魂。"（Hayes，1930：41）而在原著中，孙悟空拒绝椰酒，而再去天宫盗取玉液琼浆的原因在很大程度上是出于自己的义气，"待我再去偷他几瓶回来，你们各饮半杯，一个个也长生不老"（吴承恩，2013：34）。可见，他的"作案动机"是为了花果山上的猴子猴孙。在其得手后，海耶斯用"恶贯满盈"（His iniquities were heaped to overflowing）这个成语来评价孙悟空的行为。此时，怒不可遏的玉帝派十万天兵天将包围花果山，对孙悟空进行围剿，在海耶斯看来，"这些天兵天将如同上帝的天使一样，他们将路西法驱逐出天堂"（Hayes，1930：41）。译者将孙悟空比喻成堕落天使路西法，可见她眼中的孙悟空实在是十恶不赦。

此外，为证明孙悟空罪孽之深，海耶斯甚至添加了一些原著并不存在的情节。在译本第二章翻译"大闹天宫"的情节时，译者叙述了观音菩萨在中、日两国的形象后，提到了原著中观音助战降悟空的情节，然而译文在这一部分的细节上却与原著完全不同。译者写道："她从玉净瓶洒出慈悲之水，以此削弱孙悟空身上的邪恶力量。"（Hayes，1930：43）为说明观音法力高强，译者甚至"张冠李戴"："观音降服孙悟空的方法有很多种，但她最终用金刚圈（Diamond Circle of horror）成功制服了孙猴子。"（Hayes，1930：43）而在原著中，使用"金刚圈"制服孙悟空的是太上老君，而非观音菩萨。在"终成正果"这一章中的开头部分，海耶斯写道："师徒一行将至西天，而此时的西天与孙悟空以往的观念完全不同，原因是孙悟空身上的佛种已经逐步成熟，如今已修成正果。"（Hayes，1930：89）而对此时"改邪归正"的孙悟空，海耶斯引用亲鸾（Shinran Shonin）的名言对他如此评论道："连善人都往生净土，恶人更不在话下。"（Paradises are for sinners—though even the good may enter.）

在解决译者身份、胡适《〈西游记〉考证》的影响、海耶斯对这部小说的主题认知、唐僧与孙悟空的形象塑造这些问题之后，我们发现，海耶斯的《西游记》译本夹杂了许多与传统意义上的翻译相抵牾的成分，这与李提摩太、阿瑟·韦利、余国藩以及晚清时期那些传教士汉学家对《西游记》的翻译并不相同，那么我们不禁要问两个问题：首先，造成海耶斯译本几乎"面目全非"的原因是什么？其次，王丽娜曾称海耶斯译本为《西游记》"一百回选译本"，也就是说，译者毕竟翻译了原著的某些章节，那么她是采取的何种翻译手段？译本所用的《西游记》底本又是什么？这两个问题实际上也就是陈琳在文章中所关注的问题："虽然'导言'部分内容较为丰富，但有关翻译工作和译本情况，包括翻译目的、底本选择、如何选材、如何翻译等英译研究者感兴趣的话题却只字未提，颇为令人遗憾。"(陈琳，2015：53)带着这个疑问，我们将探讨海耶斯的"翻译选材"与"翻译目的"这两个话题。而这两个话题与"东方智慧丛书"有着紧密的关系，即何谓"东方智慧丛书"？海耶斯译本入选"东方智慧丛书"的原因又是什么？

七、"东方智慧丛书"对中国文学典籍的选材

通过 Google 引擎检索，输入关键词"Wisdom of the East"，笔者在网页"出版史"(publishing history)上找到了"东方智慧丛书"的基本信息：该丛书总共出版过 122 部作品，其中的绝大多数为东方经典作品的翻译，这些译作由当时一流的学者和专家编辑、作序。根据在"出版史"网页、"哈蒂数字图书馆"(HathiTrust Digital Library)、"世界图书馆目录检索平台"(WorldCat)、"中国国家图书馆"所查阅的信息，笔者初步得出以下结论："东方智慧丛书"最早发行于 1904 年①，出版的作品有

---

① 1946 年，克拉拉·玛格丽特·甘霖翻译的《陆游的剑诗：中国爱国诗人》(*The Rapier of Lu*：*Patriot of China*)由"东方智慧丛书"发行，约翰·默里出版社在该译本中穿插着一条"讣告"："1945 年 1 月，'东方智慧丛书'的主编克莱默-宾去世，享年 72 岁。该丛书系列由克莱默-宾于 1904 年创立。"(1946：9)从中我们也可以更加明确地看到，"东方智慧丛书"最早发行于 1904 年。笔者在撰写博士论文时搜集了多个"东方智慧丛书"译本，并在毕业后撰写了相关论文，具体请看看：王文强，唐晓东. 英译唐宋词集的嚆矢——克拉拉·甘霖《风信集》研究[J]. 外国语文研究，2020(5)：81-92.

三部，分别为：翟林奈（Lionel Giles）翻译的《道德经》选译本（*The Sayings of Lao Tzǔ*）、朗斯洛特·阿尔弗雷德·克莱默-宾（Launcelot Alfred Cranmer-Byng）翻译的《诗经》选译本（*The Odes of Confucius*）和理雅各（James Legge）翻译的《论语》（*Sayings of the K'ung the Master*）①。1962年，"东方智慧丛书"推出了最后一部作品——《缅甸谚语》（*Burmese Proverbs*）。

通过"东方智慧丛书"（Wisdom of the East Series）这个名字，我们可以认识到该丛书以传递"东方智慧"为宗旨。据笔者所掌握的资料来看，其译介范围包括中国、日本、印度、埃及、伊朗、马来半岛等国家和地区。而就其译介对象来说，它以东方的哲学、文学、诗歌、宗教、艺术等经典作品为主。如艾勒姆（J. E. Ellam）编写的《西藏的宗教》（*The Religion of Tibet：A Study of Lamaism*，1927）就是一部专门介绍喇嘛教的著作。而海外日本文学研究学者唐纳德·基恩（Donald Keene）于1953年撰写的《日本文学导论》（*Japanese Literature：An Introduction for Western Readers*）则是旨在向西方读者介绍日本文学的作品。

该丛书主编之一朗斯洛特·阿尔弗雷德·克莱默-宾（Launcelot Alfred Cranmer-Byng）是英国著名的汉学家、翻译家，以中国典籍、诗歌英译而闻名西方汉学界。"他的译作标志着进入20世纪以后，格律体汉诗英译的一些变化和发展，这在英语世界的文学翻译历史上产生过较大影响，其译作至今还经常被选入中国文学作品的译文选集。"（朱徽，2009：48）而之所以创办这套丛书，其目的是希望该丛书成为东方与西方友好交流的信使，这在入选该系列丛书的每本书的开头和结尾部分都有明确说明，以海耶斯的《西游记》英译本为例：

① 由艾伦·艾普德（Allen Upward）从理雅各《论语》译本中选出50页内容，并作序，该信息源自"世界图书馆目录检索平台"。遗憾的是，笔者经过多方搜寻，并没有找到这个版本。然而，英国《新自由女性杂志》（*The New Freewoman*）于1913年11月1日、15日分两期重新刊载了这个译本。在11月1日刊登的艾普德导言中，他指出"这个译本的绝大多数译文选自理雅各的《论语》译本"（Upward，1913：190）。由此我们可以看出，1904年的艾伦·艾普德"译本"是理雅各《论语》译本的节选本。此后的1907年，"东方智慧丛书"推出了翟林奈的《论语》新译本。

　　编辑们出版这套丛书的目的非常明确。通过展现最精致的东方文学——它们所蕴涵的智慧、哲学、诗学、理想——使这套丛书成为东方与西方相互沟通、相互理解的友好信使。因此，我们搜集出版了包括印度、中国、日本、波斯、阿拉伯、巴勒斯坦与埃及的智慧之音……我们深信，在东方思想中，其崇高理想和高尚哲学蕴涵着更为渊博的知识，掌握这些思想有利于在西方世界恢复仁爱的真正精神，这种仁爱不会因民族信仰和肤色的不同而心生鄙视和恐惧。(Hayes，1930)

　　就入选该系列丛书的"中国题材"而言，主要涵盖"儒家经典""道家经典""中国古典诗词"和"中国书画艺术导论"等方面内容。其中，有关"儒家经典""道家经典"的译作(著述)在数量上占据了绝对的优势。

　　如儒家的《论语》(*Sayings of the K'ung the Master*，1904)、沃尔特·戈恩·欧尔德(Walter Gorn Old)翻译的《尚书》(*Book of History by Confucius*，1906)、辜鸿铭的《中庸》译本(*The Conduct of Life*，*Or*，*the Universal Order of Confucius*，1906)、翟林奈的《论语》新译本(*The Sayings of Confucius*：*A New Translation of the Greater Part of the Confucian Analects*，1907)、陈贻范①(Ivan Chên)的《孝经》(*The Book of Filial Duty*，1908)、翟林奈的《孟子》节译本(*The Book of Mencius*：*Abridged*，1942)、爱德华·希伯特·肯尼迪(Edward Herbert Kennedy)的《孔学笔记》(*A Confucian Notebook*，1950)等作品。

　　而就选译的"道家经典"来讲，除了上文提到的翟林奈1904年《道德经》译本，还包括他的《庄子》选译本(*Musings of a Chinese Mystic*：*Selections from the Philosophy of Chuang Tzǔ*，1906)、《道家意旨：译自〈列子〉》(*Taoist Teachings*：*Translated from the Book of Lieh Tzǔ*，1912)、

---

　　① 有关 Ivan Chen 为陈贻范英语名字的信息，请参照：王冀青. 斯坦因与陈贻范交游考[J]. 南京师大学报(社会科学版)，2007(4)：60-65.

《列仙传》①（*A Gallery of Chinese Immortals：Selected Biographies*，1948）。再就是荷兰汉学家戴闻达（J. J. L. Duyvendak）于 1954 年出版的《道德经》英译本（*Tao Te Ching：The Book of the Way and Its Virtue*）、爱德华·希伯特·肯尼迪的《道教笔记》（*A Taoist Notebook*，1955）等作品。同时，我们注意到，该丛书也十分重视被视作"道家学派"的列子学说。如安通·福克（Anton Forke）从《列子》选译的《杨朱》（*Yang Chu's Garden of Pleasure*，1912）、葛瑞汉（Angus Charles Graham）的《列子》译本（*The Book of Lieh-tzǔ*，1960）。

除"儒家经典""道家经典"之外，入选"东方智慧丛书"最多的是中国古典诗词。如克莱默-宾翻译的《玉琵琶》②（*A Lute of Jade：Being Selections from the Classical Poets of China*，1909）和《灯宴》③（*A Feast of Lanterns*，1916）；克拉拉·玛格丽特·甘霖（Clara Margaret Candlin）翻译的《风信集：宋代诗词歌选译》（*The Herald Wind：Translations of Sung Dynasty Poems，Lyrics and Songs*）与《陆游的剑诗：中国爱国诗人》（*The Rapier of Lu：Patriot Poet of China*，1946）；索姆·詹因思（Soame Jenyns）的《唐诗三百首选译》（*Selections from the Three Hundred Poems of the T'ang Dynasty*，1940）和《唐诗三百首续选》（*A Further Selection from the Three Hundred Poems of the T'ang Dynasty*，1946）。

最后一类就是"东方智慧丛书"对中国古代书画艺术的介绍。如劳

---

① 《列仙传》是中国历史上的第一部神仙传记，旧题为西汉刘向撰，后被收入"道家经典"《道藏》。因此我们将翟林奈的《列仙传》译本归于"道家经典"译作行列。

② 克莱默-宾在这部译作的封面补题"With lutes of gold and lutes of jade：Li Po"（李白：玉箫金管），应该是源自李白的《江上吟》："木兰之枻沙棠舟，玉箫金管坐两头。"《玉琵琶》选译的诗人包括屈原、陈子昂、高适、孟浩然、杜甫、李白、王昌龄、白居易、司空图、欧阳修等人。值得一提的是，翟理斯对克莱默-宾的译作不屑一顾："克莱默-宾根本不懂汉语，他的大部分译作均是在本人译文基础上稍作修改而完成的……《玉琵琶》不妨叫作《窃琵琶》（*A Loot of Jade*）。"（Giles，1914：425）翟理斯的评论是否属实，值得学界进一步关注。

③ 《灯宴》选译的中国古代诗人包括王勃、王维、杜甫、李白、韩愈、白居易、欧阳修、王安石、苏轼、刘子翚、陆游、刘基、袁枚等人。

伦斯·比宁(Laurence Binyon)的《飞龙在天》(*The Flight of the Dragon; an Essay on the Theory and Practice of Art in China and Japan, Based on Original Sources*, 1911);坂西志保(Shiho Sakanishi)于1935年将北宋画家郭熙撰写的《林泉高致》(*Lin Ch'üan Kao Chih, An Essay on Landscape Painting*)译成英语,之后1939年他的《神来之笔》①(*The Spirit of the Brush: Being the Outlook of Chinese Painters on Nature. From Eastern Chin to Five Dynasties*)也被该丛书收录。

《西游记》是唯一入选该丛书的中国古典小说。作为一部神魔小说,《西游记》似乎与该丛书传递"智慧"的宗旨并无明显的联系。而这个译本之所以最终入选,与译者对原著的主题思想解读以及有目的、有意识的裁剪有着莫大的关系。如上所述,海耶斯视《西游记》为一部佛教小说,蕴涵着丰富的佛教哲学,因此她在译文中着重传递原著所蕴涵的佛教哲学思想,这一方面解释了译者的"翻译选材"(《西游记》佛教文学的"属性")和"翻译目的"(传递小说中的佛教思想);另一方面,译本与"东方智慧丛书"努力向英语读者普及"东方智慧"的宗旨不谋而合,这就解释了《西游记》成为唯一入选该丛书的中国小说的原因。我们发现,该丛书也非常重视有关亚洲佛教思想的书目,除海耶斯的这部"佛教译本"的《西游记》和上文提到的《净土和赞》外,由爱德华·托马斯(Edward. J. Thomas)翻译的《佛经选译》(*Buddhist Scriptures*, 1913)、韦格斯瓦拉(W. D. C. Wagiswara)与桑德斯(K. J. Sanders)合译的《法句经》(*The Buddha's Way of Virtue*, 1920)以及被山边习学视为"佛教文学"②的《枕草子》也被"东方智慧丛书"收录出版。

在解决陈琳提出的"翻译选材"与"翻译目的"这两个问题之后,我

---

① 《神来之笔》的译名由广州美术学院邵宏翻译,根据邵宏教授的介绍,全书分十章介绍顾恺之、宗炳、王微、谢赫、萧绎、姚最、王维、张彦远、荆浩和李成十位画家的画论,亦即对中国自东晋至五代的画论选辑、注解和英译。具体请参见:邵宏. 中日六位作家与中国画论西传——以谢赫六法为例[J]. 诗书画, 2016(3):50-56.

② 山边习学在《佛教与日本文化》一书中指出:"可以说,随着《枕草子》《源氏物语》等佛教文学作品的出现,这让佛教教义的传播更加大众化。"(1930:5)

们将继续讨论"如何翻译"和"所用底本"这两个话题。

八、海耶斯《西游记》翻译策略与底本探析

《西游记》以"唐僧取经"这一历史事件为蓝本，叙述了师徒四人一路降妖除魔，历经八十一难，最终取得真经、修成正果的故事。原著由"孙悟空出世"（1~7 章）、"唐僧源流"（8~12 章）、"西天取经"（13~100 章）这三部分组成。海耶斯将原著的一百回重新整合，将译本分为六个部分，分别为"石猴"（The Stone Monkey）、"猴王在天宫"（The Monkey King in Paradise）、"皇帝游地府"（The Emperor Visits the Underground）、"唐僧朝圣"（The Master Pilgrims）、"天路历程"（The Pilgrim's Progress）、"终成正果"（The Crown of Buddhahood）。

王丽娜曾称海耶斯译本为《西游记》"一百回选译本"（王丽娜，1980：69）。笔者并不赞同。所谓选译本，应该是译者详细翻译节选部分，从而使英语读者对原著获得较为清晰的认识。而在海耶斯译本中，她只是相对详细地翻译了"孙悟空拜师问道"（悟彻菩提真妙理）、"如来佛降悟空"（五行山下定心猿）、"无底船过凌云渡"（猿熟马驯方脱壳）这些故事。然而对原著所重点讲述的师徒取经所经历"八十一难"，海耶斯只是用最简单的文字予以高度概括。究其原因，这在很大程度上与译者对《西游记》的认知有关。其主要原因有以下两点：一是在译文第五章"天路历程"中，海耶斯认为唐僧师徒的取经之旅是"一个令人厌倦的行程"（Hayes，1930：79）①。而第二个原因则与海耶斯对小说的佛教寓言解读相关。海耶斯认为"这部小说是七世纪玄奘印度之行的精神寓言"（Hayes，1930：19），因此在译本中，译者大量穿插《大唐西域记》与《三藏法师传》所记载的玄奘取经的真实经历。在译本中唐僧是真正

---

① 夏志清也曾对"八十一难"的英译表达了类似的观点："作为一部鸿篇巨制，如果全部译为英语的话，取经者们的旅程则会使西方读者望而生厌，因为作品在叙述上虽然颇有风味，许多情节实质上是重复的。"（Hsia，1968：115）

的主角，而在原著中，"八十一难"所讲述的重点是孙悟空，他神通广大，一路降妖除魔。虽说历经千辛万苦，但他最终保护唐僧修成正果。在海耶斯译本中，译者则几乎完全忽略了孙悟空降妖除魔的精彩打斗场面。就唐僧师徒取经经历而言，译本中的这些情节至多百字，甚至有的情节仅仅用几句话就概括完毕。比如译本第五章涉及原著"妖邪假设小雷音"的情节，在《西游记》中，小说第六十五回、第六十六回讲述黄眉怪假设雷音寺，诱使唐僧师徒上当，而他的宝物——金铙、人种袋可以说让孙悟空吃尽了苦头，最终弥勒佛出现，帮助孙悟空收服黄眉怪。而在海耶斯笔下，她用一句话就将这一故事一笔带过：Once they owed their deliverance from a false heaven to Maitreya (the Buddha who is to come), passionately adored by Hiuen Tsiang(Hayes，1930：81)

其大致可以翻译为：有一次，玄奘非常热情地参拜(黄眉怪)所设的假天堂，幸亏弥勒佛(未来之佛)的搭救，师徒才得以逃脱。(笔者自译)

再就是译本的底本问题。虽然海耶斯在序言中并未指出翻译底本，但从序言对《考证》的接受情况来看，我们似乎可以得出 1923 年版亚东图书馆版《西游记》(或再版本)为其翻译底本的结论。然而细读译文，我们发现译文在有些地方与亚东版《西游记》并不一致。如译文较为详细地翻译了小说第十一回"游地府太宗还魂　进瓜果刘全续配"这一故事，在魏征写给地府判官崔珏的信中写道：

> 忆昔交游，音容如在。倏尔数载，不闻清教。<u>常遇节令，设蔬品奉祭，未卜享否？</u>又承不弃，梦中临示，始知我兄长大人高迁……(吴承恩，1923：2)

海耶斯的译文为：

> Formerly we were intimate, and your face and voice are still before me. But several years have now passed, and I have no opportunity of

receiving from you more instruction, but in my dreams I receive your advice and thus know you have been highly promoted... (Hayes, 1930: 53-54)

对照译文可以发现，上述文字的画线部分并没有翻译。诚然，我们可以将其视作译者有意忽略，这种情况也属正常。原因是通过上文，我们已知晓译者对原著内容在很大程度上采取了概括式的译法，因此继续采取上述方法可以说很难探寻到译文的底本。

为实现自己的翻译目的，海耶斯在译文中选择翻译了原著中的 21 首诗词。在这种情况下，对照译本与原著的诗词不失为探寻译文底本的可行方法。比如，亚东版《西游记》第九十六回"寇员外喜待高僧 唐长老不贪富贵"的开头诗的开头句子为："色色原无色，空空亦非空。"（吴承恩，1923：1）而海耶斯的译文则为："Form, form, form, yet there is no form. Vain, vain, vain, yet there is no vanity."（Hayes, 1930: 87）其对应的句子应该为"色色色原无色，空空空亦非空"。

再举一例。亚东版《西游记》第九十七回"金酬外护遭魔蛰 圣显幽魂救本原"中的回末诗为"地阔能存凶恶事，天高不负善心人。逍遥稳步如来径，只到灵山极乐门"。海耶斯此处的译文为：

The Earth is so broad that all evil can exist on it. The sky so high that even the hypocrite may walk beneath it. Calmly and quietly must the way be taken along the road of He Who has thus come—the Tathagata! —Even to the Gate of the Blessed Land at the foot of the Peak of Vultures. (Hayes, 1930: 88)

其中，在"地阔能存凶恶事"这一句中，根据王伯祥在《史记·范雎蔡泽列传》中对"秦国辟远"（王伯祥，1982：214）的注释，"辟"通"僻"，即偏僻的意思。而海耶斯将"地阔能存凶恶事"译为"The Earth is so broad that all evil can exist on it"，与其对应的句子应为"地阔能存凶恶事"。

上述所举的三个例子却与《西游证道书》中完全一致，但是我们不能因此武断地得出海耶斯译文底本就是《西游证道书》的结论。比如，在原著第十九回"云栈洞悟空收八戒　浮屠山玄奘受心经"这一章中，唐僧急切地询问乌巢禅师关于西天路程之事，禅师所回答的"行来摩耳岩，侧着脚踪步。仔细黑松林，妖狐多截路"在《西游证道书》中就被删掉了，而海耶斯的译文却保留着这段译文：Close your ears and tread on firm ground. Beware of the dark Pine Forest! Fiends and foxes infest that road.（Hayes，1930：69）

上述这段文字却出现在亚东版《西游记》中，这使译文底本的确定更加困难。吊诡的是，上文所提及的例子与李提摩太的《西游记》译本的相关内容完全一致。海耶斯在前言中曾坦言："尤其感激李提摩太博士，从他的译本中获得了许多关于小说的背景信息。"（Hayes，1930：15-16）对照两个译本，我们发现海耶斯确实在很大程度上借鉴了李提摩太的译本①，比如说在译本第六章"终成正果"中，海耶斯翻译了唐太宗赞扬唐僧的《圣教序》，这部分译文长达1200余字。我们发现，海耶斯只是对李提摩太译文的部分字眼做了更改（如将李提摩太"大乘佛教"的英译文 Mahayana Buddhism 改为 Higher Buddhism），可以说几乎是通篇挪用。再就是海耶斯对李提摩太小说中诗词翻译的借鉴上，根据笔者统计，海耶斯所翻译的原著21首诗词中，其中有10首译文只是与李提摩太译本稍有差异，差别表现在个别单词的改动上。如小说第二回回末语"高迁上品天仙位，名列云班宝篆中"，李提摩太将其译为"One family are we now, all adopted in Heaven's home"（Richard，1913：26）。而在海耶斯译本中只是将 home 改为 name 而已，其他则完全一致。除此之外，在一些专有名词的翻译上，海耶斯也直接采用李提摩太的翻译，如"美猴王"（Beautiful Monkey King）、"南瓜"（southern melons）、"奈何桥"

① 有关海耶斯译本与李提摩太译本的相同之处，可参阅：陈琳.《西游记》海斯译本研究[J].安徽工业大学学报(社会科学版)，2015(2)：55-56.

（Bridge of Despair）、"生死簿"（The Book of Life）等。因此，海耶斯译本与李提摩太译本所用的底本很可能是一致的。

关于李提摩太译本的翻译底本，有学者认为它"以清代的某一《西游记》删本为底本，该删本很可能是《西游真诠》。而《新说西游记》是李提摩太译本的一个重要参照本，译本个别地方甚至还可能参照了明代的某一百回本《西游记》"（胡淳艳，2013：234）。笔者并不认同，我们丝毫不能怀疑李提摩太为传播基督教而极力翻译这部鸿篇巨著的热情，然而在当时的历史条件下，身兼多职（传教、救济灾民、调停外交、参与维新变法等）的他很难有精力去参照如此复杂的《西游记》版本进行翻译。笔者认为，李提摩太译本的底本为1887年上海广百宋斋校印的《绘图增像西游记》（或其再版本，题有"山阴悟一子陈士斌允生甫诠解"，属《西游真诠》系统），除上述所举例子完全一致外，还有一个特征尤为明显：李提摩太译本附有《西游记》插图25幅，除却忽必烈等3幅插图外，其余插图均源自该底本。而就海耶斯译本来说，其书衣所用唐僧插图同样选自《绘图增像西游记》。

前文提到，海耶斯的译本是在日本完成的。日本学者对《西游记》的研究可谓历史悠久，而日本民众更是一直对该小说青睐有加："早在江户时代中期，几种《西游记》的清刊本就流入日本……而由尤侗作序的《西游真诠》最为流行。"（磯部彰，1995：270）可以说，这让海耶斯在日本找寻到"隶属"《西游真诠》系统的《绘图增像西游记》成为"大概率事件"。这让海耶斯在参照李提摩太译本的同时，亦可以对照底本进行翻译，从而得出自己对原著不同的理解，也就排除了抄袭李译本的可能性。

第四节　本章小结

尽管海耶斯译本只有短短的105页，然而其在促进东西方文化交流上的贡献却不容忽视。由于海耶斯长期生活在浓厚的佛学氛围中，这对译文的"面貌"产生了可见性的影响。译者着重阐释原著中的佛教成分，让这部译作散发出浓厚的佛教气息，该译本被收入"东方智慧丛书"（Wisdom of the East Series），这与该丛书努力向英语读者普及"东方智慧"的宗旨不谋而合，这就解释了《西游记》缘何能成为唯一入选"东方智慧丛书"的中国古典小说。作为在英国本土发行的第一个《西游记》英译本，海耶斯译本在很大程度上可以被视作《西游记》英译史上的标志性事件。晚清以降，这部小说就走入来华传教士的视野，但是他们对这部小说的译介在很大程度上与自己的传教动机相契合，《西游记》只是一种"可利用的工具"，其中，李提摩太"援佛入耶"的译本可谓最明显的例子。诚然，本时期库寿龄、文仁亭对《西游记》的认知依旧在很大程度上停留在"传教士阶段"，但是库寿龄首次在英语世界否定"丘作论"的观点，这在很大程度上可以视为现代《西游记》在英语世界的发轫标志，甚至比胡适否认"丘作论"①的观点还早了 4 年。尽管海耶斯对《西游记》的佛教阐释存在着以偏概全的倾向，然而，它的出现意味着《西游记》走出了"传教士阐释阶段"，序言中大幅引用胡适考证的最新成果，这标志着该译本正式开启了《西游记》在英语世界的"现代之旅"，在向英语读者普及有关《西游记》的基本知识上发挥了重要作用，为他们日后接受阿瑟·韦利广受赞誉的《西游记》英译本《猴》奠定了良好的基础。

---

① 胡适在 1921 年为"亚东图书馆"《古本西游记》作序时否认了"丘作论"的观点，但是对"吴承恩作者论"的提法，胡适是在搜集了更多材料之后考证而出的，时间是 1923 年。

第四章 《西游记》在英语世界的译介
繁荣期（1942—1968）

1923年，胡适将《〈西游记〉考证》（以下称《考证》）发表在《努力周报》的增刊《读书杂志》第6期上。但是由于篇幅有限，只能将原文删去一部分。同年，趁亚东图书馆再版《西游记》时，胡适将两篇论文合并起来，这就是如今我们所见的《考证》一文。之所以将《考证》当作现代《西游记》研究的转型标志，原因在于以下几个方面：胡适将"历史的眼光""系统的整理""比较的研究"这些科学的研究方法用到了这篇论文中。所谓"历史的眼光"，是指胡适用"历史演进法"追溯了《西游记》与《大唐西域记》《大慈恩寺玄奘法师传》的渊源，即"传中说玄奘路上经过的种种艰难困苦，乃是《西游记》的种子"（胡适，1923：2）。"系统的整理"指的是胡适在考证这部小说的作者、源流等问题时，尽最大可能去搜集当时的历史资料，其涉及领域包括文史、佛典、戏曲、地方志、家谱等广博的领域，对这些材料系统地整理、思辨，努力得出令人信服的解答。而就"比较的研究"这方面来说，除将这部小说与《大唐西域记》《大唐三藏取经诗话》比较外，胡适还将《西游记》与印度史诗《罗摩衍那》相对比，并得出孙悟空原型为印度神猴哈奴曼的结论，这些方面是现代《西游记》研究重要的、科学的方法论准则。胡适所提出的"吴承恩作者论""神话小说、滑稽小说"的观点在相当长的时间内在《西游记》学术史上占据着统治地位，并通过《西游记》英译史上最经典的阿瑟·韦利译本被西方读者、《西游记》研究者所广泛接受。

需要指出的是，我们在肯定胡适贡献的同时，也应看到他的《考证》存在不足之处，即由于当时市面所见的《西游记》版本甚少，这直接影响到了胡适对《西游记》全貌的认识,因而在版本流变的梳理和考证上并不全面。随着《西游记》资料的不断发掘,越来越多的学者参与到《西游记》的现代、当代学术研究队伍之中,这进一步推动了《西游记》在英语世界的译介繁荣。

第一节　倾听译者的心声:阿瑟·韦利的《西游记》英译本研究

一、阿瑟·韦利其人介绍

阿瑟·韦利①(Arthur Waley,后简称韦利)是英国著名的汉学家,一生致力于中国古典文学作品的研究与翻译工作,为中英文化交流作出了积极的贡献。值得一提的是,韦利毕生从未到过中国,原因是"他要在心目中保持唐代的中国形象"(萧乾,2006:72)。然而凭借其过人的天赋和勤奋,他独具特色的中国古典文学英译在汉籍外译史上树起了一座伟大的丰碑。1889年,韦利出生于英国汤布里奇威尔斯(Tunbridge Wells)的一个犹太家庭,他自幼聪颖过人,酷爱语言和文学。1903年,韦利进入英国著名的拉格比公学(Rugby School)读书。1906年自拉格比公学毕业后,获得剑桥大学国王学院(King's College, The University of Cambridge)古典奖学金。在剑桥大学国王学院学习的3年期间,受迪金森(G. L. Dickinson)和摩尔(G. E. Moore)的影响,韦利决心研究古代东方文明。1913年,韦利自剑桥大学国王学院毕业后,进入大英博物馆东方部工作,主要负责为馆藏的中日绘画编目。出于工作需要,韦利开始自学中文和日文。这段经历不仅造就了其高超的汉语以及日语水

---

① 有关阿瑟·韦利的生平资料,本书参考资料主要来源于 Francis A. Johns 编写的 *A Bibliography of Arthur Waley*(New Jersey: Rutgers University Press, 1968)和冀爱莲的专著《阿瑟·韦利汉学研究策略考辨》等。

准，更成为其辉煌汉学研究的起点。为了能在工作中做出成绩，韦利进入当时新建立的伦敦大学亚非学院（School of Oriental and African Studies, London University）深造。1916 年，韦利自费出版汉诗英译集《中国诗选》（*Chinese Poems*），由伦敦洛维兄弟公司（Lowe Bros.）出版发行，共收录译作 52 首，包括屈原、曹植、鲍照、谢朓、李白、杜甫、白居易、黄庭坚等人的诗作。1918 年，他的译作《170 首中国诗歌》（*A Hundred and Seventy Chinese Poems*）由伦敦康斯特布尔公司（Constable & Company Ltd.）出版，这不仅是韦利公开出版的第一部翻译作品，而且堪称其汉学研究中具有里程碑意义的译作，"这部译作跟庞德的《神州集》（*Cathay*）一样，成为 20 世纪英语诗歌史的组成部分"（朱徽，2009：116）。1930 年以后，韦利担任伦敦大学亚非学院讲师。第二次世界大战期间，他服务于英国情报局，他的《西游记》英译本正是在这一时期翻译出版的。由于韦利在翻译和传播中国、日本古典文学作品方面所取得的卓越成就，他多次获得多种荣誉称号，如"剑桥大学国王学院荣誉院士"（Honorary Fellow, 1945）、"大英帝国勋位爵士"（Companion of the British Empire, 1952）、"女王诗歌勋章"（Queen's Medal for Poetry, 1953）等。

韦利一生著译等身，共计翻译中日文学作品达 46 种，撰文 160 余篇。其中涉及中国古典文学、文化作品的译本和著作包括《170 首中国诗歌》、《中国诗歌选译续篇》（*More Translations from the Chinese*, 1919）、《游悟真寺及其他诗篇》①（*The Temple and Other Poems*, 1923）、《长春真人西游记》（*The Travels of an Alchemist：The Journey of the Taoist Chang-Chun from China to the Hindukush at the Summons of Chingizb Khan*, 1931）、《道德经》（*The Way and Its Power：A Study of the Tao Tê Ching*

---

①　需要指出的是，韦利的 *A Hundred and Seventy Chinese Poems*、*More Translations from the Chinese*、*The Temple and Other Poems* 这三本中国古典诗歌选译本也由纽约阿尔弗雷德·诺夫出版社发行，并将这三部译作的中文标题均标注为《古今诗赋》。为方便区分，笔者采用直译的方式翻译了这三部作品的英语标题，特此说明。

and Its Place in Chinese Thought,1934)、《诗经》(*The Book of Songs*,1937)、《论语》(*The Analects of Confucius*,1938)、《中国古代的三种思维方式》①(*Three Ways of Thought in Ancient China*,1939)、《西游记》、《白居易的生平与时代》(*The Life and Times of Po Chu-i*,1949)、《李白的诗歌与生平》(*The Poetry and Career of Li Po*,1951)、《真实的唐三藏及其他故事》(*The Real Triptaka and Other Stories*,1952)、《九歌：中国古代巫文化研究》(*The Nine Songs*：*A Study of Shamanism in Ancient China*,1955)、《袁枚：一位 18 世纪的中国诗人》(*Yuan Mei*：*Eighteenth Century Chinese Poet*,1956)和《敦煌变文故事选》(*Ballads and Stories from Tun-Huang*：*An Anthology*,1960)等。从这些著述可以看到韦利的涉猎之广与博学多才，这一点甚为《红楼梦》英译者霍克斯(David Hawkes)佩服："想要准确评价他是哪一领域的学者极其困难，原因是在他所涉猎的每个领域，他所取得成就与该领域的研究者都是并驾齐驱的。"(Hawkes,1966：146)具体到韦利的《西游记》英译本，尽管韦利并没有专门研究这部小说，但是他的《猴》却是《西游记》英译史上最经典的译本之一。本部分将从当时的历史语境以及译者的文化身份入手，重点考察该译本成为经典的原因。

二、阿瑟·韦利《西游记》英译本②介绍

在《西游记》的英译史上，韦利的节译本《猴》(*Monkey*)在该小说众多译本中占据着极其重要的位置。自 1942 年由乔治·艾伦与昂温出版

----

① 韦利的这部作品为《孟子》《庄子》《韩非子》部分章节的翻译。

② 本章所用的《西游记》版本为 2013 年北岳文艺出版社出版的亚东图书馆足本《西游记》，与韦利翻译所用的底本——上海亚东图书馆 1921 年版《古本西游记》在小说正文文字上完全一致，而英译本为 1942 年 7 月由乔治·艾伦与昂温出版有限公司发行的 *Monkey*。另外需要指出的是，本章部分内容曾刊载于 2019 年第 1 期《山东外语教学》，文章名为《倾听译者的心声——阿瑟·韦利的〈西游记〉英译本研究》。在该文中，笔者曾指出："他一生之中只翻译过一部中国古典小说，那就是《西游记》。"(王文强，2019：115)此说法并不准确。实际上，韦利翻译(转下页)

有限公司(George Allen & Unwin LTD)出版以来(见图 4-1)，《猴》多次被再版、重印乃至转译，可以说它的影响从未间断过。《英国大百科全书》这样介绍《西游记》："16 世纪中国作家吴承恩的作品《西游记》，即众所周知的被译作《猴》的这部书，是中国一部最珍贵的神奇小说。"(王丽娜，1980：66)《美国大百科全书》介绍说："在 16 世纪中国出现的描写僧人西行取经故事的《西游记》，被译为《猴》，是一部具有丰富内容和光辉思想的神话小说。此书经过许多人参加创作，最后是由吴承恩在比较粗糙的基础上，经过很大的加工提高而写成的。"(王丽娜，1980：66)译本选取了原著的第一到十五回、第十八到十九回、第二十二回、

（接上页）中国古典小说的时间肇始于 1919 年，该年他将唐代传奇小说《莺莺传》(*The Story of Ts'ui Ying-ying*)的英译文刊登在《英语评论》(*The English Review*)第 7 期上，其后他将该小说与《李娃传》("The Story of Miss Li")的英译文一并收录在其《中国诗歌选译续篇》上。1929 年，韦利将《老残游记》的片断译文《歌女》("*The Singing Girl*"，即小说第二回"历山山下古帝遗踪 明湖湖边美人绝调"中的片段"黑妞白妞说书"译为英语，刊登在《亚洲》(*Asia*)杂志上。1947 年，韦利以《三则唐代故事》("Three T'ang Stories")为名，将《酉阳杂俎·诺皋记》中的《波斯王女》("The King of Persia's Daughter")、《支诺皋》中的《义宁坊狂人》("The Two Lunatics")以及《太平广记》第 10 卷中的《萧氏乳母》("The Old Nurse's Story")，将它们刊登在英国杂志《小人国》(*Lilliput*)上。1948 年，韦利仍以《三则唐代故事》("Three T'ang Stories")为名，将《太平广记》第 193 卷的《车中女子》("The Lady in the Carriage")、第 363 卷中的《庐江民》("The Giants")、第 401 卷中的《水银》("Mrs Mercury")译为英语，刊登在《康希尔杂志》(*The Cornhill Magazine*)上。此外，1946 年，韦利将《太平广记》第 435 卷中的《舞马》("The Dancing Horses")译为英语，刊登在《芭蕾》(*Ballet*)1946 年 6 月第 1 期第 2 卷。1955 年 5 月，韦利以《东方人的梦及其阐释》("Dreams and Their Interpretation")为题，选取了《太平广记》第 460 卷《禽鸟一》中的《张华》、第 278 卷《梦三》中的《国子监明经》、第 471 卷《水族八》中的《薛伟》以及白行简的《三梦记》。(Waley, 1955：931-932)之后韦利又翻译了清代小说家古吴墨浪子《西湖佳话》中的《雷峰怪迹》("Mrs White")一文。1956 年，韦利在《听众》(*The Listener*)上发表《中国鬼故事》("Some Chinese Ghosts")，选取翻译了清代文学家袁枚《子不语》中的《蝴蝶怪》《大小绿人》《蒋文恪公说二事》《成神不必贤人》《黑霜》。1957 年 2 月，韦利在《听众》上发表《中国演员故事》("Chinese Stories About Actors")一文，韦利在该文中翻译了《子不语》中《吕城无关庙》("Yen Liang and the God of War")、清代文学家纪昀《阅微草堂笔记·卷十五·姑妄听之一》中的"鬼附钱玉莲报大仇"(The Boy Who Was 'Possessed')。

第三十七到三十九回、第四十四到四十九回和第九十八到一百回，共三十回，不到全书的三分之一。虽然是节译本，但一经上市，便深受读者欢迎。1943年，该译本又在纽约丛树出版社(Grove Press)与庄台出版社(John Day Company)发行。除此之外，韦利的《猴》还被转译为西班牙语、德语、法语、瑞典语等语言，在西方世界产生了深远的影响。1961年，《猴》被"企鹅经典丛书"(Penguin Classics)收录，从而确立了其在英语世界的经典地位。其后，"企鹅经典丛书"多次再版该译本，2015年，纳克瑟斯音像出版社(Naxos AudioBooks)出版了《猴》的音频版，由肯尼斯·威廉姆斯(Kenneth Williams)播送。2017年，《猴》又被"企鹅口袋书系列"(Pocket Penguins)收录发行，继续向英语读者传递着原著的无穷魅力。此外，韦利译本的部分章节还被《诺顿世界文学选集》(*The Norton Anthology of World Literature*)、《贝德福德世界文学选集》(*The Bedford Anthology of World Literature*)这类权威选集所收录①，可以说，译者为推动《西游记》进入"世界文学"、实现这部小说在英语世界的"经典化"作出了突出的贡献。

图 4-1 1942 年韦利《西游记》译本封面书衣(邓肯·格兰特绘制)

---

① 2002 年版《诺顿世界文学选集》D 卷收录韦利译本第 1 回、第 14-21 回；2004 年版《贝德福德世界文学选集》第 3 册则收录译本第 8 回、第 12-13 回、第 16-21 回、第 22 回和第 28 回。

在 1942 年版《猴》序言中，韦利简要评价了之前的《西游记》英译本："翟理斯的《中国文学史》与李提摩太的《天国之旅》以节译的方式翻译《西游记》，而海伦·海耶斯的译本《佛教徒的天路历程》与原著内容接近，只是在对其内容的翻译上并不准确。"（Waley，1942：10）同时，韦利对自己的翻译策略也做出了明确的说明：

> 作为一部鸿篇巨制，《西游记》经常以删减本的形式被阅读。译者们经常采取的删减办法是保留原著章节，但是大量删减原著内容，这尤其表现在对对话部分的删减上。我在很大程度上采取了相反的原则：我的译本删减了原著的许多章节，但是对保留的部分尽可能地全译。然而，我删掉了小说中绝大多数无关紧要的诗篇，因为它们译为英语后会异常糟糕。（Waley，1942：9）

对韦利所采取的删减策略，学界可以用"口诛笔伐"来形容。王佐良曾说："Waley 是很有功劳的一个译者，但是他有一个毛病，就是删节厉害。比如《西游记》他也删节。"（王佐良，2000：14）孙艺风对韦利的删减也表达了自己的看法："为了减少阅读阻力，伤筋动骨地对《西游记》施暴，凡是遇到'文化专有项'，一律绝不手软，大刀阔斧地连删带改，原作因此被弄得面目全非，书名也改成了《猴子》（*Monkey*）……"（孙艺风，2016：62-63）余国藩则对韦利删减原著诗歌的做法感到不甚满意："最令人遗憾的是，在中国诗歌翻译上天赋异禀、贡献卓越的韦利删掉了原著中的 750 首诗词。这不仅扭曲了《西游记》基本的文学形式，而且作品语言中曾吸引数代中国读者的叙事活力和描述力量也在很大程度上丢失了。"（Yu，1977：X）对于学者们对韦利删减原著的指责，我们应当还原《猴》出版时的历史语境，这样才能给予韦利公平的评价。

近年来，学界对韦利翻译的中国典籍与诗歌进行了深入研究。然而，少有学者对他的《猴》进行细致的文本解读与分析。① 我们认为，韦利译本之所以深受西方读者青睐，除了原著独有的艺术魅力和译者创造性的译笔之外，译本产生时的历史语境也是不容忽视的原因。需要指出的是，这里的历史语境包含以下因素：首先，作为现代《西游记》学术史研究的奠基人，胡适与他的《〈西游记〉考证》对韦利的译本影响颇大。其次，《猴》发行于硝烟弥漫的"二战"期间，通过对原著有目的、有意识地裁剪，韦利塑造的"猴王"闪耀着强烈的个人英雄主义色彩，这在很大程度上迎合了战时英国读者的心理需要，这是促成《猴》深受当时读者青睐的重要原因。还有一点，韦利本人的思想倾向对译本的最终面貌产生了可见性的影响，译者渴求英雄、期盼和平的心声在译本中得到明显的折射，这让《猴》在众多《西游记》译本中更显得卓尔不群。

三、胡适《〈西游记〉考证》对韦利《西游记》译本的影响探析

韦利在自己所钟情的中国古典文学翻译上，与中国学者如胡适、徐志摩、萧乾、丁文江有着很多互动。比如，"二战"期间，萧乾在哈罗德·艾克敦(Harold Acton)的陪同下，曾在伦敦拜访韦利。韦利不仅与萧乾谈论正在翻译的《西游记》，而且想同其讨论《醒世恒言》，可惜萧乾对中国古典文学并不在行。② 此外，韦利在翻译中国古代文学作品时特别关注学界的最新研究动向，尤其是中国学者的研究成果。如在翻译《论语》时，他就受到顾颉刚《古史辨》第一册所收录的《春秋时代的孔子

---

① 骆雯雁对韦利译本的研究有很大的价值。她以行动者网络理论的相关概念为指导，以雷丁大学特色馆藏《猴》的相关出版资料为主要的数据来源，还原了20世纪40年代初《猴》译本的生产过程。具体请参见：骆雯雁. 行动者网络理论在翻译生产描述研究中的应用——以亚瑟·韦利英译《西游记》为例[J]. 外语研究，2020(2)：84-90.

② 具体内容请参照：萧乾. 萧乾游记：海外行踪[M]. 北京：东方出版社，2006：72-73.

和汉代的孔子》一文的影响，接受了顾颉刚"一个时代一个孔子"[1]的观点。

胡适与韦利私交甚笃，二人曾"交往 30 多年"（冀爱莲，2014：305），成为中英文化交流史上的一段佳话。1926 年 8 月 16 日，胡适第一次拜访韦利，认为其"甚可爱"（胡适，2001：247）。据《胡适日记》记载，1926 年 8 月至 12 月底，胡适与韦利交谈就多达 15 次。（胡适，2001：227-458）那么，韦利是通过何种途径了解到胡适《〈西游记〉考证》（以下简称《考证》）一文的？1926 年 12 月 3 日，胡适在日记中这样写道：

> 去看 Waley（韦利），他说收到了我送他的《文存》、《儒林外史》、《老残游记》等，他几天之内都看完了，毫不费力。《老残》有些地方竟使他下泪。Waley 说，他看别人的文字（中文的），往往要猜想某个名词是什么，我的文字他完全了解。这话使我很高兴。我的文章专注意在这一点长处："说话要人了解"，这是我的金科玉律。（胡适，2001：444-445）

需要指出的是，《胡适文存》总共出过四集[2]，初集于 1921 年由上海亚东图书馆出版。经笔者查证，该文集收录了他对《水浒传》《三国演义》《红楼梦》的考证成果，然而并没有收录《考证》一文。至于原因，这与胡适"大胆的假设，小心的求证"的学术精神密切相关。在亚东图书馆 1923 年版《西游记》序言中，胡适曾指出："民国十年十二月中，我在百忙中做了三篇《西游记序》，当时搜集材料的时间甚少，故对于考证的方面很不

---

[1] 其英译为"one Confucius at a time"（Waley，1938：14），参照：Waley, Arthur. *The Analects of Confucius*[M]. London：George Allen & Unwin LTD, 1938.

[2] 除文中提到的"初集"和"二集"以外，《胡适文存三集》于 1930 年由亚东图书馆发行，共九卷。《胡适文存》的第四集，"因为有许多讨论政治的文字——在这个时候不便收集印行"（胡适，1935：1），所以把有关学术思想的部分抽出来，名曰《胡适论学近著》，计一卷，由商务印书馆在 1935 年出版。考虑到日记所记载的时间，可以把这两部著作排除。

能满足自己的期望。"(胡适，1923：1)胡适的这席话在很大程度上解释了他为何不将《西游记序》收录其中的原因。也就是说，由于当时搜集的资料太少，胡适对自己的考证结果并不满意。而到 1923 年之时，胡适搜集到了更多的材料，他于该年 2 月 4 日将《考证》发表在《读书杂志》上，文章指出《西游记》的作者正是吴承恩。《胡适文存二集》也是四卷本，于1924 年 11 月同样由亚东图书馆发行。笔者发现，在《胡适文存二集》第四卷收录了他的《考证》以及《儒林外史》作者吴敬梓的材料(《吴敬梓年谱》)。因此，考虑到胡适在这篇日记中所提到的《儒林外史》与日记记载时间，胡适在日记中所提及的"《文存》"是指《胡适文存二集》。

(一)韦利对《西游记》"吴承恩作者论"的接受

从上文的分析中，我们可以推断，韦利在"毫不费力"读完胡适寄给他的这些作品后，了解并接受了《西游记》作者是吴承恩的观点。

根据笔者所掌握的资料，早在 1929 年，韦利就表述了《西游记》为吴承恩创作的观点。在其为王际真《红楼梦》英译本(*Dream of the Red Chamber*)所作的序言中①，韦利将《西游记》《水浒传》《三国演义》看作"历代累积创作的小说范畴"，以此区别于由曹雪芹创作的"自传体小说"——《红楼梦》。此外，他对上述三部"累积式"小说做了粗略的介

---

① 在撰写该《红楼梦》译本序言之前，韦利已凭借其《170 首中国诗歌》、《源氏物语》(*The Tale of Genji*)英译本在英语读者群中名声大噪。而在当时的历史背景下，由于英美出版商对普通读者关于英译中国古典小说的实际接受能力和欣赏趣味还处于摸索阶段，"在这种情况下，邀请文化名人作序，就成为首要的市场促销手段……韦利为王际真 1929 年译本作序，对译本的推广起到了极为关键的作用"(江帆，2019：29)。1929 年 6 月 2 日《纽约时报》(*The New York Times*)刊登出约翰·卡特(John Carter)的译本书评，约翰·卡特开门见山指出："该译本由紫式部《源氏物语》的天才译者阿瑟·韦利作序，由纽约大都会博物馆东方部的其中一位专家节译。"(Carter，1929：2)可以看到评论者首先列出序言作者，并称其为"天才译者"，对译者却是惜墨如金，甚至连名字都没有提及，由此这也在很大程度上说明了韦利作序拥有强大的"市场效应"。尽管他对《西游记》介绍文字着墨不多，就笔者目力所及，这是迄今最早向英语世界介绍《西游记》作者为吴承恩的文字。同时，这对英语世界的读者关注《西游记》也有一定的促进作用。

绍，韦利这样概述《西游记》：

> 该小说基于公元 7 世纪一位中国僧人前往佛国印度的亲身经历
> 创作而成。他的故事经民间流传后，传奇色彩日益浓厚，最终演变
> 为小说《西游记》。这部小说蕴涵着大量的佛教与道教思想，当前
> 多数人读到的是 1560 年左右吴承恩的版本。(Waley, 1929：x)

1931 年，由韦利翻译的《长春真人西游记》(*The Travels of An Alchemist*：*The Journey of the Taoist Ch'ang Ch'un From China to the Hindukush at the Summons of Chingiz Khan*)由伦敦乔治劳特里奇父子出版有限公司(George Routledge & Sons, LTD)发行。在由韦利本人所作的序言中，他对读者容易与该作品混淆的《大唐西域记》(*Hsi Yü Chi*)做了区分：

> 《大唐西域记》讲述的是公元 7 世纪伟大的佛教徒玄奘前往印
> 度朝圣的真实经历，而吴承恩(生于 16 世纪末期)所作的《西游记》
> 是一部精彩的小说，该作品在一定程度上是对《大唐西域记》中玄
> 奘的滑稽戏仿(parody)。《西游记》曾在相当长的时间里被视作丘
> 处机的作品，之所以出现这样的错误，原因在于 19 世纪之前，读
> 者对丘处机本人和《长春真人西游记》这部作品几乎一无所知。
> (Waley, 1931：x)

这是继韦利在王际真《红楼梦》序言中表述《西游记》作者之后，"吴承恩作者论"的观点经由韦利之手再次在英语世界传播。

1930 年，德国著名汉学家、翻译家库恩(Franz Kuhn)将《金瓶梅》译为德语，之后英国学者伯纳德·米奥尔(Arthur Bernard Miall)将其转译为英译本《金瓶梅：西门庆与其六妻妾之情史》(*Chin P'ing Mei*；*The Adventurous History of His Men and Six Wives*)，于 1939 年伦敦保德莱海德出版社(The Bodley Head)出版，由韦利撰写导言。在"《金瓶梅》的早期流传情况(The Facts About the 'Chin P'ing Mei')"这一部分中，韦利首

先简要介绍了中国学者在古典小说考证方面的成果,"《西游记》由吴承恩创作"(Waley,1939:x)。

而在1942年《西游记》译本序言中,韦利开篇就指出:"这部小说的作者是吴承恩,他是江苏淮安人。其准确生卒时间未定,大约生活在公元1505年至1580年之间。"(Waley,1942:9)可以说完全采用了胡适的考证成果。①

(二)韦利眼中的《西游记》主题思想

作为中国古典小说考证方面的代表人物,胡适在当时的东西方学术界堪称"学术明星"。就其《考证》来说,除却"吴承恩作者论",他对《西游记》主题思想的断定在相当长时间里影响深远。在该文中,胡适对清代《西游记》评点家们的宗教解读嗤之以鼻,"这部《西游记》至多不过是一部很有趣味的滑稽小说,神话小说;他并没有什么微妙的意思,他至多不过有一点爱骂人的玩世主义"(胡适,1923:51)。1943年,纽约庄台出版社邀请胡适为美国版《西游记》英译本作序,题为"美国版介绍"(Introduction to the American Edition)。② 序言中的最后部分则是胡适

---

① 胡适在《考证》一文中认为吴承恩"大概生于正德之末(约1520)死于万历之初(约1580)"(胡适,1923:36),在收到董作宾关于吴承恩的新材料后,胡适更正了自己的观点,将其作为后记(二)附于《考证》之后:"约万历七八年(约1580),吴承恩死……生时当在弘治、正德之间(约1505)。"(胡适,1923:63)可见,韦利对吴承恩生卒的介绍采用了胡适考证的成果。

② 在序言开篇部分,胡适就大幅翻译了《射阳先生存稿》中的《禹鼎志·序》,指明其创作《西游记》的缘由。胡适认为,吴承恩自小就喜爱唐代作家留下的鬼怪奇闻故事,之后,"他明显对这些用文言文创作的唐代传奇故事感到非常不满。最终,吴承恩决定用白话文创作一部有关鬼怪的长篇小说"(Hu,1943:2)。序言的第二部分主要阐述《西游记》《三国演义》《水浒传》这些经"世代积累"而成的白话小说在中国人心目中的地位,"这些小说和故事在中国几乎无人不读"(Hu,1943:3)。第三部分则为胡适对韦利译本得失的评价,对韦利删掉的胡适"童年时代最爱读的《西游记》部分",胡适"感到颇为遗憾"(Hu,1943:4)。同时,胡适对韦利译本中对原著幽默风格和谚语的翻译十分赞赏,"只有仔细比照译文和原著,才能充分认识到译者为实现自己目的而付出的不懈努力"(Hu,1943:4)。最后部分则是胡适对《西游记》主题的说明。

对《西游记》主题思想的重申："《西游记》并没有和尚、道士、儒生们所点评的寓言意义，它不过是一部趣味横生、充满着善意的讽刺、深刻的调侃、用来消遣的小说。"①（Hu，1943：5）

胡适的观点在很大程度上影响着韦利对《西游记》主题的看法以及其采用的翻译策略。韦利在《西游记》英译本序言中这样表达对这部小说主题思想的认识：

> 《西游记》可谓卓尔不群，它夹杂着美妙与荒诞，蕴涵着深刻的调侃。这部小说包罗万象，诸如民间传说、寓言、宗教、历史、反官僚主义的讽刺、纯正的诗作都被包含在内。《西游记》中出现的各类官员正是天庭中的列位神仙，而小说中的讽刺是针对宗教而非各位官员。然而，在中国有一个普遍接受的看法，天庭中的官员等级正是现实政府的复制品。（Waley，1942：9-10）

可以看到，韦利对这部小说的看法在某些方面与胡适是一致的。除"深刻的调侃"和"民间传说"这两个观点以外，韦利对这部小说的评价也颇受胡适"反官僚主义的讽刺说"的影响。与之不同的是，韦利也承认这部小说蕴涵的宗教成分。然而在实际的翻译中，韦利对原著宗教成分采取了最大程度的淡化策略。究其原因，这与韦利将《西游记》视作以神仙世界为载体对人世间政府进行讽刺与批判的主题息息相关。"既然神话世界只是一个载体，那么依托于这个世界的佛教、道教内涵必然会大打折扣，因为小说的重心是向现实倾斜。"（胡淳艳，2013：261）至于韦利如何淡化原著宗教色彩这一问题，我们将会在探讨韦利对原著诗词删减原因这一部分时予以详细分析。

除了胡适的影响，韦利的《猴》之所以呈现出"别样的面貌"，还与

---

①　其英语原文为：Freed from all kinds of allegical interpretations by Buddhist, Taoist, and Confucianist commentators, *Monkey* is simply a book of good humor, profound nonsense, good-natured satire and delightful entertainment. （Hu, 1943：5）

当时的历史语境、译者的思想状态有着紧密联系。

四、《猴》的译介语境与读者接受

大卫·达姆罗什(David Damrosch)在其《什么是世界文学?》(*What Is World Literature?*)中曾提出颇有洞见的观点:"当一个作品进入世界文学,它就获得了一种新的生命,要想理解这个新生命,我们需要仔细考察作品在译文及新的文化语境中是如何被重构的。"(Damrosch,2003:24)①因此,"弄清楚翻译原文的目的以及译文的功能对于译者来言至关重要"(Munday,2014:79)。而翻译目的的形成在很大程度上受译者当时所处的历史文化语境影响。从 1940 年 9 月至 1941 年 5 月,纳粹德国对英国首都伦敦实施臭名昭著的"伦敦轰炸"(The London Blitz)计划,轰炸范围遍及英国的各大城市和工业中心,但以伦敦受创最为严重,伦敦成为第二次世界大战期间遭受轰炸最为严重的城市之一。

韦利正是在这一期间着手翻译《西游记》的。其妻子艾莉森·韦利(Alison Waley)曾回忆道:"在这场战争期间(指第二次世界大战,笔者注),韦利作为战时政府雇员的任务是破译来自远东的情报。但当防空警报拉响时,他总会独自留在六楼情报部,然后进入自己的房间,拉开抽屉拿出中国古人吴承恩的小说开始翻译。"(Waley,1973:17)在纳粹的炮火轰击下的英国人民生活艰难,备受物资匮乏、炮火攻击的煎熬。

----

① 笔者认为,达姆罗什的见解也可推而广之:"当一个作品被改编成影视作品时,它就获得了一种新的生命,要想理解这个新生命,我们需要仔细考察该作品在新的文化语境中为何以及如何被重构。""二战"时期,《西游记》在中国的影视改编与韦利《西游记》译本的产生情况极为相似。1941 年,由万籁鸣、万古蟾兄弟根据《西游记》"三调芭蕉扇"改编而成的中国第一部动画长片《铁扇公主》被搬上银幕,在电影最后,孙悟空号召火焰山附近的居民联合起来、团结一致击败牛魔王。实际上,这并非原著内容。而之所以如此改编,与当时"全民抗战"的历史背景有着紧密的关联,全民合力大战牛魔王暗喻着"团结一心,联合大众,才能打败牛魔王(日寇),取得最后胜利"的抗日精神。具体请参见:李保传. 万籁鸣研究[M]. 成都:四川美术出版社,2016:78-79。

《猴》的出版商斯坦利·昂温（Stanley Unwin）在其作品《一位出版者的真相》（*The Truth About a Publisher*）中曾指出，此时展现战时个人英雄主义（individual heroism）风采的作品最受大众欢迎。阿兰·米奇（Alan Michie）与沃特·格莱博纳（Walter Graebner）合著的《荣光时刻》（*Their Finest Hour*）便是最明显的例子。该书于1941年出版后，立刻成为当年的畅销书。此后，"整个战争期间英国读者都对这部作品有着巨大的阅读需求"（Unwin，1960：251）。韦利将《西游记》翻译为《猴》（*Monkey*），这就使小说的叙述重点聚焦到孙悟空身上，而后译者通过有意识地剪裁，通过"除妖乌鸡国""显圣车迟国"与"勇渡通天河"这三个片段，成功地塑造了孙悟空法力高强、降妖除魔的英雄形象，这与"西天取经"前几乎无所不能的孙悟空形成了强力的契合，而他身上所散发的个人英雄主义风采通过译本得到充分体现。

我们可以从当时《猴》的出版情况证明读者对它的喜欢程度。"二战"期间，由于纳粹德国的轰炸，绝大多数英国的出版社都遭遇了严重的纸张危机，乔治·艾伦与昂温出版有限公司的老板斯坦利·昂温曾指出："由于纸张的缺少，这给我们公司正常的运转带来了很大的麻烦。我不得不在战争期间耗费大量时间和心血去找寻纸的来源，并常常由于纸张缺少而无法继续印刷那些深受读者青睐的书籍而大感头痛。"（Unwin，1960：250-270）然而，《猴》于1942年7月出版以后，分别于1942年12月、1943年、1944年、1945年先后再版。在纸张缺少的情况下，《猴》能够在"二战"期间前后五次在英国出版，这足以证明《猴》在当时受读者欢迎的程度。韦利的《西游记》译本不仅受到广大读者的欢迎，在海外汉学界也享受着崇高的声誉。《红楼梦》的译者霍克斯在谈到韦利翻译的两部小说《源氏物语》和《西游记》时曾指出："两者都可能在英国文学中保留永久的一席，堪与伯纳斯、德莱顿等人的翻译作品占据的地位相媲美。"（Hawkes，1989：257）。被誉为"西方首席汉语文学翻译家"的葛浩文对韦利的翻译推崇备至，"对于他在翻译和写作上取得的成就，我内心充满着仰慕、嫉妒和惊叹。我曾将《猴》当作本科课程的教材，这给学生们带来了无比的愉悦感"（Goldblatt，1999：40）。

诚然，我们不能否认"二战"语境对促成这部译作在英国广受欢迎所起的作用。但是更为重要的是，韦利以创造性的翻译使一代代读者领略到原著的巨大魅力，他所塑造的孙悟空散发着人性光辉与英雄气概，这才是韦利的《猴》能超越时间与空间，至今仍被奉为"经典"的关键因素。

五、韦利对原著创造性的裁剪与英雄主义"猴王"的塑造

韦利之所以大幅删减《西游记》，其原因大致包括两个方面：一是韦利的《猴》存在跨文化接受的因素。在当时的历史语境下，如果将《西游记》这部鸿篇巨制全部译为英语，一方面，"那取经者们的旅程则会使西方读者望而生厌，因为作品在叙述上虽然颇有风味，许多情节实质上是重复的"(Hsia, 1968：115)；另一方面，全译在很大程度上会弱化孙悟空几乎无所不能的英雄形象，这与当时英国读者(包括译者)渴求英雄主义的心理并不相符。值得进一步追问的是，《西游记》中有着众多脍炙人口的精彩章节，韦利为什么单单选择"乌鸡国""车迟国"与"通天河"这三则故事？作为百回本的巨作，韦利在删减时是否会造成译文文本断裂的现象？孙悟空的英雄形象是如何在这三则故事中得到彰显的？

(一)韦利对原著创造性的裁剪

作为一部节译小说，韦利的删减多少让人觉得有些遗憾。胡适在为其英译本作序时指出："追忆我童年时代读《西游记》时的最爱部分，包括一些情节跌宕的篇章，比如狮驼国斗三怪(74～77章)和大战红孩儿(40～42章)，也包括一些妙趣横生的插曲，比如灭法国假冒贩马商(84～85章)、朱紫国孙猴巧行医(68～69章)、偷吃人参果(24～26章)，然而令我颇感遗憾的是，这些章节却在译本中被韦利删掉了。"(Hu, 1943：4)余国藩于1977年至1983年耗费6年时间出版了《西游记》英文全译本(*The Journey to the West*)。然而20余年后的2006年，芝

加哥大学出版社推出了由他翻译的《西游记》删节版《猴与僧》(*The Monkey and the Monk*：*An Abridgment of The Journey to the West*)。他在译者前言中肯定了韦利节译《西游记》的洞见：

> 四卷本《西游记》一经出版，远近的朋友和同仁便开始抱怨。他们认为全译本无论是对普通读者还是课堂教学来说，不仅太过笨重冗长，难以掌控，而且也不堪实用。之后他们一直希望我能出版一个相对短小的译本，我对这一要求抵制多年后，如今我总算得出一个结论：韦利教授的节译选择是可取的，只是我的删减本尽量保留了所译30回的全部内容。(Yu，2006：6)

正是因为西天取经所经历的种种磨难在故事章节上具有重复性的特点，韦利仅选取了"乌鸡国""车迟国""通天河"这三个故事，以尝鼎一脔，一方面借以显示唐僧师徒西天取经所经历的艰难困苦；另一方面孙悟空的智慧、英勇也在这三个故事中得到最大程度的凸显。尽管韦利的删减让人颇感有些遗憾，但是从他所选择的这三个故事中依旧可以发现韦利杰出的判断力。如乌鸡国的故事很容易让西方读者联想到《哈姆雷特》——同为王子复仇式的宫廷权力之争，同以鬼魂诉冤开头，国王皆被心腹之人谋害并篡夺皇位，在揭露对方的手法上都是侧面影射而非当面指破；《哈姆雷特》通过外来伶人在御前上演"贡扎果谋杀案"，重现国王被害情景，而《西游记》则通过孙悟空的一首诗行，客观描述狮子精谋害乌鸡国国王的真相。在车迟国的故事中，佛教徒的悲惨遭遇让人联想到《出埃及记》中被奴役的希伯来人；悟空用超强的法力铲除三个国师的情景与摩西和亚伦用神杖战胜埃及法老牧师的故事也有着异曲同工之妙。而在通天河故事中，需要童男童女作为祭奠的鲤鱼精则与希腊神话中的人身牛头怪弥诺陶洛斯(Minotaur)不无相似之处。这就使英语读者在欣赏《猴》的同时，还能读到与西方文学经典相呼应的内容，这就在很大程度上降低了《猴》的阅读难度，同时促进了更多读者对它的接受。

(二)韦利《西游记》译本的流畅性

1921年亚东图书馆版《西游记》由"孙悟空出世"(1~7章)、"唐僧源流"(8~12章)、"西天取经"(13~100章)三部分组成。韦利的译本基本全部翻译了原著的第一回至第十五回,译本章节同样也为1~15章,交代了孙悟空、唐僧、白龙马的身份由来,译本随后删减了原著的第十六、十七回"黑熊怪窃袈裟"这一故事,直接过渡到第十八、十九回的"云栈洞悟空收八戒"章节,而后译文删减第二十、二十一回"黄风岭唐僧有难"的章节,又过渡到第二十二回"八戒大战流沙河"这一章节。从中可以看出,韦利译本重视师徒身份的由来,这使英语读者在实际阅读中很容易把握全书的脉络。另外,韦利在选择删节的过程中重视译本自身结构上的过渡,使译本一气呵成。举例来讲,原著第十五回收服白龙马后为"那师父也似信不信,知得又跨划着马,随着行者,径投大路,奔西而去"(吴承恩,2013:111)这段话,其后紧接着一段风景描写性韵文、"里社祠"老者为白龙马配鞍辔缰绳、第十六、十七回"黑熊怪偷袈裟"这一故事,而韦利将上述内容一并删除,仅选择第十五回末尾"毕竟不知此去是甚么去处,且听下回分解"连接"那师父也似信不信"这句话,译本直接过渡到原著第十八回"高老庄计收猪八戒"中的"师徒们行了五七日荒路,忽一日,天色将晚,远远的望见一村人家"。

其译文如下:

Triptaka was not at all sure whether to believe this story or not. He got astride the horse once more, and followed Monkey along the road to the west. And if you do not know where they got to, you must listen to what is told in the next chapter. (Waley, 1942:145)

They had been travelling for several days through very wild country when at last, very late in the evening; they saw a group of houses in the far distance. (Waley, 1942:146)

从中不难发现，韦利的译本在叙事以及语言风格上保持着较强的流畅性，而他在删减的同时也重视译本自身结构的过渡，从而有效避免了删减所带来的文本断裂与突兀感。可以说，读者很难察觉到译本删节的痕迹。

六、韦利对英雄主义"猴王"的塑造及对唐僧形象的还原

韦利将《西游记》翻译为《猴》，这就使小说的叙述重点聚焦到孙悟空身上。在译作的前七回，通过保留"猴王初问世"（灵根育孕源流出）、"拜师学神通"（悟彻菩提真妙理）、"大闹蟠桃会"（乱蟠桃大圣偷丹）、"大圣闹天宫"（反天宫诸神捉怪）这些情节，已在英语读者脑海中树立起了孙悟空勇猛无敌、无私无畏的英雄形象。而后师徒四人先后聚齐，西天取经的大业正式拉开帷幕。在原著中，"西天取经"前后的孙悟空在战斗力上形成了强烈的反差。在与诸如红孩儿、金翅大鹏鸟、独角兕大王（青牛精）、多目怪、蝎子精等一些妖怪的战斗中，孙悟空不能取胜，因而不得不一次次去"搬救兵"，这在很大程度上弱化了孙悟空无所不能的英雄形象，韦利并没有翻译上述章节，这也在一定程度上与当时历史语境的需要相符合。

西奥・赫曼斯（Theo Hermans）指出："改写与社会文化有着重要的关联，因为在读者不能直接读到某部文学作品或该作品不存在的时候，改写就决定了这部作品的'形象'。"（Hermans，1999：128）在译本中，译者通过选择"乌鸡国""车迟国""通天河"①这三则故事，着意凸显孙悟空几乎战无不胜的个人英雄主义形象，这也使"西天取经"前后的孙悟空在战斗力上基本保持了一致，成功塑造了"猴王"降妖除魔、匡扶正义的英雄形象。比如在车迟国"都生灭诸邪"这则故事中，孙悟空的

---

① 在"通天河"这则故事中，鲤鱼精虽然最终被观音菩萨所收服，但孙悟空的机智、勇猛得到最大程度的体现，以至于鲤鱼精不敢上岸与之一战。

神通广大和英雄形象再一次通过"登坛祈雨""云梯显圣""隔板猜枚"和"驱邪显圣"这些战斗得到集中彰显。他以叱咤风云的战斗姿态在乌鸡国、车迟国、通天河降妖除魔、匡危扶正,使这些国家(家庭)重新获得安宁的生活,展现出极大的救世热忱。在英国正遭遇残酷攻击的时刻,人们更是迫切地需要、期待孙悟空式的英雄出现。而韦利的《猴》恰好在此时应运而生,它无疑迎合了当时英国社会对个人英雄主义的精神需要,这是译本在当时深受读者喜欢的一个重要原因。

当然还有一点尤其值得我们注意,孙悟空的英雄形象绝非尽善尽美。比如说他的爱好虚名、急躁、滥杀①,这些缺点也在译本中都得到保留。然而,这些缺点非但没有损害孙悟空本身的英雄特质,反而让他的形象更为真实可信,毕竟,"高、大、全"的英雄只会让读者感觉失真。孙悟空作为人性、神性、猴性的结合,读者从他身上看到了人性的缺点,并在审美体验中获得情感上的共鸣。

在英雄孙悟空"光芒四射"的映衬下,韦利译本中的唐僧"走下了神坛",他不再像李提摩太和海耶斯译本中那般崇高、无畏。在韦利看来,"唐僧代表着普通人,他焦虑地胡乱走完了艰辛的人生历程"(Waley,1942:10)。在译本中,韦利最大程度地还原了原著"自私""懦弱"的唐僧形象。如在小说第十五回"蛇盘山诸神暗佑 鹰愁涧意马收缰"中,唐僧遇到困难就唉声叹气、动辄"泪如雨下":

> 三藏道:"既是他吃了,我如何前进!可怜啊!这万水千山,怎生走得!"说着话,泪如雨下。(吴承恩,2013:106)
>
> Well, suppose it has been eaten, said Triptaka, how am I to

---

① 以韦利对原著中孙悟空的"滥杀"保留为例,在翻译"车迟国斗法"这一故事时,孙悟空让监管和尚做苦力的两位道士释放他们,遭到拒绝。孙悟空"怒将起来,把耳朵里铁棒取出……照道士脸上一刮,可怜就打得头破血流身倒地,皮开颈折脑浆倾"(吴承恩,2013:339)。韦利将其译为:"And taking his cudgel from behind his ear he rushed at them and gave each such a blow upon the head that their brains gushed out and they fell dead where they had stood."(Waley,1942:218) travel? It's a great deal too far to walk. <u>And as he spoke his tears began to fall like rain.</u> (Waley, 1942：139)

与《天路历程》的主人公"基督徒"不同，小说中的唐僧没有在历经多次磨难之后表现出任何精神焕发的迹象，恰好与之相反，唐僧变得更加焦躁。甚至在小说第九十八回"猿熟马驯方脱壳 功成行满见真如"中，在唐僧乘无底船去彼岸圣境求取真经时，他被焦躁的孙悟空推向船，结果被弄得浑身湿透。"长老还自惊疑，行者叉着膊子，往上一推。那师父踏不住脚，毂辘的跌在水里，早被撑船人一把扯起，<u>站在船上</u>。师父还抖衣服，垜鞋脚，抱怨行者。"（吴承恩，2013：755）韦利的译文如下：

Seeing Triptaka still hesitate, Monkey took him by the scuff of the neck and pushed him on board. There was nothing for Triptaka's feet to rest on, and he went straight into the water. The ferryman caught at him and dragged him up to the side of the boat. <u>Sitting miserably there</u>, he wrung out his clothes, shook out his shoes, and grumbled at Monkey for having got him into the scrape. (Waley, 1942：281-282)

可以看到，韦利所添加的"Sitting miserably there"对唐僧当时的心情描写十分贴切，有着"画龙点睛"之妙。而这段文字在李提摩太的译笔下则显得平淡无奇，他的译文更像是突出孙悟空的顽皮：

Sun the practical pushed him, and the Master lost his footing, and fell into the water. But the Pilot at once rescued him, and stood him on the boat. The Master wrung his clothes, blaming Sun. (Richard, 1913：334)

七、倾听译者的心声——韦利思想倾向在《猴》中的折射

韦利原名为阿瑟·大卫·许洛斯(Arthur David Schloss),出生在英国的一个犹太家庭。在当时的历史背景下,犹太民族在英国乃至欧洲大陆是种族歧视的代名词。这种历史背景也深深影响着韦利及其家人。尽管韦利与布鲁姆斯伯里集团(The Bloomsbury Group)有着紧密的联系①,但是即使在该圈内部也不乏激烈的反犹主义者。为尽量避免因身份问题可能带来的生活不便,韦利的妈妈瑞秋·索菲娅·韦利(Rachel Sophia Waley)将韦利的名字改为阿瑟·大卫·韦利(Arthur David Waley)。"但是名字的修改仅仅是一种表象,种族身份是与生俱来的,后世的努力无法遮蔽这一先天的特性。即使是阿瑟·韦利这种游走于上流知识分子中间的精英化人物也难免受其影响。"(冀爱莲,2018:133)沉默寡言、性格怪异成为韦利性格的典型特征。尽管我们找不到明确的证据证明韦利选择中国文学翻译与其犹太人身份相关,但是选择汉学研究"至少可以规避参与社会主流政治思潮、文学思潮的风险,而且,犹太族被压抑的现实也容易将他推至社会主流的边缘"(冀爱莲:2018:135)。自1933年第6卷《源氏物语》英译本出版后,韦利几乎将全部精力转向中国文学作品的翻译和研究上,此后《道德经》《诗经》《论语》《西游记》《袁枚:一位18世纪的中国诗人》等有关中国文学的作品先后出版。那么,韦利为何选择在这个时段翻译中国文学作品和《西游记》?笔者认为,有必要去探求这一时期韦利的思想倾向。

第一次世界大战后,西方人对世界与现实存在普遍的失望情绪和幻灭感,人们面临着巨大的精神与信仰危机,因此从"柔美静逸"的东方寻求安宁感逐渐成为潮流。在此期间,韦利耗时12年(1921—1933年)之久翻译了日本古典小说《源氏物语》,译本建构了"一个充满宁静与文

---

① 可参见:程章灿. 魏理与布卢姆斯伯里文化圈交游考[J]. 中国比较文学,2005(1):137-153.

明的非工业社会，这里的人们更热衷于关注自然美景、人文艺术和人际关系，而政治、发展这类问题则显得毫不重要。这个社会没有一丝军国主义痕迹，简直与"一战"前大众所幻想的'理想化'英格兰有着异曲同工之妙"（de Gruchy，2003：119）。因此，韦利的这部译作为英国人乃至西方人提供了逃避战后诸多问题的安乐园，成为他最具代表性的译作之一。除此之外，韦利的《日本诗歌：和歌选》（*Japanese Poetry*：The "*Uta*"，1919）与《日本能剧选》（*The Nō Plays of Japan*，1921）也对在西方人心目中塑造良好的日本形象作出了很大的贡献。

随着"九一八事变"的爆发，日本在英国乃至西方的形象一落千丈。英国知识分子开始猛烈抨击日本，并对中国产生同情。著名诗人奥登（W. H. Auden）与小说家衣修伍德（Christopher Isherwood）结伴东行，亲赴中国抗日战场采访，以实际行动声援中国人民的抗日活动，并写下流芳百世的《战地行》（*Journey to a War*）。衣修伍德批判日本："如今的日本是我们的敌对国……在这场正与邪较量的中日战争中，日本选择了后者。"（Isherwood，1976：310）对韦利来说，日本发动的"侵华战争"不仅让他无比尴尬，更让他感到失望与愤怒。在 1938 年"慕尼黑危机"之前，韦利已在英国情报部门承担对日本情报的审查工作，并担任过"全英援华运动总会"（China Companion Committee）的副会长。在情报部工作期间，韦利曾撰写用于政治宣传的小册子，他称日本人为"东方的纳粹"，号召亚洲人民联合抗日。此外，韦利本人备受歧视的犹太人身份让他"从良心上对深受日本军人蹂躏的中国人有着认同感"（de Gruchy，2003：161）。在这种情况下，从 1933 年开始，韦利翻译了大量中国文学作品。

译者选择在"二战"期间翻译《西游记》，这无疑给这个译本涂抹上了浓厚的现实色彩。他希望借助《猴》控诉现实，并表达对生活的愿望。这一点可以从英国诗人伊迪丝·西特威尔（Edith Sitwell）写给韦利的信里洞见端倪："《猴》给我一种必读之而后快的感觉，它让我内心兴奋，同时又赋予我内心的宁静感……但是当从《猴》这本书回返到现实生活，就会发现人们正在把这个世界变得丑陋无比。"（Morris，1970：97）除此之外，韦利的思想倾向在译文的最后部分得到最明显体现：

> 如是等一切世界诸佛。愿以此功德，庄严佛净土。上报四重恩，下济三途苦。若有见闻者，悉发菩提心。同生极乐国，尽报此一身。十方三世一切佛，诸尊菩萨摩诃萨，摩诃般若波罗密。(吴承恩，2013：305)
>
> I dedicate this work to the glory of Buddha's Pure Land. May it repay the kindness of patron and preceptor, may it mitigate the sufferings of the lost and damned. May all that read it or hear it find their hearts turned Truth, in the end be born again in the Realms of Utter Bliss, and by their common intercession requite me for the arduous of my task. (Waley, 1942：305)

《西游记》最后部分的内容可以简略概括如下：师徒四人终于在灵山修成正果，大众合掌皈依，称颂诸佛。韦利对这一部分只是选译了极少数量的佛、菩萨，紧接着他另起一段，翻译了上文画线的回向偈，以此作为结束全书的献辞。所谓回向偈，指的是修行的人念佛(或念经)结束后齐声朗诵的一种偈文，以图将念佛(念经)的功德汇集到极乐世界。而在韦利的译笔下，这段译文变成了表达他心声的告白："愿以此功德，庄严佛净土"中的"此功德"本意是指"念佛的功德"(the merits of praising Buddha)，而在译文中则被韦利处理为"I dedicate this work to the glory of Buddha's Pure Land"，很明显译文中的"this work"指他的《西游记》译本——《猴》，通过《猴》在战火纷飞的"二战"时期表达自己的愿望与目的：为那些饱受战争之苦的人们祈祷，希望《猴》能减轻他们所承受的苦难(may it mitigate the sufferings of the lost and damned)。"若有见闻者，悉发菩提心"中的"菩提心"被处理为"their hearts turned Truth"，"同生极乐国"则被翻译为"be born again in the Realms of Utter Bliss"(重生极乐国)。这句话可以理解为"如果那些发动战争，并给人民带来无限苦难的人读到或听到《猴》的话，希望他们能够体会这部小说蕴涵的真知，转变心意放弃战争，这样他们就能在极乐国重生"。如果能实现上述愿望，也就不枉费韦利本人冒着炮火、不顾艰辛的翻译过程了（the arduous of my task）。①

　　值得一提的是，韦利在此期间创作的一些作品也表达出他对人民疾苦的关心以及对救世英雄的渴望，而这从本质上与《猴》的最终面貌存在着一致的关系。1941年韦利在《地平线》（Horizon）上发表了自己创作的《检审诗》（"Censorship：A Poem in'Chinese Style'"），他在这首诗中叙述了自从事破译日本情报工作以来的15个月里，自己工作的大楼已经被轰炸了4次，而且时常会受到断水、断电的困扰，表达了他的痛苦无奈以及对战争的憎恨之情。其中，诗的最后部分为：It is not difficult to censor foreign news, What is hard today is to censor one's own thoughts—To sit by and see the blind man/On the sightless horse, riding into the bottomless abyss.（Waley，1963：316）其汉译大致如下："检审外国情报并不难，如今难的是审视自己的观念——冷眼旁观，看那瞎马上坐着的盲汉，进入不见底的深渊。"（笔者自译）很明显，最后两句话取自《世说新语·排调》中的"盲人骑瞎马，夜半临深池"②，其本意是指面临极危险的情况而不自知。而韦利此处很有可能指的是发起第二次世界大战的德、意、日这三个法西斯国家，他们像骑着瞎马的盲人，终将走向灭亡

---

　　①　余国藩与韦利在此处的译文形成了鲜明的反差，与韦利相比，他的译文忠实地还原出回向偈所蕴涵的佛教特征：I wish to use these merits/To adorn Buddha's pure land—/To repay fourfold grace above/And save those on three paths below/If there are those who see and hear/Their minds will find enlightenment/Their births with us in paradise/Will be this body's recompense/All the Buddhas of past, present, future in all the world/The various Honored Bodhisattvas and Mahāsattvas/Mahā-Prajñā-pāramitā!

　　②　原文如下：桓南郡与殷荆州语次，因共作了语。顾恺之曰："火烧平原无遗燎。"桓曰："白布缠棺竖旒旐。"殷曰："投鱼深渊放飞鸟。"次复作危语。桓曰："矛头淅米剑头炊。"殷曰："百岁老翁攀枯枝。"顾曰："井上辘轳卧婴儿。"殷有一参军在坐，云："盲人骑瞎马，夜半临深池。"殷曰："咄咄逼人！"仲堪眇目故也。（刘义庆，1984：440）

的深渊，表达了韦利对穷兵黩武者的憎恨之情。① 1941 年韦利在《新政治家》(*New Statesman*)上发表了自己创作的诗歌——《无枪炮》("No Discharge")，从这首诗歌的题目可以清楚地看到韦利渴求世界和平、远离战争的心理愿望。在这首诗中，作者将饱受"二战"之苦的世界比喻成地狱，而住在天堂里的圣贤本该对在地狱中备受炼狱之苦的人们施以援手，可是他们却选择对此视而不见：I do not believe there have ever been complaints/From any of the Twenty Four Elders or Seven Spirits, About things like the <u>smell of brimstone</u>. (Waley, 1963：317) 其翻译大致如下："不论是七贤还是二十四元老/我不相信会有谁发牢骚/去声讨硫黄的味道。"(笔者自译)其中，the smell of brimstone(硫黄的味道)来指代战争和炮火。生活在天堂的圣贤们正享受着靡靡之音的欢乐，他们对人间地狱发出的求救呼声充耳不闻。这首诗在很大程度上表达出韦利的心声：希望世间出现一个超级英雄，他关心人民疾苦，并用超强的战斗力打败发动战争的法西斯国家，把人民从水深火热的现实生活中拯救出来，世界也因此重新走向和平。对他的《猴》来说，通过对原著有意识地剪裁，译本一方面集中凸显了孙悟空降妖除魔、还人间安定的个人英雄主义精神，这与译者本人(包括英国读者)的渴求相契合；另一方面，韦利的思想倾向对《猴》的最终面貌形成了可见性的影响，译本在很大程度上折射出韦利期待世界和平、安定的愿望。

八、译，还是不译——韦利对《西游记》诗词的删减原因探析

韵散结合是中国古代章回体小说的典型特点。它是指小说在散文叙述中掺杂韵文(诗、词、歌、赋)的形式，从而使小说在整体上呈现为

---

① 笔者在撰写博士论文时，并不知晓著名学者余光中曾汉译韦利这首诗歌。现将余先生的该部分译文列出："卷宗的纠结并不太难解。外国的新闻也不难检查，难的是检查我今日的心事——难的是坐视盲人骑瞎马，向无底的深渊闯去。"(余光中，2014：76)

一种韵散结合、参差错落的语体面貌。《西游记》中借用的诗词有 750
余首，是中国四大古典名著中用韵最多的小说。尽管这些诗词没有刻意
凸显本身"诗"的气质，也无独立意义可言，但它们在增强叙事力量、
推动故事情节和渲染小说气氛上起着重要的作用，因此"小说中(指《西
游记》)的诗是整体的一部分，不可须臾离。这些诗有如宋元山水画，
在具体与想象的精致结合中具现千岩万壑"(余国藩，2006：266)。在
李提摩太和海耶斯的译本中，他们同样选取了原著的部分诗词进行翻
译。在海耶斯的译文探讨中，我们知晓她十分突出原著的佛教诗词，这
与译者将这部小说视为佛教文学作品的理解密切相关。而就李提摩太来
说，他对诗词的翻译还是延续着其"援佛入耶"的策略①，也就是说，二
者均十分关注原著中蕴涵宗教色彩(主要是佛教)的诗词。

　　前文提到，余国藩对韦利大量删减原著诗词的行为颇为不满，"在
中国诗歌翻译上天赋异禀、贡献卓越的韦利删掉了原著中的大约 750 首
诗词。这不仅扭曲了《西游记》基本的文学形式，而且作品语言中曾吸
引数代中国读者的叙事活力和描述力量在很大程度上也丢失了"(Yu，
1977：X)。对余国藩的这番评论，有两点需要更正：首先，在韦利所
节译《西游记》原著的三十回中，总共出现诗词 233 首，而非 750 首。
其次，韦利并没有全部删除这"750 首"诗词。那么需要追问的是，韦利
如何处理译本所涉及的这 233 首诗词？据笔者统计，在韦利译本中，韦
利共删减其中的 196 首诗词，18 首②在译本中以英语诗歌的形式出现，
而以化韵为散的形式出现的为 26 首。韦利因中国古典诗歌英译而声名

---

　　①　试举一例，在《绘图增像西游记》第八回开篇的诗词《苏武慢》中，李提摩
太截取原词前半部分英译："试问禅关，参求无数，往往到头虚老。磨砖作镜，积
雪为粮，迷了几多年少？毛吞大海，芥纳须弥，金色头陀微笑。"(1889：201)李提
摩太的译文则将"禅关""参求""金色头陀"这些佛教词汇分别替换为基督教术语
"prayer""petition"和"The Glorious God"，参见李提摩太《西游记》英译本第 105 页。
　　②　需要指出的是，韦利的译文共选择翻译《西游记》节译部分的韵文实则有 11
首(共完整翻译 8 首，其余 3 首均是采取删减的方法)，而译本中出现的其他 7 首并
非原著里的韵文，它们多为警句、俗语等非韵文形式。如第十回"老龙王拙计犯天
条"中，泾河龙王请袁守诚占卜"天上阴晴事如何"，袁守诚断曰："云迷山顶，雾罩
林梢。若占雨泽，准在明朝。"韦利以韵文的形式将其译为："Mists hide the tree-tops/
Clouds veil the hill/If you want rain tomorrow/you shall have your fill."(Waley，1942：97)

远播,他却为何选择对原著中的绝大部分诗词略而不译?他选择保留
18首诗词的原因又是什么?在探讨这些问题之前,我们有必要首先考
察小说中诗词的功能和特点。

(一)《西游记》中诗词的功能及特点

夏志清认为:"在中国文学的传统中,吴承恩是最擅长于叙事写景
的诗人中的一位。"(Hsia, 1968:120)然而,若以中国古典诗词中的写
景传统观念来衡量,小说中的多数诗词确实不足以纳入一流的行列,原
因是这些诗词的形象感太强,而且往往不加以任何修饰。"作者的语言
太过直截了当,大胆剥露,因而难以具有渲染性或是暗示性,缺少大部
分中国抒情诗人所珍惜、所表现在诗中的那种缥缈的隐喻特质。"(余国
藩,2006:262)然而,这些诗词的穿插"不仅调节了叙事节奏,也提醒
读者,《西游记》是一个奇妙的神话故事,更是一则深奥的宗教寓言"
(苏艳,2009:83)。因此,这些诗词是小说不可分割的有机组成部分。
小说中的诗词大致分为四种类型:一是景色及事物描述,这包括对四时
景色、斗法场面、兵器的描写;二是评论情节进展和人物个性;三是用
作"对话"的韵文;四是关于佛教、道教的宗教诗词。而小说中的这些
韵文往往涵盖着大量的术语、典故,这着实让译者头疼不已,余国藩就
曾对小说中诗词的翻译"叫苦不迭","由于《西游记》充满插诗,体裁又
繁复多变,篇幅长短不一,所以译者要面对棘手的问题,首先便在数量
庞大的诗行中显现出来。不用说别的,光是各诗字词的确切涵义,就够
叫人受苦受难了。为数更多的专有名词,更是折煞人也"(余国藩,
2006:319)。可以说,《西游记》中的这些数目庞大、题材多样的诗词对
任何译者来讲都是巨大的挑战。然而有一点必须要意识到,尽管小说中
夹杂的诗词着实较难翻译,然而这并不意味着韦利没有准确传达它们内
涵的能力。韦利所译的中国古典诗歌在英语世界大受欢迎,其翻译水准
更是得到广泛的赞誉;另外,单从他在《猴》中所译的诗词来看,其翻译
水平也是颇具功力。也就是说,对韦利而言,尽量忽略原著大量诗词的
翻译并非其能力不足,而是在当时历史语境下做出的自觉文化选择。

(二) 韦利对《西游记》诗词大量删减的原因探析

韦利并没有对删减原著绝大多数诗词的原因予以太多说明，只是在译本前言中简单地表示"将小说中多数作为附带性的诗篇删减了，因为这些诗篇译成英语后会显得异常糟糕"（Waley，1942：9）。韦利之所以尽量避开小说中的诗词，而选择少译、不译，甚至化韵为散的翻译策略，主要有四个原因：一是韦利对中国诗歌的整体认知；二是受译者中国诗歌翻译原则的影响；三是考虑到英语读者的阅读习惯；四是韦利对该小说性质的定位。

韦利不仅翻译了大量的中国古代诗歌，而且对白居易、李白、袁枚这三位诗人有着专门的研究。在大量的翻译实践和专业的研究过程中，形成了他对中国诗歌的整体认知和独特见解。韦利翻译的中国诗歌在题材上异常广泛，从《诗经》到《楚辞》，从汉魏六朝诗歌、民歌到唐宋时代的诗歌，都曾留下了他美妙的译笔。不过整体而言，韦利所译诗歌以宋代以前为主。在语言风格上，韦利推崇简洁明快、富有韵味、不求华丽辞藻的古诗，他对白居易的诗作可谓情有独钟，原因就在于其诗歌简洁、适合直译的特质。① 在《中国诗歌的兴起与发展》（"The Rise and Progress of Chinese Poetry"）这篇文章中，韦利对《诗经》、《楚辞》、汉赋、吴歌、唐诗、宋代诗词做了简要的介绍，在韦利看来，"宋代诗人在诗歌创作技巧的原创性上不及前代诗人，他们把全部的精力都用在了对诗歌形式的追求上"（笔者译）（Waley，1918：33）。在宋代诗人中，他最为推崇苏轼的诗作，称"其足以与前代诗人的诗篇相媲美"（Waley，

---

① 1946 年，韦利从自己的《诗经》译本（*The Book of Songs*）、《170 首中国诗歌》、《中国诗歌选译续篇》、《游悟真寺及其他诗篇》中选取 200 余首汉语诗歌，并将其命名为《中国诗选》（*Chinese Poems*），译者在序言中声明："这部译作并非中国文学的完整选集。我之所以选录这些译文，是因为它们恰好可以被直译，并在翻译之后仍可被视作文学翻译作品。因此，那类引经据典、需要在译文中添加大量注释的作品被排除在外。……我之所以选择如此之多的白居易诗歌，原因是我发现他的诗歌最容易翻译，并非在于他诗歌的艺术水准要远远胜过其他中国古代诗人。在中国古代主要诗人中，他的诗歌最具有可译性。"（Waley，1946：5-6）

1918：33)。即使如此，韦利在《170 首中国诗歌》中只是选取翻译了他的一首诗歌而已(《洗儿戏作》)。由此可见，韦利对宋代诗歌并不重视，而在这篇文章中他对明代诗人更是只字未提。因此，韦利对中国诗歌的整体看法很可能影响他对《西游记》诗词的翻译策略。首先，小说中的诗歌属于明代作品，这是韦利认为中国诗歌水平处于每况愈下的时代，在韦利为数众多的中国古诗英译作品中，他翻译过的明代诗歌屈指可数(如冯梦龙的《南仙吕入双调·江儿水·偶述》与陈子龙的《小车行》)。其次，韦利对吴承恩的诗歌水平并不欣赏。他在译本前言中对吴承恩做了简单的介绍："作为诗人，他小有名气，在明诗集和淮安地方志中收录了他一些极其平庸普通的诗作。"(笔者译)(Waley，1942：9)韦利用"极其平庸普通"(rather commonplace)来形容吴承恩的诗作，可见他对吴承恩诗歌水平评价并不高，而这也在很大程度上可以解释韦利对原著绝大部分诗歌避而不译的原因。

第二个原因与韦利的诗歌翻译原则相关。韦利在《170 首中国诗歌》中的前言部分曾撰写"翻译方法"("The Method of Translation")一文，其中他对自己的汉语诗歌翻译原则与标准有着明确的说明："我的目标是直译，而非释意"，因此，"我不再尝试去翻译那些同样具有吸引力，但却无法直译的作品"(Waley，1918：33)。可见，韦利在选择翻译中国古诗时存在着鲜明的主观色彩。此后，他在《中国诗歌选译续篇》的前言部分又一次强调了译本的选材特点："这部译作并非中国文学全貌的展示。我按照历史时间顺序选译了不同题材的篇目。入选的译文符合两个要求：一是我对这些篇目感兴趣；二是它们可以被充分地翻译。"(Waley，1919：9)韦利的这种翻译思想在《猴》中得到彰显，除了翻译出小说中的 11 首诗词之外，韦利还翻译了一些小说中零星出现的五言、七言的两句诗行，比如第五回，孙悟空说"今朝有酒今朝醉，莫管门前是与非"(If today you have wine, get drunk today; Pay no heed to what is at the door, be it good or ill)；再比如第三十八回八戒在悟空的诱骗下去井底寻宝，此处有"清酒红人面，黄金动道心"(Clear wine brings a blush to the cheeks; Yellow gold moves even a philosophic heart)等。从中我们可以看到，这些诗句简单易懂，而经过翻译后仍旧保留着原诗的韵味，这在一定程度上折射出译者"直译性"的诗歌翻译理念。

对中国古典诗歌中大量使用典故的习惯，韦利颇有微词。他不仅称之为"恶癖"（vice），并且声称它完全毁掉了中国诗歌。（Waley，1918：21）韦利的说法虽然太过偏激，但是也存在着一定的合理性。古诗中存在的大量典故晦涩难懂，对我们中国现代读者来讲也是困难重重。韦利的译作主要面向英语世界的普通读者，对他们而言，这些典故经由翻译在理解上可谓难上加难。正因为如此，韦利在选择中国古诗英译时倾向于回避那些偏爱用典的诗人和诗作。他在《袁枚：一位18世纪的中国诗人》中曾指出："我尽量回避了那些用典过多的诗歌，因为当读者集中全部精力读完那些对典故的必要解释后，他很可能已经失去了读诗的心情，并因而把诗作当作文献一样来阅读。"（Waley，1956：105）因此，韦利对典故近乎"深恶痛绝"的态度无疑会在很大程度上影响他对《西游记》中诗词的选择。小说中的出现的诗词涵盖内容较为广泛，蕴涵着丰富的文化知识与典故，如果韦利将它们全部译出，需要在译文中添加大量的注释，这与韦利本人的翻译观念恰好相左。

第三个原因是韦利译本为目的语读者服务的定位原因，韦利不仅在翻译中国文学作品上取得了卓然的成就，而且也为推动日本文学走向世界作出了突出的贡献。值得注意的是，韦利在翻译日本古典名著《源氏物语》（The Tale of Genji）时，同样删除了大部分散布在原著中的数百首诗歌。但是，他在序言中没有透露删减原著大部分诗歌的原因。至于删减原因，我们可以从韦利为哈罗德·艾克敦（Harold Acton）与李宜燮（Lee Yi-Hsieh）翻译的《如胶似漆：四则警世故事》（Glue and Lacquer：Four Cautionary Tales）①所作的序言中洞晓原因，他指出："中国古典小

①　译自冯梦龙《警世恒言》，内收《赫大卿遗恨鸳鸯绦》《刘小官雌雄兄弟》《陈多寿生死夫妻》《吴衙内邻舟赴约》这四篇小说的英译文。除却韦利、艾克敦，英语译者在处理中国古典小说中所包含的大量诗词时也会采取删减的策略。以《金瓶梅》英译者艾支顿（Clement Egerton）为例，他在序言中也谈及了该小说中大量存在的诗词英译问题："没人会认定这些诗词属于中国诗歌的杰作，倘若其中的有些诗词译成英语，读者们会产生莫名其妙的感觉。因此，我自作主张删去了很多。归根结底，这些诗词只是小说的程式化装饰，我对之并没有良心上的不安。"（Egerton，1939：vii）

说里所夹杂的这些诗歌几乎是不可译的，尤其是那些描述类的韵文，因此译者们不得不采取大量删减这些诗歌的策略。"（笔者译）（Waley，1947：ix-x）从中不难看出，这则序言也在一定程度上说出了韦利删减《西游记》（以及《源氏物语》）中的绝大多数韵文的原因，那就是他十分重视目的语读者的阅读习惯和接受能力。须知，韦利对《西游记》中韵文的大量删除并不意味着对这一形式的否定。韦利在译文中一方面选择了部分他认为可译的诗歌，这样译本既保留了韵散结合的形式，又给英语读者带来了全新的文学形式；另一方面，由于《西游记》中一些诗歌起着重要的连接、解释、说明作用，如果将它们删除，势必会影响译文的流畅性，因此韦利对部分诗歌采取了化韵为散的措施。以《西游记》第九十八回"猿熟马驯方脱壳 功成行满见真如"（韦利译本第二十八章）中唐僧师徒渡船过凌云仙渡为例："那佛祖轻轻用力撑开，只见上溜头泱下一个死尸。长老见了大惊，行者笑道："师父莫怕，那个原来是你。"八戒也道："是你是你！"沙僧拍着手也道："是你是你！"那撑船的打着号子也说："那是你！可贺可贺！"（吴承恩，2013：755）在此处文字中，我们很难理解为何孙悟空、猪八戒、沙和尚以及接引佛祖看到唐僧的尸体反而向其祝贺的原因。原文紧接着通过一段韵文道出缘由："脱却胎胞骨肉身，相亲相爱是元神。今朝行满方成佛，洗净当年六六尘。"（吴承恩，2013：755）"He had discarded his earthly body; he was cleansed from the corruption of the senses, from the fleshly inheritance of those bygone years. His was now the transcendent wisdom that leads to the Further Shore, the mastery that knows no bounds."（Waley，1942：282）此处韦利将这段解释唐僧"脱胎换骨"的韵文化为普通文字，将其融合在译文中，清晰地向译文读者阐释了"可贺"的原因。通过这则例子可以看到，韦利有着清醒的读者意识。他这种"化韵为散"的翻译策略不仅使译文流畅通顺，同时避免了译文中因过多韵文的存在而造成英语读者不适应的困扰。

最后一个原因是韦利对小说的定位——淡化宗教色彩，折射现实。前文提到，尽管韦利在序言中承认《西游记》中蕴涵着宗教成分，但是阅读这部译作，我们发现在实际翻译中韦利却无心突出原著的宗教色彩。相反，译者极力淡化这些宗教色彩，这主要表现在以下几个方面：韦利淡化译作中宗教色彩的表现主要有以下几点：《心经》在整部小说中占有极其重要的地位，"在《西游记》作者心目中，《心经》是唐僧西天取经的思想武器和精神动力，没有《心经》，就不可能战胜前进道路上的困难，也就不可能取回真经"（王齐洲，2001：79）。由于唐僧取经的目的在于"普度众生"，因此"肯定《心经》对于取经的价值，就是肯定了《心经》所表达的佛教思想的价值，当然同时也就体现了作品自身的宗教思想"（王齐洲，2001：79）。在这部小说的第十九回"云栈洞悟空收八戒　浮屠山玄奘受心经"中，韦利翻译了"收服猪八戒"这一情节，译文到"一行三众，辞别高老及众亲友，投西而去"（吴承恩，2013：142）就结束了，而后面的"乌巢禅师受心经"的情节则被韦利完全删除。其次，在《西游记》第一百回"径回东土　五圣成真"中，唐太宗撰写蕴涵浓厚佛教色彩的《圣教序》，韦利并没有翻译这篇长文，只是添加注释"参见海耶斯《佛教徒的天路历程》第 98 页"（Waley，1942：301）。最后，具体到译本涉及的宗教诗词，韦利则极力淡化。《西游记》蕴涵着丰富的宗教词汇，不仅涉及禅、净土、《心经》等佛教词汇，道教词汇诸如"五行相克""婴儿""姹女""龙虎""泥丸"也是遍布全书，原著中存在着诸多与此相关的诗词。事实上，韦利对佛教禅宗、道教颇有研究，他完全有能力将这些宗教类诗歌准确译出，然而从译本所呈现的文本面貌来看，他却无意凸显原著的宗教色彩。比如《西游记》作者运用基于阴阳五行、道家炼丹术语来指称故事中的几位中心人物，他用"金公"代指孙悟空，"木母"喻指猪八戒，"刀圭"指称沙僧。道家文化中的五行相克观念在小说中反复出现，比如第十九回孙悟空计收猪八戒、第二十二回八戒大战流沙河中，小说分别用诗歌"金性刚强能克木，心猿降得木龙归……""只因木母克刀圭，致令两下相战触……"来证明"金克木""木克土"的原则，韦利则将这些蕴涵道教色彩的诗词全部删除。由此可以看到，与传递小说的宗教思想相比，韦利更注重《猴》所反映的现实色彩，他希望借助这部译作来控诉现实，并期待出现孙悟空式的英雄来"荡妖除魔"，还人间一片净土。

（三）韦利对《西游记》中诗词的英译保留

纵观韦利的整个译本，还是有 18 首诗词以英语诗歌的形式得到了呈现。我们可以将这些英译韵文粗略分为两类：一是符合韦利"直译性"翻译观念的诗歌；二是为塑造孙悟空形象而保留的韵文。关于第一类诗词已在前文做出了交代，不再赘述。就第二类来讲，在韦利译本中所保留的诗词中，有 8 首直接与孙悟空相关，笔者认为这与译者刻意塑造孙悟空英雄形象的目的有着直接的关系。首先，这与当时的历史语境有着莫大的关系（前文已有描述）。其次，通过保留与孙悟空相关的诗词，韦利不仅为读者提供了一幅孙悟空不断成长的画面，同时这些诗词在孙悟空英雄形象的塑造上也发挥了重要的作用。

值得注意的是，在译本中与孙悟空直接相关的 8 首诗词中，除了 4 首诗词在很大程度上符合韦利"直译性"的诗歌翻译理念以外，还有 4 首诗词较难翻译，这不仅表现在诗歌的长度上，而且在内容上也是充满着翻译难度。韦利在译本中对它们予以保留，这似乎与他的诗歌翻译观念以及对小说宗教色彩的淡化发生了矛盾。笔者认为，这与韦利刻意塑造孙悟空英雄形象的目的有着直接的关系。

在小说第二回"拜师学艺"这则故事中，有一首菩提祖师向孙悟空传授长生之道的长诗："显密圆通真妙诀，惜修性命无他说。都来总是精气神，谨固牢藏休漏泄。休漏泄，体中藏，汝受吾传道自昌。口诀记来多有益，屏除邪欲得清凉。得清凉，光皎洁，好向丹台赏明月。月藏玉兔日藏乌，自有龟蛇相盘结。相盘结，性命坚，却能火里种金莲。攒簇五行颠倒用，功完随作佛和仙。"（吴承恩，2013：11）在这则故事中，孙悟空先后拒绝了菩提祖师拟教他的"术""流""静""动"等法术，理由就是这些法术无法让他长生不老。天资聪颖的孙悟空在祖师传递口诀之后，自修自炼，很快修得"长生不老之术"，其后又通过菩提老祖的口诀学会了七十二般变化和筋斗云。这首长诗蕴涵诸如"龟蛇""金莲""攒簇""五行"的道教术语，而韦利却"出乎意料"地翻译了这首诗歌。① 我们认为，韦利的本意并不是要向英语读者传递深奥难懂的中国道教文化，因为在这首诗的英译中，韦利并没有添加任何注释。韦利之所以将其翻译，有两方面的原因：一是这首诗对孙悟空从"猴性"转为"神性"有着重要的作用，有效突出了他身上的传奇色彩；二是作为孙悟空获取长生不老之术这一"神技"的关键，韦利在译本中保留这首诗也是理所应当的。

在原著第七回"八卦炉中逃大圣　五行山下定心猿"中，孙悟空以一首 12 行韵文的自述诗向无所不知的如来佛祖表明自己的出生来历与精神追求："天地生成灵混仙，花果山中一老猿。水帘洞里为家业，拜友寻师悟太玄。炼就长生多少法，学来变化广无边。因在凡间嫌地窄，立心端要住瑶天。凌霄宝殿非他久，历代人王有分传。<u>强者为尊该让我，英雄只此敢争先</u>。"（吴承恩，2013：47）在韦利译文中，这些诗行全部予以保留。② 通过这首诗，可以看到孙悟空身上闪耀着平等、自由的精神，他有着强烈的追求个性弘扬、思想解放的特质，而孙悟空身上散发出的这种精神与西方文艺复兴以来的追求是完全契合的。同时，他不畏

---

① To spare and tend the vital powers, this and nothing else//Is sum and total of all magic, secret and profane. All is comprised in these three, Spirit, Breath and Soul; guard them closely, screen them well; let there be no leak. Store them within the frame; that is all that can be learnt, and all that can be taught. I would have you mark the tortoise and snake, locked in tight embrace. Locked in tight embrace, the vital powers are strong; even in the midst of fierce flames the Golden Lotus may be planted, the five elements compounded and transposed, and put to new use. When that is done, be which you please, Buddha or Immortal. (Waley, 1942: 24)

② Born of sky and earth, Immortal magically fused, Born of sky and earth, Immortal magically fused, From the Mountain of Flowers and Fruit an old monkey I am. In the cave of the Water-curtain I ply my home-trade; I found a friend and master, who taught me the Great Secret. I made myself perfect in many arts of Immortality, I learned transformations without bound or end. I tired of the narrow scope afforded by the world of man. Nothing could content me but to live in the Green Jade Heaven. Why should Heaven's halls have always one master? In earthly dynasties king succeeds king. The strong to the stronger must yield precedence and place, hero is he alone who vies with powers supreme. (Waley, 1942: 74)

强权、敢于挑战、勇往直前的个人英雄主义精神闪耀出耀眼的光芒，而这正是"二战"时期英国人民最为渴求的英雄品质，这也在一定程度上折射出韦利对英国战胜法西斯德国的心理愿望。

在原著第八回"我佛造经传极乐 观音奉旨上长安"中，观音在途中看到被困囚五行山的孙悟空，不禁心生感叹，作诗一首："堪叹妖猴不奉公，当年狂妄逞英雄。欺心搅乱蟠桃会，大胆私行兜率宫。十万军中无敌手，九重天上有威风。自遭我佛如来困，何日舒伸再显功。"(吴承恩，2013：56)在译文中，韦利将带有贬义意味的"妖猴""狂妄"删除，将上述画线的这两行诗合并为一句，译为"Long ago performed in vain prodigies of valour"(Waley, 1942：83)，经过改写，在译文中观音对孙悟空的不满情绪完全消失，而是转变为对其能力的赞叹(prodigies of valour)与惋惜(in vain)。韦利之所以对上述诗行进行改写，在很大程度上与译者刻意塑造孙悟空英雄形象的目的相吻合。

在第三十九回乌鸡国的故事中，孙悟空在与妖怪的交锋中十分冷静，面对妖怪扮成的假国王，他故意不拜，以此逗引妖怪对师徒四人发怒。此后，妖怪诘难假扮行童的真国王，让他供认自己的真实身份。这时，孙悟空借用一首十韵诗行一步步揭穿"乌鸡国"假国王的真面目："供罪行童年且迈，痴聋痞痪家私坏。祖居原是此间人，五载之前遭破败。天无雨，民干坏，君王黎庶都斋戒。焚香沐浴告天公，万里全无云叆叇。百姓饥荒若倒悬，终南忽降全真怪。呼风唤雨显神通，然后暗将他命害。推下花园水井中，阴侵龙位人难解。幸吾来，功果大，起死回生无挂碍。情愿皈依作行童，与僧同去朝西界。假变君王是道人，道人转是真王代。"(吴承恩，2013：297)这与之前收服小白龙、沙僧时"毛躁、急于表现"的那个孙悟空截然不同，表明出此时他临危不惧、沉稳有度的特点，韦利在译本中也完整地将其翻译。后来孙悟空非常适时地推出了真正的国王，最终他成功地战胜了妖怪，帮助乌鸡国国王复位。而这个诗行也充分表现出孙悟空面对妖魔时路见不平，拔刀相助，善救人于危难，扫除人间不平的侠义行为，这些都是"二战"时期人们最需要的品质。

在译本中大幅度地呈现与孙悟空英雄形象相关的韵文，也是韦利译笔高超的体现，对这些诗歌的翻译与这部译作的主人公"猴"形成了有效的呼应，用别样的方式成功地塑造出一个不断成长，同时散发出英雄主义情怀的孙悟空形象。

第二节　英语世界中国文学教材中的《西游记》研究

在中国文化"走出去"的时代背景下，研究中国文化形象在西方世界的塑造与传播有着现实意义。英语学界的中国文学教材是文学文化研究的重要组成部分，"文学教材（文学史、文学概论、文学选集）的收录和改写是文学作品经典化过程中极为重要的一环，而跨文化的文学教材则在很大程度上决定了外国文学经典的生成方式"（江帆，2011：20-21）。然而这种方式却在很大程度上一直被文化评论者、文学历史编著者、翻译学者所忽略。由于《西游记》在中国古代文学史上所占据的特殊地位，自1901年翟理斯的《中国文学史》问世至今的一百多年时间里，英语学界的中国文学教材可以说始终保持着对《西游记》的关注和评论，再加上极具影响力的韦利译本，这让《西游记》顺利进入英美大学课堂，对推动作品本身在海外传播以及"经典化"有着深远的意义。"高等教育的普及使文学经典化以最有力的形式表现出来。当出版机构与高等教育机构紧密而有力地合作时，经典化就是其最富有表现的典范。"（Lefevere，2007：22）

在"传教士汉学家对《西游记》的译介研究"部分，我们已经就翟理斯对《西游记》的评价做出探讨，即翟理斯对这部小说的认识和了解甚至可以用"简单粗略"来形容。与翟理斯的《中国文学史》相比，本时期英语世界中国文学教材对《西游记》的介绍更为专业、系统。另一方面，胡适在1923年发表《〈西游记〉考证》一文，系统考证了这部小说的作者，认为《西游记》系明代吴承恩所作。此外，胡适对清代评点家们的宗教解读提出质疑："这部《西游记》至多不过是一部很有趣味的滑稽小说，神话小说；他并没有什么微妙的意思，他至多不过有一点爱骂人的玩世主义。"(胡适，1923：51)他的观点被彼时中国文学史集的海外编著者广泛接受。就《西游记》英译来说，韦利的《西游记》译本《猴》一经问世，便深受英语读者喜爱，本时期绝大多数编纂者在使用《西游记》译本材料时选用他的译本。

一、陈受颐《中国文学史述》中的《西游记》

1961 年，美国波莫纳大学(Pomona College)教授陈受颐编写的《中国文学史述》(*Chinese Literature: A Historical Introduction*)由纽约罗纳德出版公司(Ronald Press Company)发行。自翟理斯于 60 年前完成的《中国文学史》问世以后，在长达 60 年的时间里，英语世界未再推出中国文学史著述，陈受颐的这部著作很好地弥补了这一缺憾。林语堂为本书作序时给予了高度评价："在相当长的时间内，这本著作将会保持其英语学界中国文学史权威之作的历史地位。"(Lin，1961：vi)①根据历史时间顺序和体裁的不同，该著作共由 32 个章节组成。在第 25 章"从话本到白话小说"中，作者用大约 4 页的篇幅介绍了《西游记》。陈受颐首先探讨了该小说与《大唐西域记》以及元代吴昌龄《西游记杂剧》的渊源："尽管之前的创作尝试为吴承恩的《西游记》提供了原始素材和故事的框架，但是凭借吴承恩本人无与伦比的文学才华才让这部小说栩栩如生、魅力横生。"(Ch'ên，1961：483-484)紧接着，陈受颐选取胡适《禹鼎志·序》

---

① 夏志清在其《感时忧国》一书中对该著作有极其简短的评价，在他看来，该著作"错误百出，陈老先生不仅粗心大意，而且他对古诗文显然了解也不深。"(夏志清，2015：193)且不论夏志清所言正确与否，笔者认为，作为首位用英语撰写中国文学史的中国学者，该著作的问世实现了中国学者在英语世界言说中国文学的尝试，其开拓意义值得铭记。有关陈受颐的学术贡献，可参见：梁建东. 被遗忘的先驱——陈受颐及其 18 世纪中西文化接触史研究[J]. 深圳大学学报(人文社会科学版)，2015(2).

译文①作为论据，指明吴承恩创作该小说的原因："吴承恩自小就喜爱唐代作家留下的鬼怪奇闻故事，然而他明显对这些用文言文创作的唐代传奇故事感到非常不满。最终，吴承恩决定用白话文创作一部有关鬼怪的长篇小说。"（Ch'ên，1961：483-484）陈受颐对该小说的评价甚高："这部长篇巨制情节生动，叙事节奏较快。小说中的八十一难故事趣味横生，读起来完全没有重复感……读者们一定会手不释卷，读完而后快。"（Ch'ên，1961：486）在论述《西游记》的最后部分，陈受颐选取韦利译本"悟空大闹蟠桃园"的部分段落，用以说明《西游记》作为"幽默小说"的特点。

二、黎明《中国文学史》中的《西游记》

1964年，纽约庄台公司与伦敦卡塞尔出版社（Cassell & Company LTD）同时推出了黎明（Lai Ming）②编写的《中国文学史》（*A History of Chinese Literature*）。该著作同样由林语堂撰写前言，其最大特点是在介绍中国文学体裁时，黎明会首先介绍该类题材在中国文学史上的演变史，继而选取这类题材最具代表性的作品予以介绍，这样做的目的是"用简洁性、知识性、趣味性的文字满足西方读者对中国文学的好奇心"（Lai，1964：1）。编者根据朝代和体裁的划分，将著作分为17章。其中第13章为"明代小说"，作者首先详细介绍了白话小说的起源，其后分别以《三国演义》《水浒传》《西游记》《金瓶梅》为例来介绍历史小说、冒险小说、神话小说和写实自然小说这四类中国古典小说的题材。在探讨《西游记》这部神话小说时，作者受郑振铎《〈西游记〉的演化》一

---

①　胡适在韦利美国版《西游记》英译本序言（Introduction to the American Edition）中将《禹鼎志·序》部分片段译出。（Hu，1943：1）

②　根据回译，我们很容易将其译为"赖明"。笔者曾阅读林太乙所著的《林语堂传》《林家次女》，她曾多次提到黎明这个人物，二者也曾合著《林语堂汉英词典》，并明确标明"黎明"的英语名为Lai Ming。实际上，黎明为林语堂的女婿，林太乙的丈夫。

文的影响，认为吴承恩小说的祖本为《永乐大典》所收录的《西游记》，原因是"《永乐大典》中的残文'魏征梦斩泾河龙'用白话文写成，而经过润色、加工的章节同样出现在了吴承恩的《西游记》中，吴承恩是在该版本的基础上创作的小说《西游记》"（Lai，1964：298）。为证明自己的观点，黎明翻译了这个残存的故事，这也是残文"魏征梦斩泾河龙"首次在英语世界得到翻译。黎明在后文的叙述中也在很大程度上采信胡适《考证》一文的成果，如吴承恩的生卒年、创作《西游记》的时间、《禹鼎志·序》与创作《西游记》的关系。需要指出的是，黎明在翻译《禹鼎志·序》时并没有照搬胡适现成的译文，而是亲自翻译。之后，黎明将《西游记》与《水浒传》这两部小说做对比，认为"《西游记》在情节安排上更加紧凑。原因是唐僧所经历八十一难中遇到的妖怪都各不相同，他们拥有的奇异法术均难以想象，因此此《西游记》比《水浒传》更加引人入胜"（Lai，1964：302）。最后，黎明认为小说中的主角为孙悟空，吴承恩对他的塑造入木三分，让人十分喜爱。接着，作者借用韦利《西游记》译本的第七回"八卦炉中逃大圣 五行山下定心猿"论证孙悟空的形象。在黎明看来，这一回展示出了小说"幽默小说、滑稽小说"的特点，这一认知与胡适的观点是一致的。

三、翟楚与翟文伯《学思文粹》对《西游记》的译介

1965 年，由翟楚（Ch'u Chai）和翟文伯（Winberg Chai）编译的《学思文粹》（*A Treasure of Chinese Literature：A New Prose Anthology Including Fiction and Drama*）由纽约艾普立顿世纪出版公司（Appleton Century）出版。在该选集的前言部分，翟楚与翟文伯开门见山地阐明编译目的——"把中国古典与现代散文文学介绍给那些对中国文学一无所知的读者"（Chai，1965：vii）。编者将全书划分为三个部分，共十二章。《西游记》出现在《学思文粹》第八章第三部分。开篇首先谈论了《西游记》的作者问题，翟楚和翟文伯因袭胡适《考证》的成果，将著作权归属于吴承恩，并直截了当地否定"丘作论"，"由于这部小说由匿名的作者发表，因此

自其问世三百年来，《西游记》被错误地当作元代道士丘处机的作品”（Chai，1965：216）。随后编者继续借用胡适《考证》一文的成果，粗略介绍了《西游记》历代累积的过程，“在唐代传奇、宋代话本、元代吴昌龄杂剧《唐三藏西天取经》，特别是杨致和《西游记传》基础上，吴承恩重写并润饰了师徒取经的经历”（Chai，1965：317）。在粗略概括《西游记》的情节后，翟楚和翟文伯紧接着谈到了这部小说的主题问题，他们认同谢肇淛的“收放心”论，“《西游》曼衍虚诞，而其纵横变化，以猿为心之神，以猪为心之驰，其始之放纵，上天下地，莫能禁制，而归于紧箍一咒，能使心猿驯伏，至死靡他，盖亦求放心之喻，非浪作也”（朱一玄、刘毓忱，2012：315）。在导语的最后部分，编者介绍了选译《西游记》第五十九回“唐三藏路阻火焰山　孙行者一调芭蕉扇”的原因，“这一回展示了孙悟空的神通广大，不仅充满着作者的奇思妙想，而且幽默感十足”（Chai，1965：218）。

四、柳无忌《中国文学概论》中的《西游记》

1966年，印第安纳大学教授柳无忌编写的《中国文学概论》（*An Introduction to Chinese Literature*）由印第安纳大学出版社出版。柳无忌在该著作中的第十六章“无名作家的鸿篇巨著”（Great Novels by Obscure Writers）这一部分中，详细介绍了《西游记》《金瓶梅》《红楼梦》《儒林外史》这四部作品。作者首先对《西游记》的成书特点做出解释，“同《三国演义》和《水浒传》一样，《西游记》的演变进程也充满着复杂、引人入胜的特点。这部小说在成书前经历了一系列口头和书面的演变、进化，吴承恩是这部小说最重要的作者，但不是唯一的，原因在于他是在前人基础上对其进行加工、创作而成”（Liu，1966：229）。而就小说主题来说，柳无忌同样对清代的儒、释、道解读予以批判：“奇怪的是，《西游记》屡次被中国的儒家、道家、佛教点评人用充满寓言性的宗教术语所阐释。诚然，该小说在性质和倾向上有着佛教的色彩。但是如果把它看成对佛教新法的阐释，这如同把它视为宣扬道教长生不老的‘金丹大道’，或者新儒学‘明心见性’的自修寓言一样荒谬可笑。”（Liu，1966：232）

对于该小说的主题思想，柳无忌则赞成胡适的"讽刺说"："如果想要从小说中发现微言大义，也许我们可以把它看成对人性弱点和愚蠢官僚的温和讽刺。"（Liu，1966：233）。最后，柳无忌高度评价了这部作品："《西游记》是一部融合作者无边的想象、富丽多彩的奇幻故事、取之不尽的幽默诙谐于一体的伟大作品，这些特点让《西游记》成为人们最喜欢的作品之一……与《天路历程》《堂吉诃德》这类西方同类作品比起来，《西游记》在创作艺术上要更加摄人心魄、引人入胜、丰富多彩。"（Liu，1966：233-234）

五、夏志清《中国古典小说》中的《西游记》

1968年，哥伦比亚大学出版社出版了夏志清的《中国古典小说》（*The Classical Chinese Novel: A Critical Introduction*），该书系美国东方研究学会编辑的"亚洲研究指南系列丛书"（Companions to Asian Studies）之一，这套丛书包括书目指南、文摘以及向接受通识教育的学生和普通读者介绍亚洲文明不同侧面的概览。在这部颇具影响力的著作中，夏志清主要探讨了《三国演义》《水浒传》《西游记》《金瓶梅》《儒林外史》《红楼梦》这六部中国古典小说。在本著作的第四章，作者对《西游记》进行了详细的探讨。夏志清对《西游记》有着很高的评价："《西游记》是一部建立在现实洞察力和哲理智慧上的讽刺性奇幻作品，它所蕴涵的艺术特点很容易让我们联想到《堂吉诃德》，这两部作品在中国和欧洲小说发展史上均占有着重要的地位。"（Hsia，1968：116）紧接着，夏志清就这部小说的作者问题展开论述，1964年，英国汉学家杜德桥在《新亚学报》上发表《〈西游记〉祖本的再商榷》一文，质疑了"吴承恩作者论"的观点。夏志清则认为："如果想要提出另一个更加令人信服的《西游记》作者候选人，这几乎是不可能的，原因在于所有间接的证据表明：吴承恩具备创作《西游记》所必需的闲暇时光、动机和才情。"（Hsia，1968：116）可见，夏志清更加认可胡适考证的成果，即认为吴承恩为《西游记》的作者。其次，就是师徒的形象问题。就唐僧来说，夏志清认为吴承恩在小说中展示了他的三个形象：一是西天取经中，他是一个哪怕有一点不便也会感到不安的普通凡人；二是他易怒而无聊，看不到自己作为领导人的缺点，并且一味偏袒最懒惰的猪八戒；三是他虚守佛教形式、自视圣洁，尽管装模作样地坚持素食主义、不近女色，实际上他并没有这种诚意。小说中的唐僧不会让我们联想到历史上玄奘身上的豪勇之气。（Hsia，1968：126）而就孙悟空来说，夏志清认为他多次警诫精神盲从的唐僧，因而"理所应当地是小说中真正的主角"（Hsia，1968：130）在孙悟空的来源问题上，夏志清指出，无论《罗摩衍那》中的哈奴曼对塑造孙悟空这个形象作出过贡献与否，"孙悟空的足智多谋、武艺超群以及他身上那些天赋神力无疑受到了印度、阿拉伯，以及波斯文学的影响"（Hsia，1968：132）。对猪八戒来讲，夏志清认为"他是吴承恩所创造的最优秀的喜剧形象，象征着缺乏宗教理想和抱负的粗俗的纵欲生活爱好者"（Hsia，1968：149）。

六、白之《中国文学选集》中的《西游记》

自20世纪下半叶以来，美国汉学界先后出版了多个中国文学的英译选集，力图以文选的形式展现中国古典文学的面貌，为英语读者了解中国古典文学提供直接的门径。所谓"文学编译"（literary anthologies of translation），即文学选集的编纂与翻译，指编选者出于特定的意图，通过选编、重排、翻译的方式在某一确定的范围内选择相应的作品，将其编译而成的文学作品合集。（Baker & Saldanha，2004：13-16）20世纪60年代，时任加州大学伯克利分校东方语言学系主任的白之教授于1965年编选了《中国文学选集：从早期至14世纪》（*Anthology of Chinese Literature：From Early Times to the Fourteenth Century*）英译选集。之后白之再接再厉，于1972年编选了《中国文学选集：从14世纪至今》（*Anthology of Chinese Literature：From the Fourteenth century to the Present Day*），该选集涵盖元曲、明代传奇、明清小说、清代诗歌、现代小说等多种文学题材。其中，由白之（Cyril Birch）和夏志清合作翻译的《西游记》第二十三回"三藏不忘本 四圣试禅心"（"The Temptation of Saint Pigsy"）被收录在该选集的"明代部分"。白之这样评论《西游记》："吴承恩所创作的这部充满寓言性的传奇让《天路历程》黯然失色。他在小说中对幽默的使用几乎无处不在。"(Birch，1972：67)至于两位译者选取"四圣试禅心"这一情节的原因，他们给出的理由如下："吴承恩的《西游记》通过韦利非常确切的译名《猴》为西方读者所熟悉，我们特此选译了没有被韦利译本所包含的章节。"(Birch，1972：67)值得一提的是，夏志清与白之保留了韦利对师徒四人的译名，如"唐僧"(Tripitaka)、孙悟空(Monkey)、猪八戒(Pigsy)、沙僧(Sandy)，这就使译文与韦利的《猴》实现了契合。需要指出的是，夏志清与白之为保持原著的特色，将原著这一章节出现的所有韵文原原本本地翻译了出来，这一点与韦利译本大量删减原著诗词的做法并不相同。

第三节 作为儿童文学与幽默小说的《西游记》英译本

汪象旭在《西游证道书》中曾这样评价该小说前七回故事："一部《西游》一百回，到'五行山下定心猿'，才是第七回耳。然此处乃心猿一小歇脚，譬如演戏者，演完一段，场中锣鼓自应暂停。"(吴承恩，2008：49)小说《西游记》是以历史上玄奘取经为题材演绎的文学作品，但是在该小说的前七回中，作者详尽描述了孙悟空从出世到被如来佛祖压在五行山下的传奇经历，这些情节包括"猴王初问世""拜师学神通""官封弼马温""大圣闹天宫""被压五行山"。而在前七回的描写中，作者只字不提玄奘，似乎二者完全没有联系。实际上，诚如汪象旭所言，作者对这部小说前七回的描写是拉开西天取经大幕前的开场锣鼓，为玄奘的上场做好了充分的铺垫。① 在胡适《〈西游记〉考证》中，胡适认为

---

① "齐天大圣传"在艺术写作手法上与《水浒传》颇有异曲同工之处。《水浒传》以"逼上梁山"为主题，再以若干回集中描写某一人物被"逼上梁山"的过程，如描写武松被"逼上梁山"的章节被称作"武十回"。山东电视台曾于20世纪80年代初拍摄《水浒传》，当时风靡一时。该剧以人物为线索，最早拍摄的是《武松》，后来陆续拍摄了《鲁智深》《林冲》《晁盖》《宋江》《李逵》《顾大嫂》等系列剧。这些人物剧在全国播出后受到了广泛的好评，之后山东电视台又重新剪辑，并按照原著的顺序重新排过了播放次序，由此而产生了至今仍被奉为经典的山东版《水浒》(共40集)。

这部小说可以分为三个部分。其中，从小说的第一回至第七回为第一部分——"齐天大圣的传"，在胡适看来，这一部分不仅"是世间最有价值的一篇神话文学"（胡适，1923：39），而且"这七回才好处全在他的滑稽"（胡适，1923：41）。即：

> 正如英文的《阿梨思梦游奇境记》（*Alice in Wonderland*）虽然含有很有意味的哲学，仍旧是一部极滑稽的童话小说（此书已由我的朋友赵元任先生译出，由商务出版）。现在有许多人研究儿童文学，我很郑重的向他们推荐这七回天宫革命的失败英雄"齐天大圣传"。（胡适，1923：41）

胡适的看法在很大程度上影响了韦利以及后来众多的《西游记》译者，他们在选取原著章节翻译时，《西游记》的前七回成为他们乐于选择翻译（改编的章节。1943 年，韦利的《猴王历险记》（*The Adventures of Monkey*）由庄台公司发行。出版商这样介绍《猴王历险记》："这部作品为《西游记》的开篇部分（前七回），中国人一向将其视为儿童文学的经典之作。"可以说，《猴王历险记》是《西游记》在英语世界作为"儿童文学"的滥觞之作。

1944 年，庄台公司出版了由林善德（Lim Sian-tek）[①]编译的《中国民

----

① Lim Sian-tek 曾在《中国评论周报》（*The China Critic*）署汉语名字林善德。斯诺在导言中这样介绍 Lim Sian-tek："他与林语堂均是中国福建人，是一位非常出名的青年作家。和林语堂一样，他喜欢古典与当代的事物。他也曾在一家当代报刊做过好几年的编辑工作，但是如今他十分热衷中国古典文学与艺术的研究与收藏，十年来他一直孜孜不倦地从浩如烟海的古籍和手稿中披沙简金，如今总算得偿所愿。"（Snow, 1944: 9）笔者曾尝试查证出林善德（以及 Lim Sian-tek）的个人信息，然而关于此人的资料却十分稀少。就笔者目力所及，《中国评论周报》（*The China Critic*）、《亚洲》（*Asia*）杂志也曾刊发过 Lim Sian-tek 关于中国民间故事的英译文；智利 Pressenza 国际通讯社马尼拉分社曾于 2022 年 6 月 22 日发表《四重奏：怀念一位中国人》（"Quartet：Remembering the China Man"）的文章，该文在注释中指明："Lim Sian-tek 是位学者型作家，他从中国福建省移居菲律宾，他曾是中国一家报刊的编辑，也是《中国民间故事》《中国民间故事续编》的作者。"通过上述线索，（转下页）

间故事》(*Folk Tales from China*)②，该作品由埃德加·斯诺(Edgar Snow)撰写导言，威廉·阿瑟·史密斯(William Arthur Smith)绘制插图，译者撰写"著者注"(Author's Note)。该书是著者耗时10年(1930—1940年)之久编译而成(Lim, 1944：9)，其主要目的是"希望将古代中国的传说、神话、历史讲述给西方世界的孩童以及他们的父母"(Lim, 1944：10)。这些民间故事多取自《搜神记》《列仙传》《封神演义》《聊斋志异》以及由林兰③搜集的现代民间故事集。其中，《西游记》中的故事有一篇，即《石猴历险记》("The Adventures of the Stone-Ape")，该故事用流畅易懂的语言大致复述了《西游记》前七回的部分情节，如"乱蟠桃大圣偷丹""五行山下定心猿"。该译本出版后，在英语世界产生了较大的影响，1944年6月18日《纽约时报》专栏"青年读者推荐书目"(Books for Younger Readers)就将该书列入其中。

1944年，根据《西游记》开篇部分翻译改编的《魔猴》(*The Magic Monkey*)由隶属于纽约麦克格罗-希尔书局(McGraw-Hill Book Company)

(接上页)笔者认为 Lim Sian-tek 很可能是林语堂六弟林幽所用的笔名。理由如下：首先，从1922年开始，林幽在《晨报》《语丝》《论语》等杂志上发表散文、小说、戏剧等作品，符合斯诺所说的作家身份。其次，林幽曾在《中国评论周报》担任编辑，而且自主开设英文专栏，撰写大量的英文论著，这说明林幽有着极强的英语撰写能力，因此日后出版英语著作并非难事，此外，他的工作也符合斯诺所说的编辑身份。再次，在1926年林语堂任教厦门大学后，林幽也随之在此工作，并与顾颉刚、孙伏园共同发起成立"厦门大学国学研究院风俗调查会"，并撰写《风俗调查计划书》等文章，这与他对民间文学的兴趣非常契合。最后，林幽于1937年12月因日本侵华被迫离开上海，经由香港去往菲律宾马尼拉，自此再无其归国的消息，这符合"移居菲律宾"的说法。有关林幽的生平介绍，具体可参照：黄芳. 发现林幽——兼论林语堂及"林家铺子"[J]. 新文学史料, 2019(1)：102-108.

② 关于《中国民间故事》选译《西游记》这一信息，笔者是从孔夫子旧书网"三柜书屋"看到的，在撰写、修订博士论文时，笔者从孔夫子旧书网受益匪浅，特此致谢。

③ 从20世纪20年代中期至40年代，以"林兰女士"名义编纂出版《民间故事》有着较大的影响，它不仅使搜集、整理民间故事成为当时的潮流，更有力推动了民间文学学科的发展。实际上，中国现代民间文学史上的"林兰女士"，"是一个编辑群体，包括李小峰、赵景深与李小峰夫人蔡漱六等人"(高有鹏, 2013：79)。

的惠特雷斯书屋（*Whittlesey House*）发行。该作品由Plato Chan①绘图、他的姐姐 Christina Chan 翻译，著名戏剧家、画家卡尔·格里克（Carl Glick）作序、润色。该译本属于典型的儿童文学作品，即语言相对简单，适合儿童阅读，并且配有 Plato Chan 所绘的 24 幅插图，这对提高英美国家儿童的阅读兴趣大有裨益。

1946 年，著名作家、翻译家高克毅（George Kao）编辑的《中国幽默文选》（*Chinese Wit and Humor*）由纽约柯沃德-麦肯公司（Coward-McCann, Inc.）出版。该译作由林语堂作序，包含《论语》、《孟子》、《庄子》、《列子》、《红楼梦》、《西游记》、《金瓶梅》、《水浒传》、《儒林外史》、鲁迅小说、老舍小说等作品的选译。其中，《西游记》的前七回被收录到本译作中，由著名翻译家王际真翻译。在高克毅所作的导读部分，他这样"定位"这部小说的性质："如果不包含孙悟空的故事，称为中国幽默选集的书目会有名不副实之感。这部作品所包含的幽默成分总会让中国人捧腹大笑。"（Kao，1946：98）而之所以选取前七回的内容，高克毅给出的理由是："该部分相对简短，而且读者更容易了解这些蕴涵幽默的情节。"（Kao，1946：98）王际真将这七回的章节回目分别翻译为"石猴称王"（The Stone Monkey, Its Birth and Origin）、"寻师求仙"（The Monkey King Goes in Search of Immortality）、"复仇混世魔王"（The

---

①　国内学界通常将 Plato Chan 和 Christina Chan 分别视作陈智诚和陈智龙的英语名字，然而经过多方搜寻，笔者并未查到他们汉语名字的准确信息。根据卡尔·格里克在《魔猴》序言中的介绍和笔者掌握的资料，Plato Chan 和 Christina Chan 均为中国人，他们的父亲陈日光曾担任国民政府外交官的职务，舅舅冯执正（C. T. Feng）是民国时期著名外交家，曾担任中国驻印度加尔各答总领事、驻美国旧金山总领事。Plato Chan 自小就在绘画方面有着极高的天赋。1938 年，他的作品就在伦敦库零艺术展览馆（Cooling Gallery）展览，并受到广泛的好评，那时他只有 8 岁。1943 年，他与母亲冯执毅合作，将中国一则民间故事改编成英语《幸运的马儿》（*Good-Luck Horse*）出版。从这些信息来看，学界将作为姐姐的 Christina Chan 回译成陈智龙，从国人的取名习惯来看，似乎不太确切。故本书没有遵从国内惯，将他们当作陈智诚和陈智龙的英语名字。具体信息请参见：Gill, Brendan. Symposim [J]. *The New Yorker*, 1943-10-22. 以及 Obituary：Christina Chan Wu（1928-2021）[J]. *Ithaca Journal*, 2021-10-29.

Monkey King Avenges the Wrongs to His Subjects)、"大闹阎罗殿" (Monkey Sun Terrorizes the Oceans and Hell)、"官封弼马温"(Monkey Sun Spurns Curator-ship of Horses)、"齐天大圣"(The Great Sage, Equal of Heaven)、"被压五行山"(Monkey Sun Meets His Conqueror)。王际真最大限度地传达原文的流畅,将散布原著前七回的诗词全部删掉,以此减轻读者的阅读负担。

第四节　林语堂著述中的《西游记》

20 世纪 30 至 40 年代,在向西方"阐述中国"方面,林语堂可以说发挥了举足轻重的作用,并通过他的著述在很大程度上改变了以往西方对中国的负面形象认知。凭借其影响力,他在作品中屡次提及《西游记》,这无疑促进了这部小说在英语世界的传播。1935 年,林语堂的《吾国与吾民》(My Country and My People)由庄台公司出版,在该作品第一章"中国人"(The Chinese People)第五部分"年轻的种族"(Racial Youth)中,林语堂第一次提到了《西游记》。他在论述中国文学发展史时指出:"具备史诗性质与离奇特征的长篇小说出现时间较晚,比如直到 14 世纪,《水浒传》《西游记》这类小说才得以正式成形。"(Lin, 1935:41)而在第七章"文学生活"第十一部分"小说"中,林语堂将《西游记》归为"神怪小说"的范畴,他首先解释了"神怪小说"的概念:"神怪小说也叫奇幻小说,这类题材涉及妖魔、神仙的斗法,包罗了传统民间故事的很大一部分,它们与中国人的心灵非常接近。"值得一提的是,由于林语堂从小浸染于基督教文化,他用西方读者所熟悉的"基督视角"解读孙悟空与猪八戒,这值得完整翻译:

　　　　孙悟空自然是该小说最为可爱、最讨人喜欢的角色,他代表了人类精神中最顽皮的那一部分,永远在做着一些不可能做到的事情。他吃了天堂里的蟠桃,这如同夏娃吃了伊甸园的苹果一样;后来他又像普罗米修斯那样被压在五指山下达 500 年。之后玄奘恰巧路过，将他解救出来。他需要和玄奘一同前往西天取经，并担负与各种妖魔鬼怪作战的任务，以期将功折罪。但他恶作剧般的性格在西天取经路上并没有消失。这个人物的成长过程，正好代表着不甘约束的人类精神与神圣的行为规范之间的冲突。他头戴着金箍，每当他行为越轨违反戒条时，玄奘就可以念紧箍咒，铁箍就会缩紧，使他的脑袋疼痛难忍，几欲爆裂。而猪八戒则代表人类的动物欲望，但这种欲望在宗教的旅程中逐渐得到遏制，得到净化。（Lin，1935：276-277）

《吾国与吾民》在美国一炮打响，好评如潮。受《吾国与吾民》大获成功的激励，林语堂的《生活的艺术》(*The Importance of Living*) 于 1937年 12 月出版，"如果说《吾国与吾民》是林语堂在美国的成名作，那《生活的艺术》不仅使林语堂成了美国普通百姓家喻户晓的名字，而且也奠定了他在美国知识界的尊崇地位"（钱锁桥，2019：206）。在该著作第三章"我们的动物性遗产"(Our Animal Heritage) 中第一部分"孙猴子史诗"(The Monkey Epic) 中，林语堂以孙悟空的个性为焦点，探讨了孙悟空与人类的共性。为论证自己的观点，林语堂用述译的方式介绍了孙悟空大闹蟠桃会、与如来佛祖打赌失败、被压在五行山下的情节，最后得出以下结论："我们人类永远像孙悟空一样在做叛逆的行为，我们没有和平、谦逊，一直到观音菩萨从天上洒下花枝，把我们制服了才止。我们直需等到科学把宇宙间的一切界限探索出来后，才会得到真正谦卑的教训……尽管人类像孙悟空一样有很多缺点，我们仍必须爱人类。"（Lin，1937：35-36）

由于林语堂在当时的影响力很大，以至于 1943 年韦利的《西游记》英译本在美国出版时，庄台出版社专门将林语堂对《西游记》的评价印于该版本书衣后："孙悟空不仅是这部小说的主角，而且是最具创造性的形象。他在中国妇孺皆知，为所有国人所喜爱。他在中国受欢迎的程度就相当于米老鼠被每个西方人所喜爱那样。"最后，林语堂还将《生活的艺术》中对孙悟空的认知延续到此："读《西游记》时，我总会想到我读的是关于人类精神的寓言。"

第五节 本 章 小 结

韦利因对《西游记》原著诗词的"大肆"删减而饱受诟病，但是从《西游记》在西方的传播史角度来看，这部译作作出了不可磨灭的贡献。正是通过韦利的译作使英语世界的读者对《西游记》中的诗词有了一定程度的了解和认知，为他们日后接受余国藩和詹纳尔(W. J. F. Jenner)的两个《西游记》全译本做好了铺垫。在特定的历史语境下，《猴》在英国乃至西方世界产生了巨大的影响，对韦利大量删减原著诗词的行为，我们应该以今人的眼光看待，给予译者理解。而就这一时期英语世界的中国文学教材来说，这些编著者大多采用胡适对这部小说的解读以及韦利译本的片段作为依据，《西游记》的文学价值不仅得到承认，韦利译本的权威性也在最大程度上得到凸显，这一切都为余国藩《西游记》全译本的诞生做好了铺垫。

第五章　当代《西游记》英译的学术转向
——以余国藩译本为中心①

　　1822 年英国传教士马礼逊在其编纂的《华英字典》中收录并翻译了《西游记》中的部分谚语、成语，从而为这部小说在英语世界的传播撒下了英译的种子。此后，这部小说便一直受到译者、学者们的关注，在英语世界涌现出众多英译文。其中，以李提摩太的《天国之行：一部伟大的中国史诗和寓言》、海伦·海耶斯的《佛教徒的天路历程》、阿瑟·韦利的《猴》以及余国藩的《西游记》(*The Journey to the West*)这些英译本最具代表性。就影响力来说，阿瑟·韦利于 1942 年出版的节译本长久风靡西方世界。然而，随着汉学界对中国文学研究的不断深入和实际需要，这部只保留了原著三十回的译本越发不能满足专业人士的阅读和研究需求。在这一背景下，从 1977 年至 1983 年，华裔学者余国藩的《西游记》全译本分四卷由芝加哥大学出版社 (The University of Chicago Press) 先后出版。在众多《西游记》英译者中，余国藩的身份最为特殊。他不仅是这部小说的译者，更重要的是，余国藩对这部小说的学术研究也有着极高的造诣。因此，与其他《西游记》英译本相比，他的译本呈现出典型的学术型风格，这在译本导言、具体翻译策略上体现得淋漓尽致。1977 年，余国藩《西游记》英译本第一卷出版，在译文之前，译者撰写了一篇长达 62 页的导言。在导言中，余国藩分别就这部小说的历史源流、版本沿革、作者问题、主题思想等方面予以详细的介绍。需要指出的是，早在 1923 年，胡适在其《〈西游记〉考证》一文中已就上述问

---

① 本章部分内容已发表于《外语学刊》2024 年第 3 期。

题作出讨论。此后，随着更多《西游记》新材料的发现和愈来愈多东西方学者加入这部小说的研究阵营，有关这部小说的最新研究成果不断涌现，这让胡适在《〈西游记〉考证》一文中所得出的结论不断受到质疑。从某种程度上说，这部译作可谓当时这部小说学术史研究下应运而生的产物。当前，学界对这个译本的研究以翻译策略、语料库研究的讨论为主，如洪涛（2010）、李瑞（2014）、荣立宇（2017）、Feng（Robin）Wang和Philippe Humblé（2020）以及朱明胜和顾香（2021）等，他们的研究对英语翻译实践和《西游记》英译研究有着很大的学术价值和方法论意义，然而鲜有学者探究译本产生的历史语境以及余国藩的《西游记》学术研究、翻译理念对其翻译策略的影响。鉴于此，本部分将力图解答上述这几个问题。

第一节 余国藩其人介绍[①]

余国藩于1938年10月出生于香港。其祖父余芸1914年考入牛津大学默顿学院，为最早的中国留学生之一，毕业后被港英当局委任为"高级视学官"（senior school inspector），并曾兼任官立男子汉文师范学堂校长。"余先生出生时，余家已经两代都精通英语，余先生从孩提时就应经具备双语能力。在他祖父的监护下，余先生从祖父那里接受了密集的中国古典诗歌的训练。"（王岗，2015：16）1941年12月8日，日军主力在炮兵、空军、海军的配合下，向香港发起了猛烈进攻。为躲避日军的轰炸，余国藩全家被迫逃往内地避难。为转移其对战争的恐惧感，

---

① 有关余国藩的个人介绍，笔者参照材料主要来源于：a. Allen, Susie. Anthony C. Yu, Translator and Scholar of Religion and Literature，余国藩去世讣告。b.《〈红楼梦〉、〈西游记〉与其他——余国藩论学文选》中的"作者序"。c. 王岗. 余国藩（1938—2015）先生的学术成就与学术理念[J]. 世界宗教研究，2015（4）：16-33. d. 陈怡真.《西游记》西游——访余国藩谈《西游记》英译[N]. 中国时报·人间副刊，1977-02-16，1977-02-17.

爷爷开始向他讲述中国古典小说《西游记》的故事，余国藩曾回忆道："我为里面的这些故事达到了如痴如醉的程度，不论我们在防空洞躲避危险时，还是在躲避灾祸的逃亡路中，我总是缠着爷爷让他给我讲述里面的故事。"①在台湾读完高中之后，1956 年，未满 18 周岁的余国藩只身远渡重洋，赴美求学。在海上航行足足三周之后，余国藩搭乘的商船终于抵达旧金山。之后他入读位于纽约的赫顿学院（Houghton College），在这所规模不大的院校中，余国藩主修历史和英国语言文学。大学毕业后，余国藩又转向加州帕萨迪纳的富勒神学院（Fuller Theological Seminary）学习，三年后转入芝加哥大学神学院，并在 1969 年获得博士学位并留校任教。在其本科和研究生阶段，余国藩学习了法语、德语、古希腊语和希伯来语，并自修意大利语。加之他在高中阶段所习得的拉丁文和西班牙文，余国藩广博的学识让人叹服。余国藩之所以立志学习西方语言，与他的个人经历有着很大的关系。在 1956 年搭乘香港商船横跨太平洋之际，余国藩碰巧在船上捡到载有报道美国的中国学专家费正清（John Fairbank）的《时代周刊》，他对中国语言和材料驾轻就熟的能力给余国藩印象非常深刻，这让他在当时反躬自问："很想知道自己能否从反方向来从事研究——也就是精通西方的人文学科——和这位年轻教授一较长短，甚至超越之。"（余国藩，2006：2）这次"仓促立志"对余国藩影响深远，因为他日后的思想和专业发展都源于这次经历。从1956 年至 1969 年获得博士学位这段时间，余国藩的学习重心都放在西方语言、文学、哲学和宗教的研究上。除却他的中国文学研究以外，余国藩曾刊行过多篇论文和专著，涉及欧洲上古史诗、悲剧和现代英美文学研究等领域。林语堂的名言"两脚踏东西文化，一心评宇宙文章"，可以说正是余国藩本人的真实写照。夏志清曾如此评论余国藩："三四十岁的旅美学人间，若论博学，当推余国藩为第一人。"（夏志清，1979：339）

---

① Allen, Susie. Anthony C. Yu, Translator and Scholar of Religion and Literature, 1938-2015. (2015-05-18) [2022-03-10]. https://news.uchicago.edu/story/anthony-c-yu-translator-and-scholar-religion-and-literature-1938-2015.

第二节 "全译时代"与译者素养：余国藩《西游记》全译本诞生的原因探析

余国藩的《西游记》全译本之所以会在特定时间出现，不仅与当时的历史语境有着莫大的关系，译者本身所具备的素养、强烈的翻译动机也使他成为这部小说的"不二人选"。现分开详述。

一、"全译时代"历史背景下余国藩《西游记》英译本的诞生

20 世纪 50 至 60 年代，"美国对东方文明产生了浓厚的兴趣，尤其是中国诗歌与小说这两个体裁。然而，由于缺少这一领域最前沿、最全面的研究资料，这在一定程度上阻碍了他们对中国文学的阅读兴趣"（Ch'ên，1961：vii）。而到 20 世纪 60 年代左右，相关研究机构数量激增。"在十年之内，能够颁授东亚语言和研究专业学位的大学迅速增加到 70 年代初的 106 所。"（于子桥等，2001：136）从这一时期开始，亚洲研究在美国高等教育中已占有一席之地，此时的学者们开始深入探讨中国文学或者作品的背景信息、社会意义，试图从深层次发掘作品中的人文信息和史学内涵，这让美国的汉学研究从广度、深度、研究成果方面都呈现出耳目一新的面貌。另一方面，"二战"结束后，一些著名的英国汉学家离开本土，来到美国继续从事汉学研究，其中包括修中诚（F. R. Hughes）、白之、韩南（Patrick Hanan）等学者。这标志着英语世界的汉学研究中心在"二战"结束后逐渐由欧洲转移到了美国，他们一流的汉学研究水平为美国高校比较文学和汉学研究提供了坚实的保障。这些学习东亚语言的专业读者不仅仅以欣赏、阅读中国文学为目的，他们需要专业、准确、系统的中国文学教材、译本作为他们学术探索的指引者，这些专业读者的阅读期待和需求是推动"全译时代"到来的重要

因素之一。夏志清在《中国古典文学：作为传统文化产物在今天的接受》（"Classical Chinese Literature：Its Reception Today as a Product of Traditional Culture"）一文中曾指出，20世纪70年代，《红楼梦》（第一卷，霍克斯（David Hawkes）翻译）、英语世界第一部较为完整的中国古典诗歌选集《葵晔集》（柳无忌与罗郁正合编）、《世说新语》（马瑞志（Richard B. Mather）翻译）、《西厢记诸宫调》（全译本，陈莉莉翻译）、《西游记》（第一卷，余国藩翻译）先后问世，这一时期被称为中国文学的"全译时代"（the age of total translation）（Hsia, 2004：10）。就《西游记》的英译本来说，无论只是"《西游记》的一个轮廓"（Lin, 1935：276）的李提摩太译本，还是"删繁就简"（胡淳艳, 2013：243）的海伦·海耶斯译本，抑或"妙趣横生"，但只有不到原著三分之一内容的阿瑟·韦利译本，均不能满足专业读者的阅读要求。余国藩集汉学家、《西游记》研究专家、宗教学家于一身，正是"全译时代"背景下《西游记》最合适的译者。

二、译者素养与英译《西游记》的翻译目的分析

在余国藩留美期间，他的学习重心都放在西方语言、文学、哲学和宗教的研究上，曾刊发过多篇论文，涉及欧洲上古史诗、悲剧和现代英美文学研究等领域，这包括《弥尔顿的史诗创作动机：论〈失乐园〉诗学神义论的形成》（"Milton's Epic Motives：On the Formative Principles of *Paradise Lost* as Poetic Theodicy", 1969）、《新神与旧秩序：〈被束缚的普罗米修斯〉中的悲剧神学观》（"New Gods and Old Order：Tragic Theology in the *Prometheus Bound*", 1971）等作品。1970年，余国藩在芝加哥大学日本籍教授北川光雄（Joseph Mitsuo Kitagawa）、顾立雅（Herrlee Creel）等人的鼓励下，开始动笔翻译并撰写《西游记》的相关研究论文。1972年，他的论文《英雄诗与英雄行：论〈西游记〉的史诗向度》（"Heroic Verse and Heroic Mission：Dimensions of the Epic in the *Hsi-yu chi*"）在《亚洲研究杂志》（*The Journal of Asian Studies*）上发表，这是

他撰写的第一篇《西游记》研究论文。此后，他相继发表了《〈西游记〉的叙事结构与第九回的问题》（“Chapter Nine and Problem of Narrative Structure in the *Hsi-yu-chi*”，1975）、《宗教与中国文学——论〈西游记〉的“玄道”》（“Religion and Literature in China：The ‘Obscure Way’ of *The Journey to the West*”，1987）等研究论文。此外，余国藩对《红楼梦》、中国诗词等方面也有专门的研究，如他对《红楼梦》研究的力作《重读石头记：〈红楼梦〉里的情欲和虚构》（*Rereading the Stone：Desire and the Making of Fiction in Dream of the Red Chamber*）于 1997 年由普林斯顿大学出版社（Princeton University Press）出版；余国藩翻译的 9 首袁枚诗歌被罗郁正和威廉·舒尔茨（William Schultz）收入中国清代诗歌选集《待麟集》（*Waiting for the Unicorn：Poems and Lyrics of China's Last Dynasty*，1986）等。从上述介绍中我们不仅可以看到余国藩的博学多才，而且随着《西游记》学术史“转型时期”的到来，他的宗教知识与专业素养在很大程度上让他成为当代《西游记》英译的“不二人选”。

余国藩之所以耗费 13 年去翻译这部小说，与他强烈的翻译动机有着直接关系。这在 2006 年他的《西游记》英译删节本《猴与僧》（*The Monkey and the Monk*）序言中有明确的说明：

> 首先，阿瑟·韦利的译本尽管深受读者欢迎，然而这个删减本却扭曲了原著的精神，因此须以修正。其次，胡适曾为韦利译本撰写了一篇深有影响的序言，断言“《西游记》并没有和尚、道士、儒生们所点评的寓言意义，它不过是一部趣味横生、充满着善意的讽刺、深刻的调侃、用来消遣的小说”（Hu，1943：5）。我在孩童时代便阅读了这部精彩的作品，和蔼的祖父对我的指导不乏技巧，而他正是使用《西游记》作为课本来教我读书识字。那段学习经历让我深信这部小说是世界上最精妙的宗教寓言故事。之后我耗费十三年时间研读、翻译此书，又在芝加哥大学等地专门为学生讲授这部作品。在这一过程中，我欣喜见证了学界对该作品的学术研究与阐

释的新转折。东西方学者通力合作的研究结果已证明，小说的宗教成分不仅对于该作品的认知和成形至关重要，而这些宗教内容与"趣味横生、充满着善意的讽刺、深刻的调侃、用来消遣的小说"性质并不冲突。（Yu，2006：xiii-xiv）

可以说，《西游记》英译是余国藩穷十余年之力取得的硕果，其宗教文学出身的深厚学术背景，让"他对宗教与文学的相互关联性表现出异常的敏锐度"（Wang & Xu，2016：113）。在余国藩看来，这部小说"儒、释、道三教并陈，作者大量撷取所需的教义，其蕴涵的丰富宗教意义使它矗立于中国小说之林"（Yu，2009：184）。这个观点与民国学者胡适、鲁迅、郑振铎对《西游记》的"去宗教化"解读大相径庭。[①] 而与其他《西游记》译本相较[②]，余国藩译本的最大特色体现在他对小说中道教元素的挖掘上，通过导言介绍、译文中通过异化与添加注释的策略，将自己的研究成果完美地融汇在译本中，尽最大努力还原原著中蕴涵的道教色彩。

[①] 胡适对清代评点家对《西游记》儒、释、道的评点已见上文。鲁迅、郑振铎对《西游记》的看法与胡适的观点如出一辙，鲁迅认为："然作者虽儒生，此书实出于游戏，亦非语道，故全书仅偶见五行生克之常谈，尤未学佛，故末回至有荒唐无稽之经目……"（鲁迅，1927：185）郑振铎也指出："那些真诠、新说、原旨、正旨以及证道书等以易、以大学、以仙道来解释西游记的书都是戴上了一副着色眼镜，在大白天说梦话的。"（郑振铎，1957：263）

[②] 在李提摩太《西游记》英译本序言第10部分"源自天国的圣书列表"中，李提摩太表达了对道教的看法。李提摩太对道教的评价很低，这种观点在很大程度上导致他在译本中对道教成分"视而不见"。就海伦·海耶斯的译本来说，译者将这部小说视为"玄奘印度之行的精神寓言"（Hayes，1930：19），因此有意突出原著的佛教色彩。译者同样对原著中大量的道教成分选择了忽略。在阿瑟·韦利的译本中，尽管译者承认这部小说中蕴涵着宗教成分，然而在他看来，其实际目的却是以神仙世界为载体对人世间政府进行讽刺与批判。因此，他将原著所蕴涵的浓厚宗教成分（包括道教）删除殆尽。

第三节　余国藩的《西游记》学术研究探析

从某种程度上说，余国藩的《西游记》翻译可谓当时这部小说学术史研究下应运而生的产物，他不仅是《西游记》的译者，而且在《西游记》研究上能够利用最优秀的学术成果，并能提出自己卓然、令人信服的观点，现分开详述：

一、余国藩对《西游记》的底本选择以及对小说第九回的认识

余国藩的《西游记》英译本以 1954 年作家出版社《西游记》为底本，该版本以世德堂本为基础，再辅以六部清代版本会校而成。① 在余国藩看来，"从篇幅和内容角度上来说，世德堂本远胜之前的西游戏曲和故事。再者，作者对小说结构的处理也是登峰造极，他将不同的材料缜密地组织起来，呈现给读者一部气魄不凡的皇皇巨著。这主要表现在作者在有关小说情节和故事发展的某些细节处理上，他的布局周密，写作计划深思熟虑，显示出作者高超的创作技巧"（Yu, 1977：15）。

他认为全书的结构可以分为五个部分：

第一部分为第一回至第七回。主要溯源孙悟空的出身；他在菩

---

① 1954 年作家出版社"西游记"的"出版说明"这样写道："本书是根据北京图书馆所藏就明刊本金陵世德堂《新刻出像官板大字西游记》摄影的胶卷，并参考清代六种刻本，加以必要的校订和增补而重印的。这六部清代版本《西游记》为《西游真诠》（清康熙丙子原刻本）、《西游证道书》（坊刻本）、《新说西游记》（清乾隆十四年书业公本和其有堂本）、《西游原旨》（清嘉庆十五年护国庵版）、《通易西游正旨》（清道光乙亥德馨堂本）、《西游记评注》（含晶子评注本）。"参见：吴承恩．西游记[M]．北京：作家出版社，1954：出版说明 1. 需要特别指出的是，根据学者欧阳健的研究，作家出版社《西游记》并非以世德堂本为底本整理，而是汪原放"句读"的亚东本的翻印本。具体请参见：欧阳健．"人文本"《西游记》袭自亚东本辨[J]．荆楚学刊，2021（1）：13-23, 39.

提老祖门下习得长生不老和变化之术，其后大闹天宫，最终被如来佛祖压在五行山下。

第二部分为第八回。如来佛祖在安天大会上宣布欲将佛典传入东土大唐；观音菩萨前往大唐找寻适合的取经之人，途中与玄奘未来的四位徒弟短暂会面。

第三部分为第九回至第十二回。玄奘身世溯源；他替父报仇的经过；紧接着就是魏征梦斩泾河龙王；唐太宗游地府；归来后设水陆大会超度亡灵；在观音的劝化下，玄奘接受了西天取经的重任。

第四部分为第十三回至第九十七回。该部分为师徒们在西行之路所经历的八十一难，一个接一个的妖魔鬼怪途中挡道，师徒们屡次遭难。

第五部分为第九十八回至第一百回。西天取经之旅结束，师徒们在面谒如来佛祖后，携带真经返回长安。其后三藏师徒们再回西天，终修成正果。（Yu，1977：15）

在迄今所知的最早的百回本《西游记》（1592 年金陵世德堂本）中，并不存在溯源唐僧出身故事的单独章节①，而"唐僧本事"究竟是否属于原本的一部分，一直是众多《西游记》研究者所关注的焦点问题。孙楷第②

---

① 即《西游证道书》《西游真诠》等清代刊本中的第九回"陈光蕊赴任逢灾 江流僧复仇报本"这一章节。

② 孙楷第是我国著名训诂校勘学者、古典文学研究专家、戏曲理论家，他的《日本东京所见小说书目提要》《大连图书馆所见中国小说书目提要》《中国通俗小说书目》这些著作被视作中国古典小说文献学的奠基之作。他对中国古代小说的贡献在于："他从史学层面对中国古典小说展开研究，开创了中国古典小说研究的新境界，使文献研究成为中国古典小说研究的重要内容。他以自己切实的研究实践，为中国古典小说文献学奠定了坚实的基础。"（余来明，2009：29）1931 年 9 月，受北京图书馆(今国家图书馆)委派，孙楷第东渡日本访书。在两个多月的时间里他废寝忘食，在东京发现六部明、清刻本《西游记》，比起胡适、鲁迅考证这部小说时所依靠的杨致和《西游记传》、张书坤《新说西游记》以及陈士斌的《西游真诠》，由他发掘的版本可谓蔚为大观。这六部《西游记》分别为：《新刻出像官版大字西游记》（世德堂本）、《鼎镌京本全像西游记》（杨闽斋本）、《唐僧西游记》、《李卓吾先生批评西游记》、《鼎镌全像唐三藏西游释厄传》（朱鼎臣本）和《西游证道书一百回》（汪象旭评本）。

认为《西游证道书》中的"第九回与第十回之间，措辞属文，乃毫无联络，若第以文论，可有可无……无论如何，决非吴氏之文也"，其可能来自"殆亦如朱鼎臣所编一类之书著其事而文不备，乃参以己意撰此一回"。（孙楷第，1932：151）就世德堂本《西游记》的结构和叙事来言，孙楷第倾向于"原有说"，"吴氏原文，果有陈光蕊事与否，固不可知……以本书记沙僧三众及龙马出身皆详其原委例之，似于玄奘亦不得独略"。同时，孙楷第对其被删原因做了如下推断："万历刻书者嫌其亵渎圣僧，且触忤本朝，语无不像，亟为删去。而汪氏乃于明本原书百回之外，增此一回。自此而后，遂成定本。"（孙楷第，1932：151-152）而郑振铎对这一问题的看法如下："吴承恩的原本，乃至《永乐大典》的古本，当都无此故事"，而"证道书诸刊本中的陈光蕊故事确是无疑的从朱鼎臣本转贩而来的"。（郑振铎，1957：290）黄肃秋在《论〈西游记〉的第九回问题》中则提出："'西游'古本，原是一百回。不知何人将第九回陈光蕊、江流儿一节，全然删去。却于第十回，十一回，十二回之内，凭空分出一回，以补共数，遂使提纲混乱，法脉不清，极尽东施之丑态，若不改正，则界址不分，而文义不可读矣。"（黄肃秋，1957：173）之后，黄肃秋从世德堂本第十一回、十四回、三十七回、四十七回、四十八回、四十九回、六十四回、九十三回、九十四回、九十九回找到零散其中、可以证明唐僧身世的诗句和对话，他认为，"作者对于'陈光蕊、江流儿一节'故事的发展，始终在前后的照应着。特别是在一、二、三、六、七、八、九的七个内证中，雄辩地证明了'陈光蕊、江流儿一节'故事在吴承恩的'西游记'中是存在的"（黄肃秋，1957：176）。而至于在世德堂本《西游记》中删掉这一章节的原因，黄肃秋则认同孙楷第"嫌其亵渎圣僧"的观点。就《西游记》第九回"陈光蕊故事"与全书结构的联系问题上，英国汉学家杜德桥（Glen Dudbridge）则不认同黄肃秋和孙楷第的说法，他指出①：

---

① 引文内容参考苏正隆翻译的《百回本〈西游记〉及其早期版本》（"The Hundred-chapter *Hsi-yu Chi* and Its Early Versions"），收录于王秋桂主编的《中国文学论著译丛》（小说卷）。杜德桥的文章于 1969 年发表于《泰东》（*Asia Major*）杂志。

"陈光蕊故事"无论就其结构还是戏剧性来讲，与整部小说风格并不谐洽。组成前十二回的各节故事中，只有此"陈光蕊故事"对整个故事情节的推展没有贡献。此节故事自成一体，强调伦理孝道。性喜诙谐、落拓不羁的百回本西游记作者，若写了这节故事来寓托这么严肃的主题，实在令人难以想象。汪澹漪的"殊恨"似乎失之轻率。用以整回叙述陈光蕊生平及玄奘初生，就西游记本身来说，殊无此必要。因此而后之《西游记》刊本应当忠实地保持世德堂本的原来形式，因为现存的版本中以它为最接近祖本的原貌。(Dudbridge，1969：184)

对"玄奘溯源"的取舍上，余国藩也有自己独特的见解。他于1975年在《亚洲研究杂志》上发表题为《〈西游记〉的叙事结构与第九回的问题》一文，就这一问题发表了自己的看法："第九回保留了一些小说叙述上的基本特征，而且在整部小说中显得十分恰当，这不容否认。这样看来，作家出版社在世德堂本的基础上插入第九回，与其说是'不和谐'，倒不如说是'极和谐'。早期《西游记》编纂者的判断力，可能要比现代学者对它们的评判要好得多。"(Yu，1975：310)

二、谁是作者？余国藩对《西游记》作者的认知

自1923年胡适的《〈西游记〉考证》一文发表以来，他所提出的"吴承恩作者论"在相当长时间里为学界所接受。1953年，这一说法首次受到日本学者田中严的质疑，他列出五条理由否认"吴作论"：一是光绪年间所编修的《淮安府志》所举的《西游记》，未必就是百回本小说《西游记》；二是在中国文学史上，一向没有人将"杂记"与"小说"混为一体；三是吴承恩虽说善于创作谐谑文，但这一点并不能充分证明《西游记》确为其所著；四是和百回本《西游记》相关的陈元之、唐光禄等人，根本不知此书系出何人；五是李卓吾曾评点过《水浒传》《西厢记》《西游记》，然而他却没有谈到本书的作者为吴承恩。(转引自 Yu，1977：17-

18)这样的观点不啻于一声惊雷，此后质疑"吴承恩作者论"的观点得到杜德桥、太田辰夫、章培恒等学者的响应。①

在田中严所提的五条"吴承恩非作者论"的证据中，余国藩认为第五条最为中肯，因为李卓吾在评点《西游记》时，吴承恩不过才去世 20年。倘若吴承恩的《西游记》的确列入明代天启年间修订的《淮安府志》中，那么为何在李卓吾的点评本中，他却不曾提及吴承恩为该小说作者的说法？对田中严的这一观点，余国藩从两方面予以反驳。首先是"未提"并不代表着"不知"，李卓吾在点评中也并未否定吴承恩为小说作者的说法。其次是吴承恩曾与称为"后七子"②的晚明诗人交游甚广，而李卓吾却一向与他们所鼓吹的诗文运动为敌，甚至给予他们猛烈的攻击。因为这个原因，李卓吾身陷囹圄，后自杀身亡。"既然如此厌恶这些复古派文人，李卓吾又怎么会愿意把吴承恩和这部小说联系在一起？"(Yu, 1977：18)

通过研究，余国藩倾向于将《西游记》作者归于吴承恩，他的证据主要有以下几点：第一，吴承恩在文学创作中自称偏好神怪和域外奇谈的风格，这是最能显示他与这部小说存在关系的证据。余国藩引用刘修

---

①　在这些学者中，杜德桥的看法最具代表性，他指出：把《西游记》作者归于吴承恩，对这部小说的研究没有什么帮助。有许多学者试图以吴承恩创作的诙谐风格来印证小说所表现出的诙谐，但是吴承恩在文中所表现的诙谐敏慧，未必与充满这部小说全书的揶揄、嘲讽、玩世不恭的态度相类。刻意从书中去探寻吴承恩仕途坎坷的牢骚感慨，无异于戴着有色眼镜来看这部小说。以某些《西游记》中的诗词与吴承恩现存诗作的风格相提并论，似乎太过笼统，即使用作旁证，亦嫌不足，必得首先证明吴承恩乃小说作者，这样的比较才有意义。如果我们必欲使吴承恩与小说《西游记》产生联系，怀着这样的成见来读这部小说，则对原著可能是一种损害。如上所述，吴承恩创作这部小说的证据是极其薄弱而不可信的，在没有找到足够的证据证明小说作者为吴承恩之前，最稳当的做法莫如效法现存最早版本的作者陈元之，持着怀疑的态度。(Dudbridge, 1969：189)

②　"后七子"是明嘉靖、隆庆年间(1522—1572 年)中国明代的文学流派。成员包括李攀龙、王世贞、谢榛、宗臣、梁有誉、徐中行、吴国伦。以李攀龙、王世贞为代表。

业《吴承恩诗文集》中所整理的《禹鼎志·序》①，认为作者非常熟悉《酉阳杂俎》的内容，这一点"可从小说第十五回提到的'三虫'以及第二十二回转述的吴刚故事见出端倪"②。经过查阅 1954 年作家出版社《西游记》第十五回"蛇盘山诸神暗佑 鹰愁涧意马收缰"，笔者发现原著并无"三虫"这一词汇。笔者认为，余国藩所指的词汇应是"三尸虫"，原文为"猴王拿着棍，赶上前来，拨草寻蛇，那里得些影响？急得他三尸神咋，七窍烟生……"（吴承恩，1954：169）在该章的注释部分，黄肃秋对"三尸神"做出了注释："道教认为人身上有三尸神，住在人的脑、明堂、腹胃中间。"（黄肃秋，1957：176）而在《酉阳杂俎·玉格》中，段成式这样记述"三尸虫"："三尸一日三朝：上尸青姑，伐人眼；中尸白姑，伐人五脏；下尸血姑，伐人胃命。亦曰玄灵。又曰：一居人头中，令人多思欲，好车马，其色黑；一居人腹，令人好食欲，恚怒，其色青；一居人足，令人好色，喜杀。"（段成式，2020：47）就余国藩所提的"吴刚故事"来说，在《西游记》第二十二回描述沙僧所用兵器时说道："宝杖原来名誉大，本是月里梭罗派。吴刚伐下一枝来，鲁班制造工夫盖。"（吴承恩，1954：250）"吴刚伐桂"这一典故最早出自《酉阳杂俎·天咫卷》，原文为"旧言月中有桂，有蟾蜍，故异书言月桂高五百丈，下有一人常斫之，树创随合。人姓吴名刚，西河人，学仙有过，谪令伐树"（段成式，2020：325）。平心而论，余国藩阅读之仔细着实令人佩服。但是需要指出的是，余国藩在极力搜寻《西游记》与《酉阳杂俎》的关联时，却忽视了《禹鼎志·序》同样提到了唐代牛僧孺笔记小说《玄怪录》。举例来说，《玄怪录》中的《郭元振》描写托名乌将军的猪精，"每

---

① "余幼年即好奇闻。在童子社学时，每偷市野言稗史，惧为父师诃夺，私求隐处读之。比长好益甚，闻益奇。迨于既壮，旁求曲致，几贮满胸中矣。尝爱唐人如牛奇章、段柯古辈所著传记，善模写物情，每欲作一书对之，懒未暇也。转懒转忘，胸中之贮者消尽。独此十数事，磊块尚存；日与懒战，幸而胜焉，于是吾书始成。因窃自笑，斯盖怪求余，非余求怪也。彼老洪竭泽而渔，积为工课，亦奚取奇情哉？虽然吾书名为志怪，盖不专明鬼，时纪人间变异，亦微有鉴戒寓焉。"（刘修业，1958：62）

② 此处译者为李奭学。

岁求偶于乡人，乡人必择处女之美者而嫁焉"（汪辟疆，1988：254）。
猪精最终被郭元振仗义所杀，为民除害。而《西游记》中的猪八戒高老
庄娶妻，被孙悟空降服与这则故事颇为相似。此外，《西游记》陈家庄
村民每年将一对童男童女献祭给通天河鲤鱼精的情节与《郭元振》中的
乡人每年"择处女之美者而嫁焉"这一情节也存在很大的相似性。①

第二，学者柳存仁曾于1967年在《通报》（T'oung Pao）上发表《吴承
恩评传》（"Wu Ch'êng-ên: His Life and Career"）一文，通过对比小说中
出现的诗词与《吴承恩诗文集》所搜集的吴承恩诗词，认为这些诗词均
出自吴承恩手笔。② 余国藩认为柳存仁忽视了一个细节，他从《淮安府
志·人物志》中搜寻到这一段话："吴承恩性感敏而多慧，博极群书，
为诗文下笔立成，清雅流丽，有秦少游之风。"（Yu，1977：20）详细对
比吴承恩的五十三首诗词之后，余国藩"发现他的写作风格虽说大体上
接近于秦观，细较之下，却难以定下结论"（Yu，1977：20）。但是《西
游记》第十回渔翁张稍与樵夫李定的诗歌对答中曾有《西江月》一首：
"红寥花繁映月，黄芦叶乱摇风。碧天清远楚江空，牵攒一潭星动。"余
国藩认为这与秦观的《满庭芳》有着微妙的关系："红寥花繁，黄芦叶

---

① 笔者认为，上文讨论的清代版《西游记》第九回"唐僧本事"的故事与周密
《齐东野语》中的"吴季谦改秩"存在很大的相似性，现将全文转录如下："吴季谦
愈，初为鄂州邑尉，常获劫盗。讯之，则昔年有某郡倅者，江行遇盗，杀之。其妻
有色，盗胁之曰：'汝能从我乎?'妻曰：'汝能从我，则我亦从汝，否则杀我。'盗
问故，曰：'吾事夫若干年，今至此已矣，无可言者。仅有一儿才数月，吾欲浮之
江中，幸而有育之者，庶其有遗种，吾然后从汝无悔。'盗许之，乃以黑漆团合盛
此儿，藉以文褓，且置银二片其旁，使随流去。如是十余年。一日，盗至鄂，舣
舟。挟其家至某寺设供。至一僧房，庋间黑合在焉，妻一见识之，惊绝几倒。因
曰：'吾疾作，姑小憩于此，毋挠我。'乘间密问僧：'何从得此合?'僧言：'某年月
日得于水滨，有婴儿及白金在焉。吾收育之，为求乳食。今在此，年长矣。'呼视
之，酷肖其父。乃为僧言始末，且言：'在某所，能为我闻之有司，密捕之可以为
功受赏，吾冤亦释矣。'僧为报尉，一掩获之，遂取其子以归。季谦用是改秩。"（周
密，2012：78）
② 如柳存仁认为，《西游记》第四十五回的"孤庄将漫屋，野岸欲平桥"与《吴
承恩诗文集》中《杨氏园亭》中的"桥雨涨平水，城围卷幔山"在写作风格上非常相
近，"它们会让人觉得出自同一人的手笔"（Liu，1967：70）。

乱。霁天空阔，云淡楚江青……金钩细，丝绝慢卷，牵动一潭星。"在中国文学传统中，仿拟这样的创作手法屡见不鲜，因此上述这个例子也只能证明《西游记》的作者熟稔秦观的写作风格，但是如果读到《淮安府志·人物志》中"有秦少游之风"这句话，结论或许就完全不同。最后，余国藩表达了自己对《西游记》作者的看法："如今虽有学者颇为振振有词地反对吴承恩为该小说作者，但是就我来说，吴承恩仍然是晚明杰作《西游记》最有可能的作者。尽管如此，由于缺少准确的证据，我在该译本的封面上只好'遗漏'了他的名字。"（Yu，1977：21）

三、余国藩对《西游记》小说中诗词的认知

韵散结合是中国古代章回体小说的典型特点。《西游记》中借用的诗词韵文多达 750 首，是中国四大古典名著中用韵最多的小说。阿瑟·韦利在自己的《西游记》英译本的译者前言中曾提到对吴承恩所作诗词的见解："作为诗人，他小有名气，《明诗集》和《淮安地方志》中收录了他一些极其平庸普通的诗作。"（Waley，1942：9）韦利用"极其平庸普通"来形容吴承恩的诗作，可见对其诗歌水平并不赞赏。并以此为理由，"将小说中多数作为附带性的诗篇删减了，因为这些诗篇译成英语后会显得异常糟糕"（Waley，1942：9）。余国藩对韦利大肆删减原著韵文的行为非常不满，认为"这不仅扭曲了《西游记》基本的文学形式，而且作品语言中曾吸引数代中国读者的叙事活力和描述力量在很大程度上也丢失了"（Yu，1977：X）。余国藩认为《西游记》中的诗词功能与《三国演义》《红楼梦》《金瓶梅》并不相同，"原因在于该小说中的诗词具有较强的原创性，在形式变化上不泥于一，风格多变，可以与叙述者共同担负起'讲故事'的重要责任"（Yu，1977：23-24）。在余国藩看来，这部小说所使用的诗歌，大致上可以有四种功能：一是景色及事物描述，这包括对四时景色、斗法场面、兵器、人、神、妖魔的描写；二是评论情节进展和人物个性；三是用作"对话"的韵文；四是部分诗词涉及小说的宗教主题和修辞方式。（Yu，1977：23-24）

就小说中诗歌的第一种功能来说，"在中国文学的传统中，吴承恩是最擅长于叙事写景的诗人中的一位"（Hsia，1968：120）。余国藩十分认可这一观点，"小说中的多数写景诗词，都具备高超的写实技巧、丝丝入扣的刻画、深邃的幽默感这些特点"（Yu，1977：26）。之后，余国藩以小说第一回"松荫下玩耍"、第八十九回"蝶姿"、第十三回对黄风岭恶风描写的诗歌为例，认为这些描写展示了作者的诗歌艺术风采。尽管余国藩认为如果以中国古典诗词中的写景传统观念来衡量小说中诗词的话，它们确实"缺少大部分中国抒情诗人所珍惜、所表现在诗中的那种缥缈的隐喻特质"（Yu，1977：26）。但是在他看来，"作者想要真正传递给我们的，似乎是自然景物力量十足的临即感。我们在阅读这些诗词时，会像小说中的要角一样，'亲身'体验到自然在呈现自身时所表现出来的那种圆满、繁复和多变"（余国藩，2006：262）。

日本学者荒井健也曾对小说诗歌的功能予以评价，即这些诗词"不但擅长呈现自然界的秀丽，也善于传达时间的律动，或是季节的推移"（荒井健，1964：593），余国藩也认可这样的观点，他指出，虽说作者在有意无意间将唐僧西天取经的时间由十六年误写为十四年，"我们找不到任何证据足以说明他确实想要缩短唐僧的漫漫西天之旅。与此相反，小说出现的很多细节，目的正是要强调西天取经时间的遥遥无期"（余国藩，2006：264）。叙述者常以诗词描写季节的变迁，一再强调西行之路的遥遥无期。余国藩举出两个例子来证明自己的观点，在小说十四回唐僧拯救被压在五行山下的孙悟空后，作者写道：

> 霜雕红叶千林瘦，岭上几株松柏秀。未来梅蕊散香幽，暖短昼，小春候，菊残荷尽山茶茂。寒桥古树争枝斗，曲涧涓涓泉水溜。淡云欲雪满天浮，朔风骤，牵衣袖，向晚寒威人怎受？（吴承恩，1954：159）

而到第十八回悟空寻回被黑熊怪偷走的袈裟后，作者笔下的景致变成了：

行者引路而去，正是那春融时节，但见那：草衬玉骢蹄迹软，柳摇金线露华新。桃杏满林争艳丽，薜萝绕径放精神。沙堤日暖鸳鸯睡，山涧花香蛱蝶驯。这般秋去冬残过半，不知何年行满得真文？（吴承恩，1954：204）

余国藩认为作者的兴趣不仅仅在于为读者表现出季节的变化，更重要的是，"他还是希望读者能从这类诗词里认清季节变化如何影响风尘仆仆的取经师徒"（Yu，1977：29）。

至于小说中反复出现的那些蕴涵宗教色彩的诗词，它们与余国藩对小说主题的看法有着密切的联系，下文将开始重点分析。

第四节　余国藩对《西游记》宗教元素的认知

霍克斯（David Hawkes）以他的《红楼梦》（*The Story of the Stone*）英译本蜚声英美汉学界。实际上早在 1959 年，他便以《楚辞》（*Ch'u Tz'u：The Songs of the South, an Ancient Chinese Anthology*）英译本奠定了其在汉学界的地位。因此，他对中国文学作品的看法相当具有权威性。1964年，由雷蒙德·道森（Raymond Dawson）编纂的论文集《中国的遗产》（*The Legacy of China*）中收录了霍克斯撰写的《文学》（*Literature*）①部分，他指出："如果我们检讨西方文学和中国文学难以并置而论的发展过

---

① 该部分由霍克斯和芮效卫撰写的两篇论文组成。其中，霍克斯撰写的论文名称为《中国诗歌与它们的英语读者》（"Chinese Poetry and the English Reader"）；芮效卫的论文为《中国小说与戏剧的演变史》（"The Development of Fiction and Drama"）。在芮效卫的论文中，他提出了"故事环"（story-cycle）这一概念，实际上，这是"历代累积创作型"的另一种说法。"《西游记》曾被韦利以《猴》名字节译，它在'故事环'类型中最为出名。"接着，芮效卫对《大唐西域记》《大唐三藏取经诗话》溯源，探讨了作品的幽默风格、师徒四人的象征意义。（Roy，1964：124-126）总的来说，芮效卫继承了胡适以及韦利对《西游记》的看法。

程，我们会发现其中最显著的不同，是缺乏'宗教启发性'的问题……常人泛论中国文学，或因此而涉及中国社会时，多用'世俗性'一词加以描述。帝制时代的中国，或可喻为'一个没有基督教的欧洲中世纪'。"(Hawkes，1964：86-87)德国著名社会学家马克斯·韦伯(Max Weber)曾专门研究中国的儒、道两家，并撰写著作《中国的宗教：儒教与道教》(*The Religion of China：Confucianism and Taoism*)，在这部作品中，马克斯·韦伯认为："儒生无意在灵魂跳脱轮回，或者在来世回避惩罚之道上获得'救赎'。他们对这两个观念懵懂无知，既不想取得生命的解救之道，亦不思考从社会中解脱出来。"(Weber，1951：156)可见，这两位国外学者并不认可中国小说存在宗教观念(《西游记》当然包括在内)。

余国藩对上述学者的观点均不认可："霍克斯似乎把'宗教'或'宗教启发性'比之西方古典神话和《圣经》文学中所涉及的人物、动作和主题……他为配合自己的观点，又故意忽略夏志清论中国笔记小说时曾经提及的无数的仙女、狐仙故事，更遑论会谈到明清之际即已呈高度发展的小说中常可一见的天神天仙、地狱众鬼或者各式各样的魑魅魍魉。"(余国藩，2006：361)在列举中国文学作品中早在汉末时期的阴阳五行、道术炼丹、印度佛教的宗教观念如"业报""来世"之后，余国藩得出结论："绝大多数中国传统文学并未缺乏'宗教启发性'：富有宗教意义的作品，反而唾手可得。"(余国藩，2006：365)《西游记》并非是一部忠实叙述玄奘西天取经历程的"历史小说"，除了取经主题、主角唐僧(玄奘)、唐太宗以及贞观时期大臣的名字以及唐太宗钦赐的《圣教序》以外，整个西游故事的发展，在很大程度上可以说与历史相去甚远。而小说中有违史实的部分，余国藩认为这是"中国宗教史上最为辉煌的一章，而这个事实，正是作者赖以架设其虚构情节，使作品深具复杂的宗教意义的所在。这种宗教意义，乃由小说中直指儒释道三教的经典所形成的各种典故与象征组成。三教并陈，又大量截取所需教义，也是《西游记》能够鹄立于中国小说史的原因"(余国藩，2006：366-367)。此后，余国藩以《西游记》为例，认为其属于"无论'创造性'和'宗教启发性'都深具影响力的作品"（余国藩，2006：366-367）。余国藩继而详细探讨了这部小说中的佛教和道教元素。

一、余国藩对《西游记》中佛教元素的认知与翻译

余国藩在其所撰《朝圣行——论〈神曲〉与〈西游记〉》中曾引《西游记》八十五回三藏与悟空的一段对话：

> "师父，你把乌巢禅师的《多心经》早又忘了。"三藏道："我记得。"行者道："你虽记得，还有四句颂子，你却忘了哩！"三藏道："哪四句？"行者道："佛在灵山莫远求，灵山只在汝心头。人人有个灵山塔，好向灵山塔下修。"三藏道："徒弟，我岂不知？若依此四句，千经万典，也只是修心。"行者道："不消说了。心净孤明独照，心存万境皆清。差错些儿成懈怠，千年万载不成功。但要一片志诚，雷音只在眼下。"（吴承恩，1954：966）

余国藩认为，在《西游记》全书中，三藏师徒往西天取经的旅程就是修心的过程。这是小说的重要主题之一。在中国思想史上，新儒学的思想家，从朱熹到王阳明，从邵雍到罗钦顺、高攀龙，以及焦竑等，都曾大力倡导修心。佛教的禅宗也戮力强调一个"心"字。"新儒家与禅宗主张的修心之道，都可以在《西游记》中发现。"（余国藩，2006：348）民间传统或《西游记》前本以至百回本《西游记》中的唐三藏，都受《心经》的教诲，说明西行求法如果要想诸事顺遂，终成正果，仍然必须随时仰仗"心"之济助。在小说第十三回玄奘西行即将开始时他就说过"心生，种种魔生；心灭，种种魔灭"，然而在余国藩看来，"他沿途的表现却显示那也不过是把《楞伽经》中'心生即种种法生，心灭即种种法灭'等类似的语言死记硬背出来而已。对唐僧，包括读者而言，想要彻底领悟这一思想的含义，便需要经历漫长的'八十一难'，还需要三藏跟代表他的心的'心猿'结合"（余国藩，2006：305）。余国藩详细地翻译出了

这段文字：

> 观自在菩萨，行深般若波罗蜜多时，照见五蕴皆空，度一切苦厄。舍利子，色不异空，空不异色，色即是空，空即是色，受想行识，亦复如是。舍利子，是诸法空相，不生不灭，不垢不净，不增不减。是故空中无色，无受想行识，无眼耳鼻舌身意，无色声香味触法，无眼界，乃至无意识界，无无明，亦无无明尽，乃至无老死，亦无老死尽。无苦集灭道，无智亦无得。以无所得故。菩提萨埵，依般若波罗蜜多故，心无挂碍。无挂碍故，无有恐怖，远离颠倒梦想，究竟涅槃。三世诸佛，依般若波罗蜜多故，得阿耨多罗三藐三菩提。故知般若波罗蜜多，是大神咒，是大明咒，是无上咒，是无等等咒，能除一切苦，真实不虚。故说般若波罗蜜多咒，即说咒曰：揭谛揭谛，波罗揭谛，波罗僧揭谛，菩提萨婆诃。（吴承恩，1954：220-221）

When the Bodhisattva Kuan-tzu-tsai was moving in the deep course of the Perfection of Wisdom, she saw that the five heaps were but emptiness, and she transcended all sufferings. Sāriputra, form is no different from emptiness, emptiness no different from form; form is emptiness, and emptiness is form. Of sensations, perceptions, volition, and consciousness, the same is also true. Sāriputra, it is thus that all dharmas are but empty appearances, neither produced nor destroyed, neither defiled nor pure, neither increasing nor decreasing. This is why in emptiness there are no forms and no sensations, perceptions, volition, or consciousness, no eye, ear, nose, tongue, body or mind; no form, sound, smell, taste, touch, or object of mind. There is no realm of sight [and so forth], until we reach the realm of no mind-consciousness; there is no ignorance, nor is there extinction of ignorance[and so forth], until we reach the stage where there is no old age and death, nor is there the extinction of old age and death; there is no suffering, annihilation,

or the way; there is no cognition or attainment. Because there is nothing
to be attained, the mind of the Bodhisattva, by virtue of reliance upon
the Perfection of Wisdom, has no hindrances: no hindrances, and
therefore, no terror or fear; he is far removed from error and delusion,
and finally reaches Nirvāna. All the Buddhas of the three worlds rely on
the Perfection of Wisdom, and that is why they attain the ultimate and
complete enlightenment. Know, therefore, that the Perfection of Wisdom
is a great divine spell, a spell of great illumination, a spell without
superior, and a spell without equal. It can do away with all sufferings—
such is the unvarnished truth. Therefore, when the Spell of Perfection of
Wisdom is to be spoken, say this spell: "Gate! Gate! Pāragate!
Pārasamgate! Bodhisvāhā!" (1977: 393-394)

　　《心经》也称《般若波罗蜜多心经》，为大乘佛教经典《大般若经》的
精髓，这部经文宣扬空性和般若，也被认为是大乘佛教第一经典，是
《大般若经》的提纲，是"修真之总经，作佛之会门也"。古来认为读此
经可以了解般若经类的基本精神，该经曾有过七种汉译本，较为有名的
是后秦鸠摩罗什所译的《摩诃般若波罗蜜大明咒经》和唐代玄奘所译的
《般若波罗蜜多心经》。不过需要指出的是，玄奘所译《心经》的历史时
间发生在他取经归来之后，而《西游记》中描写的玄奘受《心经》由乌巢
禅师完成。《多心经》是《西游记》原作中唯一一篇全文引用的佛典经文，
其重要性可见一斑。《西游记》以"心"贯彻全书，在很大程度上反映出
这部小说的思想宗旨。余国藩认为："西天取经的路上，玄奘三个徒弟
的主要职责在于降妖除魔，确保西行的安全。然而细究之下，却不仅限
于此。西行之路漫漫，三个徒弟还要兼做师父心性的指道者，这一点在
孙悟空身上表现得最为明显。"（余国藩，2006：305）"心猿意马"是理解
《西游记》的关键。按照小说之意，"心猿"指孙悟空，"意马"指白龙
马，猪八戒则是"性"，而沙僧则代表着"情"。在小说第十九回"云栈洞
悟空收八戒　浮屠山玄奘受心经"中，作者曾撰写此诗："意马胸头休放

荡，心猿乖劣莫教嚎。情和性定诸缘合，月满金华是伐毛。"明确地点名"心猿""意马""情""性"所指就是师兄弟四人。而在小说回目中，更是充斥着代表孙悟空的"心猿"，如第七回"八卦炉中逃大圣 五行山下定心猿"、第十四回"心猿归正 六贼无踪"、第四十一回"心猿遭火败 木母被魔擒"、第八十回"姹女育阳求配偶 心猿护主识妖邪"等，根据笔者统计，小说中出现"心猿"的回目多达19次之多。为了让"心猿归正"，必须首先棒杀"六贼"。所谓"六贼"，是一个佛教术语，佛教认为六贼包括：眼看喜、耳听怒、鼻嗅爱、舌尝思、意见欲，身本忧，它们代表孙悟空的六根。而人若想修成正道，必须六根清净，首先清除污染"心性"的"六贼"，使之不生妄念，所以在小说描写"六贼无踪"之后，"心猿"孙悟空才可能归正。同时为防备"心猿"再次受到污染，观音给孙悟空头上戴了紧箍咒，又教授唐僧"紧箍咒法"，迫使悟空心性不离正轨。之后，观音菩萨为考察师徒取经的心性，特意安排了"四圣试禅心"，而"归正"后的"心猿"为"真心"，故每当唐僧放逐孙悟空，一些妖魔鬼怪总会趁虚而入，给唐僧带来厄运。故孙悟空没有了"真心"，就会产生"意马心猿都失散，金公木母尽凋零"的局面。余国藩不仅在自己的译本中忠实地还原了原著的佛教成分，更是通过大量的注释凸显了译本的学术性。以对《心经》的翻译为例，余国藩分别对"观自在""五蕴""三世""菩提萨婆珂"这些蕴涵着浓厚佛教色彩的词汇予以解释，这对想要了解中国佛教文化的西方读者大有裨益。

二、余国藩对《西游记》中道教元素的认知与翻译

余国藩认为要定义"道教"和"道家"，并不简单。为此特意界定了他使用的道教含义是《道藏》"这一大套典籍演化出来的观念及做法"（余国藩，2006：273）。《西游记》在各回回目、叙事写景和阐明故事内涵的韵文中大量使用道教词汇，在中国古典文学作品中颇为独特。尽管《封神演义》中也使用了数目颇多的道教词汇，《金瓶梅》中也曾转述了很多道教的法会仪式，但是在余国藩看来，"这些小说仍难以与《西游

记》相媲美，原因是道教色彩在此晚明巨著中不仅是论人评事的工具，同时也不时在帮助读者了解取经师徒的本性，甚至在界定他们之间的基本关系，以推动故事情节发展"（余国藩，2006：273）。这部小说的道教色彩主要表现在以下几个方面。

首先，余国藩认为，《西游记》中所夹杂的部分诗词与《道藏》存在着紧密的联系。他以小说第二回"悟彻菩提真妙理　断魔归本合元神"中菩提祖师传授孙悟空的长生口诀①为例，推断出这一口诀的重要性"不仅在于作者使用了种种内丹术语，而且显示了作者十分熟悉《道藏》中的经籍"（Yu，1977：39）。尽管未能明确指出其真正的来源，然而译者指出这部小说仍有若干地方显示作者熟悉某些《道藏》经书。紧接着，他又举出《西游记》借用《道藏》的三个例子，以证明自己的发现。第一个例子为《西游记》第八回的开篇词《苏武慢》②，余国藩发现该词除却最后三行"那时节，识破源流，便见龙王三宝"以外，全词几乎一字不漏地抄录了冯尊师所作的《苏武慢》一词，而该词被元朝道士彭致中的《鸣鹤馀音》所编录，整本收入《道藏》。第二个例子则是唐太宗秉诚修水陆大会之时（小说第十二回），唐僧献上济孤榜文，也引用了冯尊师《升堂文》部分内容："清净灵通，周流三界。千变万化，统摄阴阳。体用真常……"（Yu，1977：40-41）。第三个例子则是小说第十一回"还受生唐王遵善果　度孤魂萧瑀正空门"中的开篇诗歌："百岁光阴似水流，一生事业等浮沤。昨朝面上桃花色，今日头边雪片浮。白蚁陈残方是

---

① 这首口诀原文如下："显密圆通真妙诀，惜修性命无他说。都来总是精气神，谨固牢藏休漏泄。休漏泄，体中藏，汝受吾传道自昌。口诀记来多有益，屏除邪欲得清凉。得清凉，光皎洁，好向丹台赏明月。月藏玉兔日藏乌，自有龟蛇相盘结。相盘结，性命坚，却能火里种金莲。攒簇五行颠倒用，功完随作佛和仙。"（吴承恩，1954：16）

② "试问禅关，参求无数，往往到头虚老。磨砖作镜，积雪为粮，迷了几多年少？毛吞大海，芥纳须弥，金色头陀微笑。悟时超十地三乘，凝滞了四生六道。谁听得绝想崖前，无阴树下，杜宇一声春晓？曹溪路险，鹫岭云深，此处故人音杳。千丈冰崖，五叶莲开，古殿帘垂香袅。那时节，识破源流，便见龙王三宝。"（吴承恩，1954：78）

幻，子规声切想回头。古来阴骘能延寿，善不求怜天自周。"（吴承恩，1954：115）经过余国藩考证，该文引自《升堂文》，作者署名为秦真人，该篇同样被《鸣鹤馀音》收录。同时，余国藩也指出："小说中频繁出现的阴阳、五行和炼丹术语难以断定出处，尽管这些词汇在文字上和《道藏》典籍非常接近，但是目前来讲，我还是不能够指出这些词汇的来源。"（Yu，1977：41-42）在余国藩的研究基础上，柳存仁很好地解决了余国藩提出的问题。① 1985 年，他将撰写的《全真教和小说西游记》分五次连载于香港《明报月刊》上，在余国藩看来，这一研究"拓展了本人的研究，取得了斐然的成就"（Yu，2009：167）。

其次，余国藩发现孙悟空、猪八戒和沙僧与道教词汇"五行""炼丹"存在着紧密的关系。纵观整部小说回目与一些诗词，我们不难发现它们在文本中对应着道教五行，其中"金公"是孙悟空的代称。在 1954 年作家出版社第二十二回的注释中对这一词汇作出如下解释："道教称铅为金公。认为'真铅生庚'，庚辛为金，地支申酉亦为金，申属猴，所以后文的金公有时又指悟空。"（吴承恩，1954：255）八戒在小说中被称为"木母"，"原因在于炼丹术中常用这一词汇代表'汞'。'汞'生于亥，而亥在十二生肖中是'猪'的代称"（Yu，1977：50-51）。同理，沙僧常被称为"黄婆"，"黄婆"指的是炼丹术中起到催化铅汞反应的一种药物。这一点可以从元代邓玉宾《端正好》套曲中洞见端倪："金鼎烹

---

① 柳存仁的《全真教和小说西游记》一文堪称集大成者。柳存仁发现《西游记》中所引用语汇如"金公""木母""黄婆""元神""姹女"皆出自全真派内丹理论；经过仔细对照百回本《西游记》和《道藏》，进一步发现小说第五十回的回首词《南柯子》"心地频频扫，尘情细细除，莫教坑堑陷毗卢……"引用自全真教马钰的《南柯子·赠众道友》；第九十一回开篇词引用《瑞鹧鸪·赠众道契》"修行何处用工夫，马劣猿颠速剪除"；第七十八回国丈的大段唯道独尊的话则自《鸣鹤馀音》卷九多篇赋中脱胎而来，等等。除了诗词和回目所用术语的全真特色外，柳先生还发现《西游记》书中大量使用的另外一些术语，如"小仙""十二时""如然""龙华会""八百""三千""六六""三三""玉华会"等名词，都在不同程度上表现着全真教的教义或历史。柳存仁得出以下结论："如果我们认定在明万历二十年金陵世德堂百回本《西游记》出现之前，有一个全真教本的《西游记》小说存在，这个假定的可能性是很高的……"（柳存仁，1999：1376）。

铅，玉炉抽汞，媒合是黄婆，匹配在丹房。"（隋树森，2018：305）请看余国藩对原著标题的翻译：第三十二回：平顶山功曹传信 莲花洞<u>木母</u>逢灾 On Level-Top Mountain the sentinel brings a message; At Lotus-Flower Cave <u>Wood Mother</u> meets disaster. 第五十三回：禅主吞餐怀鬼孕 <u>黄婆</u>运水解邪胎 Imbibing, the Chan Lord conceives a ghostly child; <u>Yellow Dame</u> brings water to end the weird fetus.

此外，根据道教的理解，五行与身体的五脏相对应。《内丹还原诀》（属于《道藏》文献）中这样说："金配肺水，土或黄婆配脾水，而木则配肝气。"（Yu，1977：51）因此这三位徒弟也可以代表人体器官。《西游记》作者也常用五行的名词指称人物之间的相互关系，比如说悟空在高老庄降服八戒时，作者便用这句诗来表述徒弟们的对应关系："金性刚强能克木，心猿降得木龙归。金从木顺皆为一，木恋金仁总发挥。"（吴承恩，1954：217）

余国藩翻译为：

Strong is <u>metal</u>'s nature to vanquish <u>wood</u>; Mind Monkey has the Wood Dragon subdued. With metal and wood both obedient as one, All their love and virtue will grow and show. (Yu，1977：388)

余国藩认为，这首诗歌强调的是"和谐"状态，孙悟空和猪八戒早已或者应该存在这种状态，"这如同修炼内丹的人必须修炼内脏之气，才能臻至化境的道理一样"（Yu，1977：51）。而在孙悟空三打白骨精之后，唐僧听信猪八戒谗言，怒而斥贬孙悟空。师徒很快就陷入奎木狼所设下的圈套中，此时作者这样评论道："意马心猿都失散，<u>金公木母</u>尽凋零。<u>黄婆</u>伤损通分别，道义消疏怎得成?"（吴承恩，1954：343）

Horse of the Will and Ape of Mind are all dispersed; <u>Metal Squire</u> and <u>Wood Mother</u> are both scattered; <u>Yellow Dame</u> is wounded, from everyone divorced; With reason and right so parted, what can be achieved? (Yu, 1978: 74)

阅读这些译文可以发现，余国藩通过"异化"的翻译策略完整地还原了原著的异国风味。不仅如此，为了能让译语读者了解到这些称谓词的指代关系和特定内涵，译者还特意在文末添加了注释。举例来说，在译文第二十二回，余国藩这样解释"黄婆"："在道教内丹中，它指的是脾脏的分泌物，对滋养其他脏腑至关重要。在小说中，这个术语频繁被用来指代沙僧。"(Yu, 1977: 529)值得一提的是，这些包含"金公""木母""黄婆"指称小说"孙悟空""猪八戒""沙僧"及其人物关系的道教诗词第一次出现在《西游记》英译本中，可以说，这个译本为英语世界的读者深入理解小说内涵提供了非常可靠的基础①。

第五节　坚持"可译性"
——余国藩《西游记》翻译策略探析

我国著名翻译家余光中曾对译者的标准进行了以下描述：

　　原则上，译者必须也是一位学者。但是他的目的不在分析一本书的来龙去脉、高下得失，为了要写论文或是书评。译者的目的，是把一本书，不，一位作家，带到另外一种语文里去。……他的学问已经化在他的译文里……有些译者在译文之后另加注解，以补不足，而便读者，便有学者气象。原文若是经典名著，译者这样郑重

---

① 值得一提的是，在 1983 年余国藩的《西游记》全译本问世后，译者并没有就此放弃对这部小说的研究。相反，余国藩一方面保持着对《西游记》的钻研热情，另一方面始终关注着学术界的研究动态。2012 年，经过他修订的译本再度由芝加哥大学出版社出版。至于修订内容，学者王岗和许东风已有详细介绍。具体请参看：Wang, Richard G, D Xu. Three Decades' Reworking on the Monk, the Monkey, and the Fiction of Allegory[J]. *Journal of Religion*, 2016(1): 102-121.

对待，诚然是应该的；如果更郑重些，加上前序后跋之类，就更见学者的功力了。……译者如果通不过学者这一关，终难服人。（余光中，2002：171-172）

余国藩曾在芝加哥大学专攻宗教学和文学，两方面造诣都极深。他精通希腊文，不仅在芝加哥大学东亚语文系讲授中国文学，也在同校神学院讲授希腊名著，这样的学者实在难得。更为重要的是，余国藩在《西游记》的学术研究上也是独树一帜，对这部小说的研究有着极高的造诣。从这几个方面来说，余国藩是承担翻译《西游记》全译本的"不二人选"。

在1975年举行的亚洲学会国际中英文翻译研讨会上（Asia Foundation Conference on Chinese-English Translation），余国藩发表了题为"《西游记》英译的问题"（"On Translating the *Hsi-yu chi*"）的演讲，阐述了自己文学翻译中坚持"可译性"的理念。他明确表示："由于我拟以1954年的北京版为本，将全部《西游记》如数译出，所以——不管有意或无意——指引我从事英译的动机，都是以最忠实原著为归依。"（余国藩，2006：324）为了给诠释奠定坚实的实证基础，余国藩长期研究与这部小说相关的中国古代典籍，以此努力将这部小说所包含的特色全部译出。1998年，余国藩在《中国文学》（*Chinese Literature*：*Essays*，*Articles*，*Reviews*）上又发表了《可读性：宗教和翻译的接受》（"Readability：Religion and the Reception of Translation"）一文，他指出，尽管译文的可读性一直是衡量译作成功与否的标志，但是劳伦斯·韦努蒂（Lawrence Venuti）提出的"异化"翻译策略对通顺透明的"可读性"带来了巨大的冲击，余国藩十分赞成这一翻译策略："文学翻译不应以可读性为由，而把其他文化中的他者性同质化，一味追求可读性将会消解了文学中的文化特色，而特定文化传统是能被共享的。"（Yu，1998：91）就余国藩的《西游记》英译本来说，除却上文中对道教色彩词汇的还原以外，译者坚持的"可译性"理念主要表现在汉语典故、成语的翻译上，具体而言，他采用"异化"、文内增译，或者文末添加注释的翻译策略，不仅可以使译文读者领略到原著的异国风味，而且这些策略也可以为读者提供背景知识，从而降低理解原著的难度。

还是在这次演讲中，余国藩以《西游记》第四回"官封弼马心何足名注齐天意未宁"中天庭骏马之名为例，讲述自己的"可译性"翻译理念：

> 骅骝骐骥，䮝駬纤离；龙媒紫燕，挟翼骕骦；駃騠银㻩，袆珝飞黄；躁骒翻羽，赤兔超光；逾辉弥景，腾雾胜黄；追风绝地，飞䮨奔霄；逸飘赤电，铜爵浮云；骢珑虎刺，绝尘紫鳞；四极大宛，八骏九逸，千里绝群。（吴承恩，1954：39）

> Hua-lius and Ch'i-chis/Lu-ers and Hsien-lis, Consorts of Dragons and Purple Swallows, Folded Wings and Su-hsiangs, Chüeh-t'is and Silver Hooves, Yao-niaos and Flying Yellows, Chestnuts and Faster-than-Arrows, Red Hares and Speedier-than-Lights, Leaping Lights and Vaulting Shadows, Rising Fogs and Triumphant Yellows, Wild Chasers and Distance Breakers, Flying Pinions and Surging Airs, Rushing Winds and Fiery Lightings, Copper Sparrows and Drifting Clouds, Dragonlike piebalds and Tigerlike pintos, Dust Quenchers and Purple Scales, And Ferghanas from the Four Corners. Like the Eight Steeds and Nine Stallions/They have no rivals within a thousand miles! (Yu, 1977：121)

余国藩指出："如果要在西方传统里寻觅众马的对称说法，我想我们可以在神话和历史上找到足以替代的名驹。"（余国藩，2006：315）在西方神话中，可以找到阿基琉斯（Achilleus）座下的天马冉萨思（Xanthus）等与众不同的"神马"。但是，"果若如此英译，我怀疑有多少英语读者能够体会出译者别有用心之处"（余国藩，2006：315）。最终，余国藩在坚持"可译性"的翻译思想下，放弃了试图从西方传统中寻觅出足以相提并论的三十二个马名，他紧扣原文忠实翻译了这首难度极高的韵文。此外，余国藩对原著内容的"可译性原则"还实施在习语、典故、称谓语的翻译上，具体而言，他采用"异化"的翻译策略，使译文充满着浓厚的"陌生化"色彩。

一、余国藩对《西游记》称谓词的翻译

(1)那长老一轱辘跳将起来，忙敛衣襟，出门还礼道："长老，失迎。你自那方来的？到我寒门何故？"三藏道："贫僧是东土大唐和尚，奉圣旨上雷音寺拜佛求经。适至宝方天晚，意投檀府告借一宿……(吴承恩，1954：224)

The old man jumped up and at once began to straighten out his attire. He walked out of the door to return the greeting, saying, "Honored Priest, pardon me for not coming to meet you. Where did you come from? What are you doing at my humble abode?" "This poor monk," said Triptaka, "happens to be a priest from the Great T'ang in the Land of the East. In obedience to an imperial decree, I am journeying to the Great Thunderclap Temple to seek scriptures from the Buddha. It was getting late when I arrived in your esteemed region……(Yu, 1977：399)

(2)三藏方问道："老施主，高姓？"老者道："在下姓王。""有几位令嗣？"道："有两个小儿，三个小孙。"三藏道："恭喜，恭喜。"又问："年寿几何？"道："痴长六十一岁。"(吴承恩，1954：226)

Only then did Triptaka asked, "Old patron, what is your noble surname?" "Your humble servant goes by the surname of Wang," said the old man. "And how many heirs do you have?" Asked Triptaka. "I have two sons and three grandchildren," said the old man. "Congratulations! Congratulations!" said Triptaka. "And what is your age?" "I have foolishly lived till my sixty-first year." the old man said. (Yu, 1977：

402）

（3）又问："高徒能礼貌乎？"三藏道："小徒俱是山村旷野之妖身，未谙中华圣朝之礼数，万望主公赦罪。"（吴承恩，1954：1126）

He asked once more, "Are your <u>noble disciples</u> familiar with the etiquette of the court？" "<u>My humble disciples</u>，" replied Triptaka, "all began their careers as monsters deep in the wilds or a mountain village, and they have never been instructed in the etiquette of China's <u>sage court</u>. I beg my Lord to pardon them." （Yu，1983：417）

中国传统文化对家族制度及其内部关系的重视，"一方面直接导致了汉语语言中亲属称谓语的丰富性与复杂性，另一方面就是在涉及人名的交际表述中对'姓'的突出"（唐艳芳，2010：160）。在包括《西游记》《水浒传》《好逑传》等中国古典小说中，这种对"姓"的突出，主要表现在询问或介绍名字时采用"高姓大名""贵姓""姓甚名谁"之类的提问[1]。而在回答时，中国文化的谦卑传统要求回答时多用"贱名""贱姓""小人"来回复。同时，这样的传统在很大程度上造成了中国人的谦虚特点，即在涉及自身或者自身财物时，中国人多用"寒舍""陋室"来表述。而在英语中，则没有这样的特点：询问别人姓名时只需问"name"即可，不需要添加任何表示尊重的修饰词汇，更不需要问"surname"。通过上述几个例子可以看到，余国藩忠实还原了中国文化的称谓特色。

二、余国藩对《西游记》典故的翻译

（1）行者道："怎的是三进履？"龙王道："此仙乃是黄石公，此

---

① 除上述所举《西游记》中的例子，这种提问方式在中国古典小说中非常普遍。以《好逑传》为例，韩愿与主角铁中玉初次见面，他问道："且请问贵姓表尊，以致不朽。"（名教中人，1996：4）再以《水浒传》为例，第七回写薛霸问陆谦："不敢动问大人高姓？"（施耐庵，1985：155）。

子乃是汉世张良。石公坐在圯桥上，忽然失履于桥下，遂唤张良取来。此子即忙取来，跪献于前。如此三度，张良略无一毫倨傲怠慢之心，石公遂爱他勤谨，夜授天书，着他扶汉。后果然运筹帷幄之中，决胜千里之外。太平后，弃职归山，从赤松子游，悟成仙道。(吴承恩，1954：163)

… "the threefold presentation of shoes at I Bridge." "What do you mean by the threefold presentation of shoes?" asked Pilgrim. "The immortal in the painting," said the Dragon King, "was named Huang Shih-kung, and the young man kneeling in front of him was called Chang Liang. Shih-kung was sitting on the I Bridge when suddenly one of his shoes fell off and dropped under the bridge. He asked Chang Liang to fetch it, and the young man quickly did so, putting it back on for him as he knelt there. This happened three times. Since Chang Liang did not display the slightest sign of pride or impatience, he won the affection of Shih-kung, who imparted to him that night a Heavenly book and told him to support the house of Han. Afterwards, Chang Liang 'made his plans sitting in a military tent to achieve victories a thousand miles away.' when the Han Dynasty was established, he left his post and went into the mountains where he followed the Taoist Red Pine Seed and became enlightened in the way of immortality." (Yu, 1977：311)

(2)沙僧笑道："兄长说那里话！无我两个，真是单丝不线，孤掌难鸣。兄啊，这行囊马匹，谁与看顾？宁学管鲍分金，休仿孙庞斗智。自古道，打虎还得亲兄弟，上阵须教父子兵，望兄长且饶打，待天明和你同心戮力，寻师去也。"(吴承恩，1954：929)

"Elder Brother, how can you speak like that?" said Sha Monk with a smile. "Without the two of us, you'll be reduced to the conditions of the proverb: One silk fiber is no thread; A single hand cannot clap. O Elder Brother! Who's going to look after the luggage and the horse for you? Better that we emulate Guan and Bao dividing their gold/Than to imitate Sun and Pang in their matching of wits. As the ancients said, to fight the tiger you need brothers of the same blood; to go to war requires a troop of fathers and sons. I beg you to spare us from this beating. By morning we'll unite with you in mind and effort to search for Master." (Yu, 1983: 100-101)

(3)他说你手下有一个大徒弟，是齐天大圣，极能斩怪降魔。今来志心拜恳，千乞到我国中，拿住妖魔，辨明邪正，朕当结草衔环，报酬师恩也！（吴承恩，1954: 424）

He told us that you have under your command a senior disciple, the Great Sage, Equal to Heaven, who is able to slay fiends and subdue demons. We have come with all sincerity to plead with you. We beseech you to go to our kingdom and seize the demon, so that the true and the deviate can properly be distinguished. To repay the kindness of Master, we shall imitate those who express their gratitude by weaving grass ropes or holding bracelets in the mouth. (Yu, 1978: 183)

典故原指旧制、旧例，后来指关于历史人物、典章制度等的故事或传说。典故包含着深刻而丰富的民族文化历史意蕴，闪耀着中国文化的灿烂光辉，是中国五千年文明的传承者和见证者。然而，从汉英翻译角度来讲，典故的翻译尤为困难。究其原因，"汉语典故文字简洁洗练，语义含蓄深邃，回味隽永深长，很难用同样简洁的英语涵盖它们深层次的内容，并且由于文化差异造成的隔阂更是难以逾越"（王文强、汪田田，2015: 60）。《西游记》蕴涵着大量的典故，这会给这部小说的译者带来挑战。面对这样的困难，余国藩选择了异化翻译加文末注释的方式，以此让英语读者充分了解典故的内涵。在上文所举的第一个例子中，"张良""赤松子"对英语读者来说很可能不太熟悉，在这种情况下，余国藩在文末这样解释"张良"和"赤松子"："张良、韩信、萧何是帮助刘邦建立汉朝的三大功臣，'运筹帷幄之中，决胜千里之外'是《高祖本纪》中对张良超凡入圣军事才华的高度评价"；而对"赤松子"的解释则是"传说中的一位仙人，是神农时期的雨神。见刘向的《列仙传》"（Yu，1977：522）。再以第三个句子为例，余国藩是这样解释的："结草指'把草结成绳子，搭救恩人'，这个典故见于《左传·宣公十五年》。衔环则是'嘴里衔着玉环'，该典故则见于《后汉书·杨震传》；'结草衔环'意思是永怀感恩之心。"（Yu，1978：534）从中可以看到，余国藩为翻译这部作品博览群书，为译文读者进一步了解中国文学指明了方向，其付出的努力着实值得钦佩。

三、余国藩对《西游记》比喻、成语的翻译

（1）好妖精，停下阴风，在那山凹里，摇身一变，变做个花容月貌的女儿，眉清目秀，齿白唇红，左手提着一个清砂罐儿……（吴承恩，1954：305-306）

Dear monster! She lowered her dark wind into the field of the mountain, and, with one shake of her body, she changed into a girl with a face like the moon and features like flowers. One cannot begin to describe the bright eyes and the elegant brows, the white teeth and the red lips. Holding in her left hand a blue sandstone pot... （Yu，1978：19）

（2）那刘洪睁眼看见殷小姐面如满月，眼似秋波，樱桃小口，绿柳蛮腰，真个有沉鱼落雁之容，闭月羞花之貌……（吴承恩，1954：91）

Liu Hung noticed the beauty of Lady Yin, who had a face like a full moon, eyes like autumnal water, a small, cherrlike mouth, and a tiny, willow-like waist. Her features were striking enough to sink fishes and drop wild geese, and her complexion would cause the moon to hide and put the flowers to shame... （Yu，1977：201）

（3）却说殷小姐痛恨刘贼，恨不食肉寝皮，只因身怀有孕，未知男女，万不得已，权且勉强相从。（吴承恩，1954：92）

We now tell you that Lady Yin hated the bandit Liu so bitterly that she wished she could eat his flesh and sleep on his skin! But because she was with a child and did not know whether it would be a boy or a girl, shehad no alternative but to yield reluctantly to her captor. (Yu, 1977: 203)

(4)这沙僧见了大怒道："我老沙，行不更名，坐不改姓，哪里又有一个沙和尚！不要无礼，吃我一杖！"（吴承恩，1954：663）

Enraged by the sight, Sha Monk cried, "Old Sand here neither changes neither his name when he walks nor his surname when he sits. How could there be another Sha Monk? Don't be impudent! Have a taste of my staff!"（Yu, 1980: 114)

孔慧怡在《翻译·文学·文化》中曾讨论了汉语文化体系中的美女形象，概括了中国美女的特征："柳叶眉，杏核眼，樱桃口，瓜子脸，杨柳腰。"（孔慧怡，1999：41）汉语中常用来形容美女的词有"娥眉""柳腰""云鬓""金莲""肌肤胜雪"等。通过例（1）和例（2）两个例子，可以看到余国藩采用直译的翻译策略，最大限度地还原了汉语的"美人形象"。《现代汉语词典》对成语的解释是"人们长期以来习用的、简洁精辟的定型词组或短句"（2013：166）。就成语的翻译来说，"汉语成语不仅语言结构、表达方式具有鲜明的民族特色，而且其内容意义也具有中国文化的独特渊源，同民族文化有着极其密切的联系"（王国安、王小曼，2003：209）。而在文学语境下的成语翻译与词典翻译却有很大不同。"文学作品作为有血有肉的'有机体'，成语已经转换为组成有机体的'细胞'。"（王文强、汪田田，2015：61）因此，一般来说，在文学语境中，突出成语"异质""民族性"的"异化"翻译策略应把握好尺度，而不能按照词典照本宣科，否则就会影响文本的流畅性。以"沉鱼落雁"为例，该成语源自《庄子·齐物论》："毛嫱、西施，人之所美也；鱼见之深入，鸟见之高飞，麋鹿见之决骤。"（陈鼓应，2020：90）同"闭月羞花"一样，皆是用来形容女子的容貌之美。阅读余国藩的译文，可以看到译者有意通过"异化"的翻译策略来最大限度地还原汉语的成语文化。值得一提的是,译者有意增添了"Liu Hung noticed the beauty of Lady Yin"这句补充信息,这无疑对译文读者理解这两个成语的内涵大有裨益。由于译者特定的翻译目的和翻译原则不同,与余国藩的译本相较,阿瑟・韦利、海伦・海耶斯、李提摩太的《西游记》译本在很大程度上则无心对原著中这些典故、成语予以注释或是阐释。① 与这些译本相比,余国藩《西游记》全译本的学术性可以说体现得淋漓尽致。

第六节 本 章 小 结

作为英语世界产生的第一个《西游记》全译本,余国藩的译本紧扣当代《西游记》学术史的脉搏,在密切关注这部小说的最新研究动态的同时,作为这部小说一流的研究者,余国藩"重新发现"了《西游记》中被民国学者忽略的宗教成分,这尤其表现在他对小说道教元素的挖掘上,并将其展现在译本中。不唯如此,余国藩坚持"异化"、文内增译或是添加注释的翻译策略,这不仅让这个译本充满着浓厚的异国情调,其广博的注释更是大大增添了译本的学术性。魏斐德(Frederic Wakeman)在1980年5月29日的《纽约书评》(*The New York Review of Books*)中发表了他对余国藩译本的评价:"该译本既忠实于原著,同时译者运用巧妙的翻译技巧,让英语读者能够理解原著精髓,这完全地将这部小说蕴涵的深奥文辞、其他《西游记》译本不曾或者难以传达的诗词翻译出来了。这是第一部真正意义的《西游记》全译本,它精彩绝伦地展现在英语读者面前,让人不禁叹为观止。"(Wakeman,1980)在"中国学"已成为"显学"的历史背景下,越来越多的文学爱好者、专业评论

---

① 以《西游记》主要译者对"沉鱼落雁""闭月羞花"的翻译为例,阿瑟・韦利只是模糊地将其意译为"who was indeed matchless beauty"(Waley,1942:87);李提摩太则将其更为粗略地译为"the beautiful bride"(Richard,1913:109-110);海伦・海耶斯则没有翻译这一部分。

家、比较文学学生加入这部小说的研究，阿瑟·韦利的译本虽然广受欢迎，但是不能满足这些"专业读者"的要求，在这样的背景下，余国藩的《西游记》全译本应运而生。拉铁摩尔(David Lattimore)在1983年3月6日的《纽约时报书评》中发表了这个译本的书评："韦利的译本或许捕捉到了孙悟空的神韵，但是这个译本毕竟只占原著的三分之一，译者并没有尝试去译出原著精神层面的深度以及丰富的文体风格。而就这些方面来说，余国藩译本远远胜过韦利的译本，现在英语世界的读者有了新的阅读选择。"(Lattimore, 1983)可以说，该译本的产生与当时的历史语境、译者素养和《西游记》学术史研究动态紧密相联，在很大程度上是三者共同作用的产物。

第六章　结　　论

鲁迅在《中国小说史略》中将《红楼梦》定义为"清之人情小说"，并在其文章《〈绛洞花主〉小引》中总结了学界对该小说主题的评价："经学家看见《易》，道学家看见淫，才子看见缠绵，流言家看见宫闱秘事……"（鲁迅，2006：177）《西游记》同样是一部意蕴深远、具备多种阐释可能的经典作品。自其问世以来，关于这部小说的解读可以说众说纷纭，从明代李卓吾的"心学"解读，再到清代的"证道说""佛教阐释""儒家解读"，学界对《西游记》的主旨探索始终没有停歇。这一时期，《西游记》经来华传教士之手传入英语世界，在他们的阐释下，这部小说在很大程度上被视作"迷信小说"。尽管李提摩太对《西游记》的评价颇高，但这部小说只是译者"援佛入耶"的工具而已，即在李提摩太眼中，《西游记》是一部蕴涵着基督教精神的作品。1923年，胡适的《〈西游记〉考证》否定儒、释、道家的宗教解读，认为这部小说"至多不过是一部很有趣味的滑稽小说，神话小说，他并没有什么微妙的意思，他至多不过是有一点爱骂人的玩世主义罢了"（胡适，1923：51）。他的观点在相当长时间内影响着国内外《西游记》的研究者。通过阿瑟·韦利的《西游记》译本，这部小说成为英语世界读者眼中的经典之作。而随着《西游记》学术研究的不断进展，这部小说的宗教成分被重新挖掘出来，蕴涵着浓厚学术性的余国藩的全译本也由此"应运而生"。

第一节 本研究的发现

本书以历时性研究为手段，以时间先后为纵线，对英语世界的《西游记》译介进行整理、归纳和分析。

全书由六章构成，第一章为绪论部分，包括本书的研究方法、研究内容等方面。第二章就晚清时期以传教士汉学家为主体的《西游记》英译文、片段、词条展开论述，提出早期《西游记》英译的"隐形传播"这一观点，将《西游记》最早的英译时间确定为1822年。第三章重点讨论海伦·海耶斯的《西游记》译本，分析译者对这部小说的佛教阐释。第四章聚焦于阿瑟·韦利的译本，探讨"二战"历史语境、译者本人思想倾向对译本最终面貌的影响。第五章在当代《西游记》学术史研究的框架下，分析余国藩的《西游记》全译本。第六章为结论部分。

自1822年马礼逊在《华英字典》中首次收录《西游记》中的部分谚语开始，到1983年余国藩的《西游记》全译本问世，这部小说在英语世界从"种子"到最终"成形"共历经了160余年的历史。在此期间，《西游记》始终吸引着不同身份的译者，涌现出大量的《西游记》英译文本。目前，这部小说已经实现了在英语世界的"经典化"，成为"世界文学"的典型作品。但时至今日，学界尚未出现对这些译本进行系统研究的专著。本书采用描述翻译学和翻译史学研究的方法，主要探讨了以下内容：《西游记》英译的历史文化语境、译者的翻译目的、译者身份对译文的影响、译者所采取的翻译策略以及译本的影响等方面。研究发现，受历史文化语境、译者文化身份以及他们不同的翻译策略等因素的影响，他们笔下的译文差异明显，在不同历史时期有着鲜明的时代特色；同时，这些译者对这部小说的翻译阐释在很大程度上与《西游记》的学术史研究是同步的。根据译者身份、翻译目的、译本形式，以及这些《西游记》的译者们对这部小说的阐释与解读，本书将《西游记》在英语世界的译介史大致分为四个阶段：第一个阶段为1822年至1916年；第二阶段为 1917 年至 1932 年；第三个阶段是从 1942 年至 1968 年；第四个阶段则是从 1969 年至 1983 年。

就第一个阶段来说，除翟理斯有着很深的汉学积淀外，其他译者大多是"业余的汉学家"，他们的身份多是传教士或者领事馆工作人员。《西游记》之所以受到关注，与西方人将其视为"了解中国的窗口"的原因相关。由于受到具体历史语境和译者特殊身份的影响，他们译笔下的《西游记》在很大程度上被涂抹上了浓厚的"意识形态"色彩，即出于传教目的，这部小说被多数传教士视作了解中国人信仰、思想状态的工具，原著的文学性在很大程度上遭到了"抹杀"。在他们的介绍或者译笔下，这部小说在很大程度上被视为中国人"迷信观"的代表。需要指出的是，作为《西游记》英译史上第一个节译本的译者，尽管李提摩太对这部小说有着很高的评价，但是他的出发点在于"援佛入耶"，这在本质上与之前传教士汉学家的翻译动机是一样的，也就是说，他们在很大程度上是将其作为传播基督教的工具。

就第二个阶段来说，库寿龄在其《中国百科全书》中就《大唐西域记》和《西游记》做出区分，否定了"丘处机作者论"的观点，这比 1921 年胡适在《西游记·序》中否定"丘作论"早了四年之久，其意义不言而喻。其后的 1930 年，海伦·海耶斯的《西游记》译本在英国、美国出版，成为首个在英美本土发行的《西游记》英译本。尽管译者对《西游记》的佛教阐释存在着以偏概全的倾向，然而，它的出现意味着《西游记》走出了"传教士阐释阶段"，序言中大幅引用胡适考证《西游记》的最新成果，正式开启了这部小说在英语世界的"现代之旅"，在向英语读者普及有关《西游记》的基本知识上发挥了重要作用。

第三个阶段最突出的代表为阿瑟·韦利的《西游记》英译本《猴》，该译本于 1942 年出版后便受到读者的喜爱，此后多次再版，成为《西游记》英译史上最经典的译本。该译本于 1961 年被"企鹅经典丛书"收录，从而正式确立了其在英语世界的经典地位。此外，阿瑟·韦利的《猴》还被转译为西班牙语、德语、法语、瑞典语等语言，在西方世界产生了深远的影响。通过他的译本，孙悟空的形象在英语世界深入人心。阿瑟·韦利的译本一方面接受胡适《考证》一文的成果，另一方面他本人的思想倾向也对译文的最终面貌形成了可见的影响。在二者的"合力"下，他的译本极力淡化原著的宗教色彩，这让译本凸显出浓厚的人文精神，《西游记》作为"讽刺性的滑稽小说、神话小说"的主题观念在很长时间内支配着西方读者、《西游记》研究者对这部小说的认知。同时，他的译文片段也被本时期的英语世界中国文学教材所采用，这让更多的英语读者了解到这部小说的艺术魅力。

而就第四个阶段来说，随着当代《西游记》学术研究的到来，胡适的《〈西游记〉考证》以及阿瑟·韦利译本的权威性不断受到挑战，有关这部作品的宗教成分（尤其是道教元素）成为学界关注的焦点。余国藩不仅精通中英双语，而且是研究这部小说的资深学者，他的翻译策略以"异化"为主，力求最大限度地传达中国文化。他的译本紧扣这部小说的研究脉搏，可以说是当代《西游记》学术研究的产物。

第二节　本书的不足之处

碍于笔者的研究视野和理论修养，本书存在一定的局限性。概言之，其不足之处主要体现在以下几个方面。

首先，由于《西游记》英译本数量庞杂，笔者只能尽可能地描述、归纳所能占有的资料，其中难免有些《西游记》译本被笔者所遗漏，这很可能会使研究的准确性和完整性存在某些缺憾。但是这些在本研究中缺失的译本，为我们下一步工作指出了方向：努力挖掘本研究缺失的材料，可能会为这部小说的翻译研究带来新的启发。

其次，自 1758 年《西游记》被译成日文开始，这部小说还被翻译成俄语、德语、法语等世界上重要的语言，然而由于所能掌握语种的限制，笔者目前只能研究这部小说的英译本，不能参照对比不同语种的《西游记》译本。另外，有个别《西游记》的英译本转译于汉语以外的语言，如 1921 年美国译者马腾斯（Fredric Herman Martens）将德国著名汉学家卫礼贤（Richard Wilhelm）的德文版《中国民间故事》（*Chinesisch Volksmarchen*）转译而成的《中国神话故事》（*Chinese Fairy Book*），此故事集中便收录了有关这部小说的情节。由于笔者才疏学浅，在不懂德语的情况下，未敢根据英语故事内容揣测德语文本，这实在是个遗憾。

第三节　后续研究的设想

首先，文学经典在很大程度上是由持续的重写行为，也即持续的审美阐释及审美再创造行为所造就的，它是有效发挥文学的继承与发展关系、传播与接受效应的一个重要成果。阿瑟·韦利的《西游记》译本不仅在推动这部小说在英语世界实现"经典化"的过程中发挥着重要的作用，而且通过这部译作，他所塑造的"猴王"受到英语作家的关注，"孙悟空"因此成为英、美作家乐于解构、重塑的重要形象。以"猴王"为主角的代表作品包括汤婷婷的《孙行者》（*Tripmaster Monkey：His Fake Book*）、赵惠纯（Patricia Chao）的《猴王》（*Monkey King*）以及毛翔青（Timothy Mo）的《猴王》（*The Monkey King*）。这些作品中所塑造的猴王形象与阿瑟·韦利译本、《西游记》原著中的孙悟空形象有着哪些相同和不同之处，这些作家之所以重塑猴王形象的原因又是什么？这些问题都为后续研究指明了方向。

其次，由于本书研究的限制，笔者并未将所有的《西游记》英译本涵盖在内。中华人民共和国成立后，中国大陆也发行了一些《西游记》的英译本，这些译本多是由专门的对外译介机构（外文局）发行，表现出"主动输出性"的译介状态。那么，他们翻译《西游记》的原因是什么？由中国大陆发行的《西游记》英译本在章节选择上存在什么特点？是否与历史语境也存在着很大的关联？译者采用何种翻译策略？这些译本的海外接受效果如何？举例来说，外文出版社于1982年至1986年推出了詹纳尔翻译的《西游记》全译本，这个全译本推出的时间只比余国藩的译本晚三年，这个全译本在底本选择、译者翻译策略、海外接受效果等方面都值得研究者去关注。

参 考 文 献

[1] Acton, Harold. *Memoirs of an Aesthete* [M]. London: Hamish Hamilton Ltd, 1984.

[2] Baker, Mona & Saldanha, Gabriela, eds. *Routledge Encyclopedia of Translation Studies* [M]. Shanghai: Shanghai Foreign Language Education Press, 2004.

[3] Ball, Dyer & Ball, James Dyer. Scraps from Chinese Mythology [J]. *The China Review: or Notes and Queries on the Far East*, 1884, 13(2): 75-85.

[4] Beal, Samuel. *Buddhism in China* [M]. New York: E. & J. B. Young & Co., 1884.

[5] Beal, Samuel. *Buddhist Records of the Western World* [M]. London: Kegan Paul, Trench, Trübner & Co., 1911.

[6] Beal, Samuel. *The Life of Hiuen-Tsiang* [M]. London: Kegan Paul, Trench, Trübner & Co. Ltd, 1884.

[7] Beck, L. Adams. *Introduction* to *The Sketch Book of the Lady Sei Shōnagon* [M]. London: John Murray, 1930.

[8] Birch, Cyril. *Anthology of Chinese Literature: From the Fourteenth Century to the Present Day* [M]. New York: Grove Press, 1972.

[9] Bunyan, John. *The Pilgrim's Progress* [M]. Stockholm/London: The Continental Book Company, 1946.

[10] Candlin, Clara M. *The Herald Wind: Translations of Sung Dynasty Poems, Lyrics and Songs* [M]. London: John Murray, 1933.

[11] Candlin, Clara M. *The Rapier of Lu: Patriot Poet of China* [M].

London:John Murray, 1946.

[12] Candlin, George T. *Chinese Fiction* [M]. Chicago: The Open Court Publishing, 1898.

[13] Carter, John. That Rara Avis, a Realistic Novel out of the Orient[N]. *The New York Times*, 1929-06-02.

[14] Chai, Chu & Chai, Winberg. *A Treasure of Chinese Literature: A New Prose Anthology Including Fiction and Drama* [M]. New York: Appleton-Century, 1965.

[15] Chan, Hing-ho. The First Translation of a Chinese Text into a Western Language: The 1592 Spanish Translation of *Precious Mirror for Enlightening the Mind*[C]//Chan, Leo Tak-hung, ed. *One into Many: Translation and the Dissemination of Classical Chinese Literature*. Amsterdam and New York: Rodopi, 2003.

[16] Ch'ên, Shou-yi. *Chinese Literature: A Historical Introduction*[M]. New York: Ronald Press, 1961.

[17] Cordier, Henri. *Bibliotheca Sinica: Dictionnaire Bibliographique des Ouvrages Relatifs à L'Empire Chinois, Vol III* [M]. Paris: Librairie Orientaliste Paul Geuthner, 1906-1907.

[18] Couling, Samuel. *The Encyclopaedia Sinica* [M]. Shanghai: Kelly & Walsh, Ltd, 1900.

[19] Cranmer-Byng, L. *A Lute of Jade*[M]. London: John Murray, 1917.

[20] Damrosch, David. *What Is World Literature?* [M]. New Jersey: Princeton University Press, 2003.

[21] Dawson, Raymond. *The Legacy of China* [M]. Oxford: Clarendon Press, 1964.

[22] David, Healy. *The U. S. Expansionism: The Imperialist Urge in the 1890s*[M]. Madison: University of Wisconsin Press, 1970.

[23] Davidson, Martha. *A List of Published Translations from Chinese into English, French, and German. Part I: Literature, Exclusive of Poetry*

[M]. New York: The American Council of Learned Societies, 1952.

[24] De Gruchy, J. W. *Orienting Arthur Waley: Japonism, Orientalism, and the Creation of Japanese Literature in English* [M]. Honolulu: University of Hawaii Press, 2003.

[25] Dudbridge, Glen. *Aborigines of South Taiwan in the 1880s: Papers by the South Cape Lightkeeper George Taylor* [M]. Taipei: Institute of Taiwan History, 1999.

[26] Dudbridge, Glen. *The Hsi-yu chi: A Study of Antecedents to the Sixteenth-century Chinese Novel* [M]. Cambridge: Cambridge University Press, 1970.

[27] Dudbridge, Glen. The Hundred-chapter *Hsi-yu chi* and Its Early Versions [J]. *Asia Major*, 1969(14):141-191.

[28] Edkins, Joseph. Notices of Buddhism in China [N]. *The North-China Herald*, 1854-07-01.

[29] Edkins, Joseph. *The Early Spread of Religious Ideas: Especially in the Far East* [M]. London: The Religious Tract Society, 1893.

[30] Egerton, Clement. *The Golden Lotus* [M]. London: Routledge & Kegan Paul LTD, 1939.

[31] Eoyang, Eugene Chen. *The Transparent Eye: Reflections on Translation, Chinese Literature, and Comparative Poetics* [M]. Hawaii: University of Hawaii Press, 1993.

[32] Esherick, Joseph W. *The Origins of the Boxer Uprising* [M]. Berkeley & Los Angeles & London, University of California Press, 1987.

[33] Feng Wang & Philippe Humblé. Readers' Perceptions of Anthony Yu's Self-retranslation of *The Journey to the West* [J]. *Perspectives*, 2020(5): 756-776.

[34] Feuerwerker, Yi-Tse Mei. The Chinese Novel [C] // Theodore de Barry, ed. *Approaches to the Oriental Classics: Asian Literature and Thought in General Education*. New York and London: Columbia University Press,

1958.

[35] Garritt, Joshua Crowel. Popular Account of the Canonization of the Gods, Illustrated [J]. *Chinese Recorder and Missionary Journal*, 1899 (4):162-173.

[36] Gentzler, Edwin. *Contemporary Translation Theories* [M]. New Haven: Yale University Press, 1993.

[37] Giles, Herbert Allen. *Adversaria Sinica* (*Series 1*) [M]. Shanghai: Messrs. Kelly & Walsh, Ltd, 1914.

[38] Giles, Herbert Allen. *A Glossary of Reference on Subjects Connected with the Far East* (*Second Edition*) [M]. Hong Kong: Messrs. Lane, Crawford & Co.; Shanghai & Yokohama, Messrs. Kelly & Walsh; London: Bernard Quaritch, 1886.

[39] Giles, Herbert Allen. *A Glossary of Reference on Subjects Connected with the Far East* (*Third Edition*) [M]. Shanghai: Messrs, Kelly & Walsh, Ld, 1900.

[40] Giles, Herbert Allen. *A History of Chinese Literature* [M]. London: William Heinemann, 1901.

[41] Giles, Herbert Allen. *Strange Stories from a Chinese Studio* [M]. London: T. de La Rue & Co, 1880.

[42] Giles, Herbert Allen. The Memoirs of H. A. Giles[J]. Edited and with an Introduction by Chales Aylmer. *East Asian History*, 1997(13 and 14): 1-91.

[43] Gill, Brendan. Symposim[J]. *The New Yorker*, 1943-10-22.

[44] Goldblatt, Howard. Why I Hate Arthur Waley? Translating Chinese in a Post-Victorian Era[J]. *Translation Quarterly*, 1999(13 and 14):33-47.

[45] Hawkes, David. Arthur Waley[C]//John Minford & Siu-kit Wong, eds. *Classical, Modern and Humane: Essays in Chinese Literature*. Hong Kong: The Chinese University of Hong Kong Press, 1989.

[46] Hayes, Helen. *The Buddhist Pilgrim's Progress* [M]. London: John

Murray, 1930.

[47] Healy, David. *The U. S. Expansionism: The Imperialist Urge in the 1890s* [M]. Madison: University of Wisconsin Press, 1970.

[48] Hermans, Theo. *Translation in Systems: Descriptive and System-oriented Approaches Explained* [M]. Manchester: St. Jerome Publishing, 1999.

[49] Hsia, Chih-ching. *The Classical Chinese Novel: A Critical Introduction* [M]. New York: Columbia University Press, 1968.

[50] Hsia, Chih-ching. *C. T. Hsia on Chinese Literature* [M]. New York: Columbia University Press, 2004.

[51] Hu, Shih. *Introduction to the American Edition, Monkey: Folk Novel of China* [M]. New York: Grove Press, 1943.

[52] Isherwood, Christopher. *Christopher and His Kind, 1929-1939* [M]. New York: Farrar Straus & Giroux, 1976.

[53] Johns, Francis A. *A Bibliography of Arthur Waley* [M]. New Jersey: Rutgers University Press, 1968.

[54] Kane, Daniel. *Introduction to The Monkey King's Amazing Adventure: A Journey to the West in Search of Enlightenment* [M]. Tokyo/Rutland, Vermont/Singapore: Tuttle Publishing, 2008.

[55] Kao, George. *Chinese Wit and Humor* [M]. New York: Coward-McCann, 1946.

[56] Kobayashi, Nobuko. *The Sketch Book of the Lady Sei Shônagon* [M]. London: John Murray, 1930.

[57] Lim, Sian-tek. *Folk Tales from China* [M]. New York: The John Day Company, 1944.

[58] Lin, Yutang. *My Country and My People* [M]. New York: The John Day Company, 1935.

[59] Lin, Yutang. *The Importance of Living* [M]. New York: The John Day Company, 1937.

[60] Lai, Ming. *A History of Chinese Literature* [M]. New York: The John

Day Company, 1964.

[61]Lattimore, David. The Complete 'Monkey' [N]. *The New York Times Book Review*, 1983-03-06.

[62]Lefevere, André. *Translation, Rewritings and the Manipulation of Literary Fame*[M]. Shanghai: Shanghai Foreign Language Education Press, 2007.

[63]Lhamon, W. J. *Missionary Fields and Forces of the Disciples of Christ* [M]. New York: Fleming H. Revell Company, 1898.

[64]Liu, Ts'un-Yan. *Wu Ch'êng-ên: His Life and Career*[J]. T'oung Pao, 1967(2):1-97.

[65]Liu, Wu-chi. *An Introduction to Chinese Literature* [M]. Bloomington and London: Indiana University Press, 1966.

[66]Mason, Mary Gertrude. *Western Concepts of China and the Chinese, 1840-1876*[M]. New York: The Seeman Printery, 1939.

[67]Macgowan, John. *Chinese Folk-lore Tales* [M]. London: Macmillan and Co., Limited, 1910.

[68]Morris, Ivan. *Madly Singing in the Mountains: An Appreciation and Anthology of Arthur Waley*[M]. London: George Allen and Unwin Ltd, 1970.

[69]Morrison, Robert. *A Dictionary of the Chinese Language, in Three Parts: Part First, Containing Chinese and English, Arranged According to the Radicals*[M]. Macao: The Honorable East India Company, 1815.

[70]Morrison, Robert. *A Dictionary of the Chinese Language in the Three Parts: Part the Third, Consisting of the English and Chinese* [M]. Macao: The Honorable East India Company, 1822.

[71]Munday, Jeremy. *Introducing Translation Studies: Theories and Applications* [M]. Shanghai: Shanghai Foreign Language Education Press, 2014.

[72]Obituary: Christina Chan Wu(1928-2021) [J]. *Ithaca Journal*, 2021-10-29.

[73]Russel, Nellie Naomi. *Gleanings from Chinese Folklore*[M]. New York & Chicago & Toronto & London & Edinburgh, 1915.

[74]Pym, Anthony. *Method in Translation History* [M]. Beijing: Foreign Language Teaching and Research Press, 2007.

[75]Richard, Timothy. *A Mission to Heaven: A Great Chinese Epic and Allegory*[M]. Shanghai: The Christian Literature Society's Depot, 1913.

[76]Richard, Timothy. *An Epistle to All Buddhists*[M]. Shanghai: Christian Literature Society, 1916a.

[77]Richard, Timothy. *Forty-five Years in China: Reminiscences*[M]. London: T. Fisher Unwin, 1916b.

[78]Richard, Timothy. *The New Testament of Higher Buddhism*[M]. London: T. & T. Clark, 1910.

[79] Skidelsky, Robert. *John Maynard Keynes, Vol.I: Hopes Betrayed, 1883-1920*[M]. London: Macmilan, 1983.

[80]Smith, Arthur Henderson. *Chinese Characteristics* [M]. New York: Fleming H. Revell Company, 1894.

[81] Taylor, G. Chinese Folklore [J]. *The China Review: Or Notes and Queries on the Far East*,1889, 16(3):166-177.

[82]Taylor, G. The Adventures of an Emperor in Hell [J]. *The China Review: or Notes and Queries on the Far East*, 1890, 18(4):248-261.

[83]Taylor, G. The Marvelous Genealogy of Hsuen Tseng[J]. *The China Review: Or Notes and Queries on the Far East*, 1889, 17(5):258-265.

[84]Tiedemann, R. G. *Reference Guide to Christian Missionary Societies in China: From the Sixteenth to the Twentieth Century*[M]. New York: M. E. Sharpe, Inc, 2009.

[85]Toury, Gideon. *Descriptive Translation Studies and Beyond*[M]. Shanghai: Shanghai Foreign Language Education Press, 2007.

[86]Turner, Frank B. In Remembrance: Rev. G. T. Candlin, D. D.[J]. *The Chinese Recorder*, 1924(10):674.

[87] Tymoczko, Maria. *Translation in a Postcolonial Context: Early Irish Literature in English Translation* [M].Manchester: St.Jerome Publishing, 1999.

[88] Unwin, Stanley. *The Truth About a Publisher* [M]. London: George Allen & Unwin, Ltd, 1960.

[89] Varg, Paul A. *Missionaries, Chinese and Diplomats: The American Protestant Missionary Movement in China, 1890-1952* [M]. Princeton: Princeton University Press, 1958.

[90] Wakeman, Frederic. The Monkey King [N]. *The New York Review of Books*, 1980-05-29.

[91] Waley, Alison. *Dear Monkey* [M]. Indianapolis & New York: The Bobbs-Merrill Company, translated from the Chinese by Arthur Waley, abridged by Alison Waley, 1973.

[92] Waley, Arthur. *A Hundred and Seventy Chinese Poems* [M]. London: Constable and Company, 1918.

[93] Waley, Arthur. *Chinese Poems* [M]. London: George Allen & Unwin, Ltd, 1946.

[94] Waley, Arthur. "Introduction" in *Chin P'ing Mei: The Adventurous History of His Men and Six Wives* [M]. Trans. Bernard Miall. London: The Bodley Head, 1939.

[95] Waley,Arthur.*Monkey* [M]. London:George Allen & Unwin Ltd, 1942.

[96] Waley, Arthur. "Preface" in *Dream of the Red Chamber* [M]. Wang Chi-chen,Trans. New York: Doubleday, Doran & Company, 1929.

[97] Waley, Arthur. Preface to *Glue and Lacquer: Four Cautionary Tales* [M]. Acton, H. & Lee, Y. H. Trans. Great Briton: Purnell and Sons Ltd, 1947.

[98] Waley, Arthur. *The Analects of Confucius* [M]. London: George Allen & Unwin LTD, 1938.

[99] Waley, Arthur. *The Secret History of the Mongols and Other Pieces* [M].

London: George Allen & Unwin LTD, 1963.

[100] Waley, Arthur. *The Travels of An Alchemist: The Journey of the Taoist Ch'ang Ch'un From China to the Hindukush at the Summons of Chingiz Khan*[M]. London: George Routleadge & Sons, LTD, 1931.

[101] Waley, Arthur. *Yuan Mei: Eighteenth Century Chinese Poet* [M]. London: George Allen & Unwin, Ltd, 1956.

[102] Wang, R Gang & Xu, Dongfeng. Three Decades' Reworking on the Monk, the Monkey, and the Fiction of Allegory [J]. *Journal of Religion*, 2016(1):102-121.

[103] Ware, James. The Fairyland of China[J]. *The East of Asian Magazine*, 1905(4):80-89.

[104] Weber, Max. *The Religion of China: Confucianism and Taoism*[M]. Glencoe: Free Press, 1951.

[105] West, Andrew. *Catalogue of the Morrison Collection of Chinese Books* [M]. London: School of Oriental and African Studies, 1998.

[106] Williams, Samuel Wells. *Easy Lessons in Chinese: Or, Progressive Exercises to Facilitate the Study of That Language; Especially Adapted to the Canton Dialect*[Z]. Macao: Printed at the Office of the *Chinese Repository*, 1842.

[107] Wylie, Alexander. *Memorials of Protestant Missionaries to the Chinese: Giving a List of Their Publications, and Obituary Notices of the Deceased, with Copies Indexes*[M]. Shanghai: American Presbyterian Mission Press, 1867.

[108] Wylie, Alexander. *Notes on Chinese Literature: With Introductory Remarks on the Progressive Advancement of the Art, and a List of Translations from the Chinese into Various European Languages*[M]. Shanghai: American Presbyterian Mission Press, 1867.

[109] Yu, Anthony. C. Chapter Nine and Problem of Narrative Structure in the *His-yu-chi*[J]. *Journal of Asian Studies*, 1975(2):295-311.

[110] Yu, Anthony. C. *The Monkey and the Monk：An Abridgment of The Journey to the West*[M]. Chicago and London：The University of Chicago Press, 2006.

[111] Yu, Anthony. C. Readability：Religion and the Reception of Translation [J]. *Chinese Literature：Essays, Articles, Reviews (CLEAR)*, 1998(20):89-100.

[112] Yu, Anthony. C. Religion and Literature in China：The 'Obscure Way' of *The Journey to the West*[C]//*Comparative Journeys：Essays on Literature and Religion East and West*. New York：Columbia University Press, 2009.

[113] Yu, Anthony. C. *The Journey to the West, Vol. 1*[M]. Chicago and London：The University of Chicago Press, 1977.

[114] Yu, Anthony. C. *The Journey to the West, Vol. 2*[M]. Chicago and London：The University of Chicago Press, 1978.

[115] Yu, Anthony. C. *The Journey to the West, Vol. 3*[M]. Chicago and London：The University of Chicago Press, 1980.

[116] 安斯图兹. 真宗佛教与轴心文明[C]//赖品超, 学愚. 天国、净土与人间：耶佛对话与社会关怀. 北京：中华书局, 2008.

[117] 辩机. 大唐西域记[M]. 董志翘, 译. 北京：中华书局, 2017.

[118] 程章灿. 魏理与布卢姆斯伯里文化圈交游考[J]. 中国比较文学, 2005(1)：137-153.

[119] 蔡乾. 波乃耶父子《西游记》节选译介考论[J]. 国际汉学, 2018(1)：57-67, 204.

[120] 常凯. 菩萨道与上帝国——李提摩太与《大乘起信论》的耶化诠释[J]. 基督宗教研究, 2021(2)：465-475.

[121] 陈琳.《西游记》海斯译本研究[J]. 安徽工业大学学报(社会科学版), 2015(2)：53-56.

[122] 陈明洁.《天路历程》与《西游记》之平行比较[J]. 河海大学学报(哲学社会科学版), 2006(3)：67-69, 91, 94-95.

[123]陈平原．中国现代学术之建立——以章太炎、胡适之为中心［M］．北京：北京大学出版社，2010．

[124]陈士斌．西游真诠［M］．上海：上海古籍出版社，1994．

[125]陈士斌诠解，尤侗作序．西游记［M］．上海：上海古籍出版社，1991．

[126]杜萍．《西游记》在英语世界的译介与传播研究［M］．北京：中国社会科学出版社，2020．

[127]段成式．酉阳杂俎［M］．北京：中华书局，2020．

[128]冯自由．《革命逸史》初集［M］．北京：中华书局，1981．

[129]高有鹏．中国现代民间文学史上的"林兰女士"与《民间故事》［J］．文化遗产，2013(3)：79-87，134．

[130]葛校琴．《围城》英译底本考证［J］．外语研究，2013(6)：63-66，112．

[131]古吴困学居士．广学会大有造于中国说［J］．万国公报，1896(88)：6．

[132]顾颉刚．《古史辨》第一册［M］．上海：上海古籍出版社，1981．

[133]顾颉刚．与钱玄同先生论古史书［J］．读书杂志，1923(9)：3．

[134]何明星．《西游记》的漫漫"西游"路［N］．人民日报（海外版），2016-05-19(09)．

[135]洪涛．《西游记》的喜剧元素与英语世界的翻译转移现象［J］．武汉大学学报（人文科学版），2010(2)：222-229．

[136]胡淳艳．西游记传播研究［M］．北京：中国文史出版社，2013．

[137]胡适．胡适口述自传［M］．桂林：广西师范大学出版社，2009．

[138]胡适．胡适论学近著［M］．上海：商务印书馆，1935．

[139]胡适．胡适日记全编4(1923—1926)［M］．曹伯言，整理．合肥：安徽人民出版社，2001．

[140]胡适．文学改良刍议［J］．东方杂志，1917(14)：185-191．

[141]胡适．《西游记》考证［M］//吴承恩．西游记.上海：亚东图书馆，1923．

[142]黄芳．发现林幽——兼论林语堂及"林家铺子"[J].新文学史料，
　　　2019（1）：102-108.

[143]黄鸣奋．英语世界中国古典文学之传播[M].上海：学林出版社，
　　　1997.

[144]黄肃秋．论"西游记"的第九回问题[C]//作家出版社编辑部．西
　　　游记研究论文集.北京：作家出版社，1957.

[145]慧立，彦悰．大慈恩寺三藏法师传[M].北京：中华书局，2006.

[146]冀爱莲．阿瑟·韦利汉学研究策略考辨[M].北京：人民出版社，
　　　2018.

[147]冀爱莲．胡适眼里的海外汉学——以胡适与阿瑟·韦利的交游为
　　　例[C]//杨乃乔，刘芸华，宋炳辉．当代比较文学与方法论建构.
　　　上海：复旦大学出版社，2014.

[148]磯部彰.《西遊記》の受容史研究[M].东京：多贺出版社，1995.

[149]杰西·格·卢茨.中国教会大学史[M].曾钜生，译.杭州：浙江
　　　教育出版社，1988.

[150]江帆．经典化过程对译者的筛选——从柳无忌《中国文学概论》对
　　　《红楼梦》英译本的选择谈起[J].中国比较文学，2011（2）：20-
　　　35.

[151]江帆．他乡的石头记：《红楼梦》百年英译史研究[M].天津：南
　　　开大学出版社，2014.

[152]柯文.在传统与现代性之间——王韬与晚清改革[M].雷颐，罗
　　　检秋，译.南京：江苏人民出版社，1995.

[153]孔慧怡．重写翻译史[M].香港：香港中文大学出版社，2005.

[154]黎子鹏，顾静琴．翻译佛教——李提摩太对《西游记》的基督教诠
　　　释[J].基督教文化学刊，2015（1）：55-78.

[155]李保传．万籁鸣研究[M].成都：四川美术出版社，2016.

[156]李晖."永生"的寓喻叙事：浅析李提摩太对《西游记》的翻译理解
　　　方案[J].北京第二外国语学院学报，2013（8）：28-35.

[157]李明滨．世界第一部中国文学史的发现[J].北京大学学报（哲学

社会科学版），2002（1）：92-95.

［158］李丽．马礼逊《华英字典》及其对中华文化的解读与呈现［J］．国际汉语教学研究，2018（1）：83-90.

［159］李瑞．文本世界理论视阈下的《西游记》专名英译研究［D］．上海：上海外国语大学，2014.

［160］李宪堂．铎巡中华：李提摩太和他的事业［M］//李提摩太著，李宪堂、侯林莉译．亲历晚清四十五年：李提摩太在华回忆录．天津：天津教育出版社，2007.

［161］李新德．晚清新教传教士的中国佛教观［J］．宗教学研究，2007（1）：115-121.

［162］李颖．基督教拯救中国？——伦敦会传教士麦嘉湖研究［D］．福州：福建师范大学，2003.

［163］栗田英彦．国際日本文化研究センター所蔵静坐社資料：解説と目録［J］．日本研究，2013（47）：239-267.

［164］栗田英彦．南山宗教文化研究所所蔵静坐社資料：解説と目録［J］．研究所報，2017（27）：24-61.

［165］梁建东．被遗忘的先驱——陈受颐及其18世纪中西文化接触史研究［J］．深圳大学学报（人文社会科学版），2015（2）：118-123.

［166］林英杰．马礼逊《华英字典》传统经典引用研究［D］．澳门：澳门大学，2012.

［167］刘义庆．世说新语［M］．北京：中华书局，1984.

［168］刘一明．西游原旨［M］．北京：中国致公出版社，2017.

［169］刘修业．吴承恩诗文集［M］．上海：古典文学出版社，1958.

［170］柳存仁．和风堂文集［M］．上海：上海古籍出版社，1999.

［171］刘珍珍．译者宗教意识形态与《西游记》译介中的文本重塑［J］．中国翻译，2017（3）：41-46.

［172］罗琤．出使天国——以传教士李提摩太英译《西游记》为中心的近代基督教本色化传教策略研究［J］．佛学研究，2016（00）：61-69.

［173］鲁迅．集外集拾遗补编［M］．北京：人民文学出版社，2006.

[174] 鲁迅. 中国小说史略[M]. 上海：北新书局，1927.

[175] 骆雯雁. 行动者网络理论在翻译生产描述研究中的应用——以亚瑟·韦利英译《西游记》为例[J]. 外语研究，2020(2)：84-90.

[176] 吕世生. 元剧《赵氏孤儿》翻译与改写的文化调适[J]. 中国翻译，2012(4)：65-69.

[177] 马祖毅，任荣珍. 汉籍外译史[M]. 武汉：湖北教育出版社，1997.

[178] 名教中人. 好逑传[M]. 上海：上海古籍出版社，1996.

[179] 欧阳健. "人文本"《西游记》袭自亚东本辨[J]. 荆楚学刊，2021(1)：13-23，39.

[180] 潘文国. 中籍外译，此其时也——关于中译外问题的宏观思考[J]. 杭州师范学院学报(社会科学版)，2007(6)：30-36.

[181] 蒲松龄. 全本新注《聊斋志异》[M]. 北京：人民文学出版社，2017.

[182] 钱锁桥. 林语堂传：中国文化重生之道[M]. 桂林：广西师范大学出版社，2019.

[183] 钱锺书. 管锥编(一)[M]. 北京：中华书局，1986.

[184] 任继愈. 宗教大辞典[M]. 上海：上海辞书出版社，1998.

[185] 荣立宇. 明清小说中"敕建"的英译问题——以《西游记》《红楼梦》为例[J]. 燕山大学学报(哲学社会科学版)，2017(4)：11-15.

[186] 山邊習學. 佛教と日本文化[M]. 東京：春秋社，1930.

[187] 邵宏. 中日六位作家与中国画论西传——以谢赫六法为例[J]. 诗书画，2016(3)：50-56.

[188] 施晔. 近代传教士所撰上海方言文献考述[J]. 道风：基督教文化评论，2017(1)：115-155.

[189] 宋濂. 元史[M]. 北京：中华书局，1976.

[190] 苏精. 铸以代刻：十九世纪中文印刷变局[M]. 北京：中华书局，2018.

[191] 苏精. 马礼逊与中文印刷出版[M]. 台北：台湾学生书局，2000.

[192]苏艳.《西游记》余国藩英译本中诗词全译的策略及意义[J].外语研究，2009(2)：82-86.

[193]孙楷第.日本东京所见中国小说书目提要[M].北平：国立北平图书馆，1932.

[194]孙艺风.文化翻译[M].北京：北京大学出版社，2016.

[195]孙轶旻.近代上海英文出版与中国古典文学的跨文化传播（1867—1941）[M].上海：上海古籍出版社，2014.

[196]汪辟疆.唐人小说[M].上海：上海古籍出版社，1988.

[197]王伯祥.史记选[M].北京：人民文学出版社，1982.

[198]王岗.余国藩(1938—2015)先生的学术成就与学术理念[J].世界宗教研究，2015(4)：16-33，2.

[199]王立新.美国传教士与晚清中国现代化[M].天津：天津人民出版社，2008.

[200]王丽娜.《西游记》外文译本概述[J].文献，1980(4)：64-78.

[201]王冀青.斯坦因与陈贻范交游考[J].南京师大学报(社会科学版)，2007(4)：60-65.

[202]王齐洲.《西游记》与《心经》[J].学术月刊，2001(8)：78-83.

[203]王秋桂.中国文学论著译丛(上)小说卷[M].台北：台湾学生书局，1985.

[204]王燕.马礼逊与《三国演义》的早期海外传播[J].中国文化研究，2011(4)：206-212.

[205]王燕.《汉籍题解》的小说目录学价值[J].文学遗产，2012(1)：155-158.

[206]王毅.《西游记》词汇研究[M].上海：上海三联书店，2012.

[207]王镇.译介和变形：《西游记》在英美的接受研究[D].南京：南京师范大学，2017.

[208]王佐良.翻译与文化繁荣[C]//郭建中.文化与翻译.北京：中国对外翻译出版公司，2000.

[209]魏源.元史新编[M].长沙：岳麓书社，2012.

[210][日]唯圆房著，毛丹青译注．叹异钞[M]．北京：文津出版社，
　　　1994.

[211]吴承恩．西游记[M]．北京：作家出版社，1954.

[212]吴承恩．西游记[M]．上海：亚东图书馆，1923.

[213]吴承恩．西游记(西游证道书)[M]．长沙：岳麓书社，2008.

[214]吴承恩．西游记(世德堂本)[M]．北京：作家出版社，2016.

[215]吴承恩．亚东图书馆足本《西游记》[M]．太原：北岳文艺出版社，
　　　2013.

[216]吴圣燮．清刻《西游真诠》版本研考——《西游记》版本史之一[J]．
　　　明清小说研究，2007(4)：104-123.

[217]夏志清．感时忧国[M]．广州：广东人民出版社，2015.

[218]夏志清．新文学的传统[M]．台北：时报文化公司，1979.

[219]萧乾．萧乾游记：海外行踪[M]．北京：东方出版社，2006.

[220]熊月之．西学东渐与晚清社会[M]．上海：上海人民出版社，
　　　1994.

[221]严苡丹，宋明蕊．社会历史语境下的《西游记》李提摩太英译本研
　　　究[J]．黑龙江社会科学，2018(4)：145-148.

[222]杨代春．华人编辑与《万国公报》[J]．湖南大学学报(社会科学
　　　版)，2008(6)：21-26.

[223]杨洁．杨洁自述：我的九九八十一难[M]．北京：中国人民大学
　　　出版社，2014.

[224]杨靖．观音与圣灵：李提摩太《西游记》英译本中"观音"形象英译
　　　研究[J]．解放军外国语学院学报，2021(4)：142-149.

[225]杨靖．译经背后的真相——李提摩太英译《妙法莲华经》探微[J]．
　　　外语与外语教学，2018(4)：109-121，150.

[226]于瑾．从《西游记》的翻译看李提摩太的宗教理想[J]．烟台大学
　　　学报(哲学社会科学版)，2014(6)：62-70.

[227]于子桥，刘宁，唐奇芳．2000年美国东亚研究现状[J]．国际政治
　　　研究，2001(3)：135-141.

[228]余光中．分水岭上[M]．北京：国际文化出版公司，2014.

[229]余光中．余光中谈翻译[M]．北京：中国对外翻译出版公司，
2002.

[230]余国藩著，李奭学编译.《红楼梦》、《西游记》与其他[M]．北京：
生活・读书・新知三联书店，2006.

[231]余来明．孙楷第与中国古典小说文献学之创立[J]．明清小说研
究，2009(2)：29-40.

[232]张书绅．新说西游记[M]．上海：上海古籍出版社，1994.

[233]张书绅评，吴承恩著．西游记(注评本)[M]．上海：上海古籍出
版社，2017.

[234]张天翼．"西游记"札记[C]//作家出版社编辑部．西游记研究论
文集．北京：作家出版社，1957.

[235]张星烺．欧化东渐史[M]．上海：商务印书馆，1934.

[236]郑锦怀，吴永昇.《西游记》百年英译的描述性研究[J]．广西社会
科学，2012(10)：148-153.

[237]郑振铎．中国文学研究(上)[M]．北京：作家出版社，1957.

[238]中国基督教协会．圣经[M]．上海：中国基督教协会，2009.

[239]周密．齐东野语[M]．上海：上海古籍出版社，2012.

[240]周予同．周予同经学史论著选集(增订本)[M]．上海：上海人民
出版社，1996.

[241]朱鼎臣．唐三藏西游释厄传[M]．北京：人民文学出版社，1984.

[242]朱徽．中国诗歌在英语世界：英美译家汉诗翻译研究[M]．上海：
上海外语教育出版社，2009.

[243]朱明胜，顾香.《西游记》的熟语翻译——以余国藩、詹纳尔两个
译本为例[J]．江苏海洋大学学报(人文社会科学版)，2021(1)：
65-72.

[244]朱嘉春，罗选民.《西游记》蓝诗玲英译本中译述策略的运用——
兼论译述对典籍外译的意义[J]．外国语(上海外国语大学学报)，
2022(3)：111-120.

[245]朱谦之. 中国景教[M]. 北京：人民出版社，1998.

[246]朱一玄，刘毓忱. 西游记资料汇编[M]. 天津：南开大学出版社，2012.

[247]竺洪波. 四百年《西游记》学术史[D]. 上海：华东师范大学，2005.

[248]邹振环. 影响中国近代社会的一百种译作[M]. 北京：中国对外翻译出版公司，1996.

附录　美国传教士吴板桥《西游记》英译本底本考辨①

A Research on the Source Text of Samuel Isett Woodbridge's
The Golden-Horned Dragon King

摘要：学界通常认为《西游记》的最早译文可以追溯到 1895 年，即美国传教士吴板桥以该小说第十回、第十一回为底本而翻译的《金角龙王》。细读这则译文，发现它与小说相关情节有着较大的差异，这使确定译文的底本至关重要。本文认为南通僮子戏唱本《绘图斩龙卖卦全传》目前最为接近译者当时所使用的底本。希望能正本清源，为《西游记》在英语世界的传播作出贡献。

Abstract：The earliest English translation of *Xi Youji* (*The Journey to the West*) is claimed to be the one published in 1895, namely Samuel Isett Woodbridge's *The Golden-Horned Dragon King*. After reading this translation, the paper finds that its plot varies widely from the relevant part of this novel. So it is necessary to investigate the source text on which the translation is based. The paper holds the view that the *The Complete Story of Executing the Dragon with Illustrated Pictures*, the third Shamanism book of Tongzi Opera from Nantong City is likely to be the one used by the translator. It is hoped this research may contribute to the dissemination of *The Journey to the West* in the English World.

---

① 本文部分内容已发表于《复旦外国语言文学论丛》2021 年春季刊。

关键词：《金角龙王》；吴板桥；底本；十三本半巫书①

Key Words：*The Golden-Horned Dragon King*；Samuel I. Woodbridge；source text；Thirteen and a Half Shamanism Books

1. 引言

1895 年，美国传教士吴板桥（Samuel Isett Woodbridge，1856—1926）的《西游记》译文《金角龙王》（*The Golden-Horned Dragon King*）由《北华捷报》（*North-China Herald*）刊行。该译文副标题为"一则唐朝故事"（*A Story of the T'ang Dynasty*），正文则分为八个章节，分别为：（1）渔夫与樵夫（The Fisherman and the Woodcutter）；（2）人头赌注（The Wager）；（3）洪灾（The Flood）；（4）皇帝的承诺（The Emperor's Promise）；（5）鬼门关（At the Demon Barrier）；（6）阎罗殿（Ad Inferos）；（7）判官营救（The Rescue）；（8）重回阳间（The Return to Earth）。吴板桥将其分为两部分（1-4 章；5-8 章），于 1895 年 8 月 23 日、8 月 27 日分别将其刊登在《北华捷报》（*North China Herald*）上。同年，北华捷报馆（North-China Herald Office）又将译文印成一本 16 页的小册子（章节结构不变）发行，封面标题改为《金角龙王，或称皇帝游地府》（*The Golden-Horned Dragon King；Or the Emperor's Visit to the Spiritual World*），并在封面下方附中文标题"敬鬼神远之"。这则译文的译者吴板桥系晚清时期美南长老会（American Presbyterians（South））派遣来华的传教士。自 1882 年来到中国后，他先后在江苏镇江、上海传教。1902 年，他在上海创立基督教刊物《通问报》（*The Chinese Christian Intelligencer*）。除

① "巫是在长期的自然神崇拜、图腾崇拜和祖先崇拜祭祀过程中逐渐产生出来的专职组织者和执行者，他们行使沟通天人际遇的职责，具备代天神示喻的功能。"（廖奔、刘彦君，2012：21）战国时期，巫文化在楚国盛行，在这《楚辞·九歌》中表现得淋漓尽致。阿瑟·韦利在其《九歌》英译本序言中曾专门讨论了这一文化词汇的英译，"中国'巫'的职能与西伯利亚地区、东北亚地区的萨满类似"（Waley，1955：9），因此他将巫文化译为"Shamanism"，笔者对"巫书"的英译正是借鉴了他的翻译。

《金角龙王》以外，其译作还包括清代章回体中篇小说《雷峰塔奇传》（*The Mystery of White Snake：The Legend of Thunder Peak Tower*，1896）、张之洞《劝学篇》的节译本（*China's Only Hope：An Appeal*，1900）。

　　1980 年，王丽娜女士发表了颇有影响的《〈西游记〉外文译本概述》一文，她指出：“《金角龙王，皇帝游地府》……内容即《西游记》通行本第十回、第十一回‘老龙王拙计犯天条’、‘游地府太宗还魂’的文字选录。”（王丽娜，1980：67）此后，王丽娜的说法在很大程度上被学界所接受（郭明军，2007；郑锦怀，2012；李晖，2016）。然而通过文本细读，我们发现这则译文与《西游记》原著的相关情节有着极大的差异。想要研究这个译文，确定译者所用的底本无疑是研究者需要完成的首要步骤。正如葛校琴教授所指出的：“底本是翻译的出发点，也是翻译质量评判的原始参照。对翻译底本的考证，对翻译批评和译学研究都具有重要意义。”（葛校琴，2013：66）如果研究者弄错译文的底本，很容易得出错误的研究结论，对译者的评价也会有失偏颇。由于《金角龙王》发行年代较为久远，且流传极少，目前收藏该译文的图书馆寥寥无几（香港中文大学图书馆、康奈尔大学图书馆、哈佛大学图书馆），因此国内外学者“只能从一些二手资料里看到它的身影，无法对其展开深入考察”（郑锦怀、吴永昇，2012：148）。2018 年 3 月，笔者曾借助 Google Books 所提供的该译文扫描版（由哈佛大学图书馆提供）对《金角龙王》展开研究，当时受碍于有限的资料，只是模糊地得出《金角龙王》底本为江淮“香火戏”唱本的结论。[①] 本文利用学界最新的研究结论，希

---

　　① 笔者在博士论文中曾认为：“想要探寻到其真正底本，我们认为在当今的社会环境下，似乎有着较大的难度。”（王文强，2019：186）博士毕业后，笔者重新开始探索译文的底本。通过在“孔夫子旧书网”搜索关键词“斩龙卖卦”“金角龙王”“袁天罡”等词汇，笔者搜寻到《绘图斩龙卖卦全传》一书，在细读卖家所提供的图影后，基本确定它与吴板桥的英译文非常契合。之后笔者联系到《绘图斩龙卖卦全传》一书的拥有者——扬州市朱明先生，虽素昧平生，但朱先生古道热肠，非常爽快地将此书拍照、传递给笔者，为破解底本奠定了基础。特此致谢！而手抄本《新刻斩龙卖卦全传》则是笔者检索“国家图书馆古籍馆”搜寻到的，在淮北师范大学葛文峰的帮助下，笔者以最快的速度得到此书。在此一并致谢！

望能够考证出译文的底本，从而为这个译文的后续研究奠定基础。

2.《金角龙王》的内容辨析

一般来说，获取译本底本的方法主要有两种：一是译者前言（Translator's Preface）、译文封面等"副文本"信息；二是译文的正文。

就第一种情形来看，在《金角龙王》的译者前言中，吴板桥更感兴趣的是借助这则故事对中国人的迷信观大加鞭挞：

> 西方人颇受基督教的影响，因此他们只会将我们翻译的这个故事看作哄哄孩童或者消磨时间的小把戏。一个英语国家的男孩根本不会相信《巨人杀手杰克》（*Jack the Giant Killer*）所描述的内容，也不会相信这则龙王的冒险故事。（Woodbridge, 1895：2）

因此，我们丝毫得不到译文底本的线索。在译文封面，译者只是注明"由吴板桥译自中文"（Translated From the Chinese by Samuel I. Woodbridge），并没有透露译文底本的信息。同时，"由吴板桥译自中文"也在很大程度上证明《金角龙王》确实为翻译作品，而非自己创作。

在译者前言、译文封面难以确定译文底本的情况下，"从译本正文中寻找证据，便是考证的必由之路"（王金波，2007：279）。对此，描写翻译学派的代表人物吉迪恩·图里（Gideon Toury）在《描写翻译学及其他》（*Descriptive Translation Studies and Beyond*）中曾提出颇有洞见的观点：

> 源本可能存在许多版本。在这种状况下，如果想探寻到研究者所选择的源本，那么至少在某种程度上需要依托译文所呈现出的内容，这使确定源本的版本成为对比分析本身的一部分。（Toury, 2007：74）

为方便讨论，我们首先给出这则故事的主要内容：

长安大旱三年，致使哀鸿遍野。生活在金河岸边的渔夫长弓（Longbow，即"张"姓）食不果腹，一日他偶见一樵夫身背一捆柴从家门口路过，便觉对方生活殷实，衣食无忧，于是乞求樵夫教授他伐树之技。樵夫拒绝了他的请求，但建议他去市里求问算命先生。在给了算命先生占卜所需的钱财之后，他得到明日即将下雨的信息，于是渔夫兴冲冲地回家与妻子做捕鱼准备。但他们的打桩点却正好设在龙宫的正上方。被惊动的龙王派遣两个夜叉（Pitchfork）前去查看情况，继而得知算命先生一事。龙王盛怒之下来到长安，并与算命先生以头作为赌注，谁知回宫之后便接到玉帝明日降雨的圣旨，而且降雨时辰、点数、地点与算命先生所言丝毫不差。为打赢赌注，他听从龙王三太子的建议，故意错行风雨，不仅将玉帝三尺三寸的降雨命令改为六尺，而且将下雨地点由长安改为山东。为达到这个目的，龙王偷偷用龙尾从佛祖砚台蘸了几滴墨水，这使无数山东百姓无辜受害。后玉帝降罪龙王，差遣唐朝宰相于端午节斩杀龙王。龙王得知消息后惊恐不已，在算卦先生的点拨下，他于深夜前往唐王寝宫以巨额珍宝贿赂唐王。在财宝的诱惑下，唐王允诺为其求情。第二天早朝之际，唐王故意邀请宰相进宫对弈，企图拖过午时三刻的行刑时间。眼看时间临近，负责传唤的六甲神拿出瞌睡虫撒向宰相，宰相在梦中真魂出窍，在河边取菖蒲根作为刑具将龙王斩首。龙王死后阴魂不散，便去阎罗殿控告唐王背信弃义，于是阎罗王遣人让唐王地府对质。唐王到地府之前，宰相给他在地府担任判官的亲戚写了一封求情信。后来判官在生死簿上做了手脚，颠倒了唐王和龙王的生死时间，于是唐王胜诉。由于龙王悲惨的命运，阎罗王让唐王许下大愿：一是西天取经；二是召集僧人做场法会，以此超度龙王亡灵，唐王答应了这两个要求。在判官的护送下，唐王踏上了返途，路上经过酆都城时，众多鬼魂向唐王索要钱财，唐王只得向阴间的一位老婆婆借高利贷安抚众鬼魂，之后成功还魂回到阳间。

2.1　《西游记》与敦煌变文《唐太宗入冥记》的相关情节分析

同《三国演义》《水浒传》一样，《西游记》也属于世代累计的创作范畴。关于"魏征斩龙"的典故最早出现于《永乐大典》残文《西游记平话·魏徵梦斩泾河龙》中，而后朱鼎臣的《唐三藏西游释厄传》、杨致和的四十一回本《西游记》、吴承恩一百回本《西游记》都是根据《永乐大典》中这则故事为主本而创作，而其中的情节大致相同，无甚出入。究其原因，根据郑振铎先生的考证："朱、杨似从吴本删节而来，而《永乐大典》本则当为吴本之所本。"（郑振铎，1982：912）《西游记》与《金角龙王》最明显的不同之处在于唐王形象的塑造上。在原著中，唐王出于同情而答应搭救龙王，而非垂涎于龙王的巨额财宝。在龙王被魏征处斩之后，唐王为未能搭救龙王性命而感到愧疚，"悲者谓梦中曾许救龙，不期竟致遭诛"（吴承恩，2016：87）。这与《金角龙王》中贪婪、昏聩的唐王形成了鲜明的对比。还有一些细节描写上，二者也存在着诸多不同。如在译本中，金角龙王与算命先生以人头做赌注，而在原著中二者的赌注内容只是行雨时刻与点数。

"唐王游地府"①的故事最早见于唐代张鷟的笔记小说《朝野金载》，此简短的故事经民间流传，在唐末已有相当曲折的情节，今存的敦煌变文《唐太宗入冥记》就说明了这一点。而这则变文与《金角龙王》的不同点在于唐王游地府的原因，前者是因为唐王"杀人数广"（王重民，

---

①　见唐张鷟撰《朝野金载》卷六。全文如下：太宗极康豫，太史令李淳风见上，流泪无言。上问之，对曰："陛下夕当晏驾。"太宗曰："人生有命，亦何忧也。"留淳风宿。太宗至夜半，奄然入定，见一人云："陛下暂合来，还即去也。"帝问："君是何人?"对曰："臣是生人判冥事。"太宗入见，冥官问六月四日事，即令还。何见者又迎送引导出。淳风即观玄象，不许哭泣，须臾乃瘥。至曙，求昨所见者，令所司与一官，遂注蜀道一丞。上怪问之，选司奏，奉进止与此官。上亦不记，旁人悉闻，方知官皆由天也。（张鷟，1979：148-149）1960 年，阿瑟·韦利以王重民、向达、周一良等人编辑整理的《敦煌变文集》为底本，选取其中 78 则故事，以 *Ballads and Stories From Tun-Huang* 为名出版。其中，《唐太宗入冥记》（"T'ai Tsung in Hell"）被选译其中。

1984：209），告状者为李世民的兄弟李建成与李元吉，而后者则是金角龙王地府告状所致。再就是《唐太宗入冥记》中的地府判官（崔子玉）在得到唐王许诺给予其高官的条件下，才答应唐王重返阳间并添注寿命十年；而在《金角龙王》中，该译本并无判官所提条件的情节，另外，判官采用的是偷梁换柱的手段，将本该属于金河龙王的二十年阳寿换给了唐王。综上，我们可以否定《金角龙王》底本为小说《西游记》或者敦煌变文《唐太宗入冥记》的说法。

笔者发现，《上海大辞典》对"魏征斩龙"这一条目的解释与《金角龙王》存在一定的相似之处，现将其摘录如下：

> 传统剧目，香火戏"唐六本"之一。东海泾河龙王错行风雨，使百姓无辜受害。后玉帝降罪龙王，差遣魏征去执行斩首之刑。龙王得知消息后，于深夜至唐王寝宫以大量珍宝贿赂李世民。唐王允诺为其求情，第二天早朝之际，太宗设计骗魏征进宫对弈，企图延误斩龙时刻。魏征识破太宗伎俩，假装睡着，以灵魂出窍之术去东海执法。天鼓响过三通之后，魏征准时将龙王斩首。（王荣华，2013：1339）

那么何谓"香火戏"？"香火戏"中的《魏征斩龙》与《金角龙王》这则译文有着什么关系？

2.2 "香火戏"中的《魏征斩龙》与《唐王游地府》

"香火戏"是指一度流行于苏北的戏曲剧种，它起源于江苏的扬淮一带，曾在镇江、南京、常州等地区尤为盛行。这类剧种原在当地农村敬神祈福、谢神还愿的"香火会"上演出，因此而得名。"最早为业余演出，后有了职业艺人。伴奏乐为打击乐器大锣大鼓。风格粗犷豪放，俗称'大开口'。其传统剧目多是神话故事，如《魏征斩龙》《秦始皇赶山塞海》等。"（杨亮才，1989：440）而表演"香火戏"的人被称为"香火童子"。"香火戏"在表演过程中除了祭神仪式之外，大部分时间是用于念忏，即说唱故事。其中"唱"为主要形式（大开口），说唱故事的来源为"神书"，即艺人通过运用各种说唱形式，讲述诸神的生平故事。

"神书"可以分为四个部类：各种法事中所唱诵的咒文；叙述神的生平经历和得道故事的"小忏"；讲述唐太宗故事与唐僧取经的"唐忏"；其他说唱世俗故事的"闲书"。就"唐忏"来说，其内容十分丰富，主要包括《袁樵摆渡》《魏征斩龙》《袁天罡算卦》《龙王告状》《唐王游地府》《唐僧取经》《刘全进瓜》等内容。"神书"的开头一般为"宝炉满香，烧在金炉""紫金炉内把香焚"或"紫金炉内把香装"，而《金角龙王》的开头部分为"Fill up the Golden Censer with fragrant incense and draw near while I relate an ancient tale"（Woodbridge，1895：3），可以说二者在很大程度上实现了契合。

目前市面流传的"香火戏"神书唱本并不多见，如朱恒夫、黄文虎所搜集整理的《江淮神书》（上下册，上海古籍出版社，2011）、姜燕所著的《香火戏考》（广陵书社，2007）以及朱恒夫主编的《中国傩戏剧本集成》第4卷《江淮神书·金湖香火戏》，而《香火戏考》与《金湖香火戏》所收录的"唐忏"在内容上完全一致（搜集者均为姜燕）。其中，《魏徵斩龙》（非《上海大辞典》所本"魏征"）这则"神书"被《江淮神书》所收录。经过对比，笔者发现它与《上海大辞典》中的"魏徵斩龙"这一词条介绍以及《金角龙王》在内容上有着一定的相似性。而吴板桥的译文对唐王游地府描述的后半部分则与《香火戏考》中的《唐王游地府》有着一些相似之处，译文似乎由这两部"神书"整合而成。试举三个例子：

第一，在魏征入睡的情节上，译本中的魏征因六神洒下的瞌睡虫而入睡，而后灵魂出窍。《魏徵斩龙》中的相关文字为"左思右想无可奈，瞌睡虫子手中存。瞌睡虫子朝下洒，洒在魏征头顶门"（朱恒夫，2011：311），而吴板桥的译文则为："He hesitated, brought out the "sleeping worm" and casting it upon his body."（Woodbridge，1895：9）

第二，在魏征斩杀龙王所用的刑具上，《魏徵斩龙》中的相关文字为"斩蛟龙并不要铜刀铁器，天河口菖蒲叶能把头枭……老魏徵用一手菖蒲拿起，朝南上哈哈气铜打铁浇"（朱恒夫，2011：312）。而吴板桥的译文则为："The calamus was growing by the river. So of the root he made a sword and with the same material twisted some ropes."（Woodbridge，1895：9）

第三，《金角龙王》中的地府判官偷梁换柱，将本该属于金角龙王的二十年寿辰划给了唐王。《唐王游地府》的相关文字为："羊毫笔蘸饱饱的，特代二龙改生庚。一字头上添两横，三十三年唐太宗。三字改作大一字，一十三年水清龙。"（姜燕，2007：314）而吴板桥的译文则为："Fortunately the numerals are written in simple Chinese characters. By adding two strokes of the pen to the Emperor's allotted time we can make it read thirty. By erasing two from that of the Dragon we can change it to thirteen."（Woodbridge，1895：13）

需要指出的是，尽管《金角龙王》的主要情节与"神书"《魏徵斩龙》、《唐王游地府》以及《上海大辞典》中对"魏征斩龙"的解释在很大程度上是一致的，如"龙王错行风雨，百姓深受其害""龙王重金贿赂唐王"等，然而我们不能因此就武断地断定它们就是吴板桥《金角龙王》的底本。细读上述例子及其英译文，我们发现它们在细节上并不完全一致。以第二个句子为例，《金角龙王》中魏征化菖蒲根为刀斩龙（of the root he made a sword），而在"神书"《魏徵斩龙》中，魏征所使用的刑具为菖蒲叶。与《上海大辞典》中魏征"识破太宗伎俩，假装睡着，以灵魂出窍之术去东海执法"不同的是，《金角龙王》中的魏征是因为六甲神撒下的瞌睡虫而入睡。而就《香火戏考》中的《唐王游地府》来说，该神书曾较为详细地介绍"十八层地狱"："磨子里磨的是偷嘴媳妇，碓臼舂舂的是扒灰老王。割舌头割的是好话说歹，吊斋台吊的是花斋道人……十八层地狱门王游十七。"（姜燕，2007：311）这些情节在《金角龙王》中并不存在。因此上述两种"神书"皆不是《金角龙王》的翻译底本。

那么，吴板桥在《金角龙王》译本封面注明的"由吴板桥译自中文"

是否为信口开河？2018 年 6 月，香港中文大学吴晓芳在台湾期刊《当代中国研究》上发表《"不崇永生上帝之荣、反拜速朽世人禽兽昆虫之像"：论吴板桥对神书西游故事的英译（1895）》一文，她指出吴板桥的《金角龙王》的底本为南通僮子戏唱本"十三本半巫书"中的《袁天罡卖卦斩老龙记》。那么，这里引出两个问题，即何谓南通僮子戏？什么又是"十三本半巫书"？

2.3　南通僮子戏唱本"十三本半巫书"探究

在中国古代，驱逐疫鬼、迎神赛会的仪式称为"傩"。在《周礼·夏官·方相氏》中记载："方相氏掌蒙熊皮，黄金四目，玄衣朱裳，执戈扬盾，帅百隶而时难，以索室驱疫。"（杨天宇，2004：451）其中，"难"即"傩"。自周以来的驱傩活动，往往通过歌舞形式来表现，同时，这种官方的仪式逐渐在民间生根发芽，孔子记载的春秋时期"乡人傩，朝服而立於阼阶"（杨伯峻，2005：106）便是很好的说明。而傩戏"是由驱鬼逐疫的傩舞发展而成的一种古老的戏曲形式，具有浓厚的原始宗教祭祀色彩，它在产生与发展的过程中不断吸收了早期民间傩仪、傩歌、傩舞等傩艺术形式，以驱鬼捉鬼、护法、祭祀、祈祷、娱神为主要内容"（史仲文、胡林晓，1998：85）。由于傩戏所分布的地区在风俗习惯、教育背景、宗教信仰、文化传统和民族结构等方面不尽相同，因此各地的傩戏不仅呈现出不同的形态，甚至在名称上也是叫法不一。以江淮流域为例，南京的六合区以及安徽天长县、来安县（均属于安徽省滁州市）称傩戏为"香火戏"，南通各县和盐城市大丰县则以"僮子戏"（或者童子戏）指称傩戏。而"僮子戏"的从业人员则被称为"僮子"或者"童子"。"通州等地童子认定是古远巫人的后裔，演出的脚本又称'巫书'。"（曹琳，2012：45）吴文所提的"十三本半巫书"指的是南通童子祭祀活动中说唱神仙鬼怪的书目，被视作"南通（江淮）僮子的'教义'和'圣经'"（杨问春、施汉如，1995：4），其具体书目包括《闹荒》（半部）、《袁樵摆渡》、《袁天罡卖卦斩老龙》、《陈子春》（唐僧出世）、《唐僧取经》、《斩岳收瘟》①、《刘全进瓜》、《魏九郎替父请神》、《魏九郎借马》、《魏九郎借鞍》、《九郎借鞭》、《请星迷路》、《跑阳元》。这十三个故事既独立成章，又互相连贯，其主要内容可以粗略概括如下：唐代贞观年间，唐太宗李世民梦游月宫，因调戏月宫娘娘而惹下祸根，玉皇大帝怒而降旱灾于长安。历经三年大旱的长安哀鸿遍野，饿殍满地。袁天罡长安街头卖卦，灵验如神。龙王与之打赌，为保证取胜而故意错行风雨，触犯了天条。为免遭杀身之祸，龙王听取袁天罡的建议，用奇珍异宝贿赂贪婪的唐太宗，请求他说服监斩官魏征手下留情。太宗皇帝收下贿赂，挽留魏征宫中下棋，以此避开行刑时刻。六甲神撒下瞌睡虫，魏征得以灵魂出窍，成功斩杀龙王。龙王不服，前往地府控告唐太宗言而无信，要求抵命。在魏征表弟崔珏判官的帮助下，唐太宗得以还阳。在地府李世民许下三条宏愿：一是选高僧西天取经；二是选贤者如幽邦进献西瓜；三是举行阳元盛会，以此普度天下苍生。在唐僧师徒成功求取真经、刘全入冥府进献西瓜之后，魏征的儿子魏九郎借的龙马、金鞍、宝鞭，上天入地，逐疫消灾，终于了却了唐太宗的夙愿。

------

① 又名《五岳闹皇宫》。其故事梗概大致如下：唐代贞观时期，五个举人进京赶考，他们途中相识并结为兄弟。千辛万苦到达京城后，他们发现考期已过，而且回家的盘缠用尽，只得流落京城。为了谋生，他们靠卖艺度日。唐太宗李世民招宣五人进殿，让他们弹琴唱曲陪伴自己。当时唐太宗正与龙虎山张天师为划分地界闹矛盾，于是便假借试他符法真假而宣他入宫。唐王命五人躲进金銮殿下的土坑内，他们约定暗号，起止音乐。张天师进宫后，唐太宗暗中指挥五人起止音乐，于是责诘张天师带妖入宫。张天师无奈口念真言，用宝剑杀掉了五个举人。张天师走后，他们冤魂不散，紧紧追随张天师。张天师便赠与他们五件宝贝，并封他们为"五路瘟神"。五个冤鬼大闹皇宫，唐王无奈敕封这五位举人为"洪门五岳"，皇宫遂得平安。1955 年，《骆驼祥子》的译者伊文·金（Evan King）在美国出版了"自创小说"——《黎民之儿女》（Children of the Black-haired People）。经过文本细读，笔者发现这部作品实则是在赵树理中篇小说《李家庄的变迁》的基础上，将《小二黑结婚》《李有才板话》《孟祥英翻身》糅合而成。笔者对《黎民之儿女》的探讨文章已刊登在《新文学史料》上，详见 2019 年第 3 期第 102-111 页。在《黎民之儿女》中，伊文·金旁征博引，多次用大量的篇幅阐释对中国文化的理解。在伊文·金的改编下，李家庄发生了瘟疫，译者在此将《斩岳收瘟》这则讲述瘟疫来源的故事纳入《黎民之儿女》，详见 Children of the Black-haired People，第 107-109 页。

3.《金角龙王》底本辨析

通过上述情节可知，吴晓芳认为《金角龙王》的底本为"南通僮子戏唱本'十三本半巫书'的第三本《袁天罡卖卦斩老龙记》"的结论大致无误。同时，她也指出，吴板桥基本上是按照南通僮子胡锡苹藏存的手抄本（曹琳搜集编校，简称"胡本"）翻译。（吴晓芳，2018：150）然而，笔者在仔细对照《金角龙王》译文与"胡本"后，发现二者存在着一些差异。这主要表现为以下两个方面。

首先，经过与《金角龙王》这则译文对比，吴文认为"吴板桥基本上是按照'胡本'翻译"（吴晓芳，2018：150），为证明自己的论点，该文作者列举了二者在"降雨卜测"（包括降雨时辰、气象变化、雨水数目、落雨地点和雨后天晴等细节）、"龙王三太子献计"（建议龙王将玉帝三尺三寸雨的命令改为六寸、降雨地点由长安改为山东）、"唐王入冥前做的怪梦"（一树梅花起风落，棒打鸳鸯两张分）的吻合之处。笔者对照吴晓芳提到的这几个要点和《金角龙王》的相应译文，对她所列举的这些论据并无异议。然而需要指出的是，"胡本"与《金角龙王》在某些细节上存在着一定的差异，这主要表现在"胡本"和吴板桥的《金角龙王》二者在文字内容上不能完全对应这个问题上。试举三个例子：第一，饥饿的渔民乞求樵夫教授他伐树之技，结果遭到拒绝。樵夫点出自己伐树地点的险恶。"胡本"为"黄毛老鼠来作伴，红毛猿猴在山冈"（曹琳，2016：33），然而吴板桥的译文则为"My only companions are the yellow-haired tigers and the white-faced monkeys"（Woodbridge，1895：3），其可回译为"黄毛老虎来作伴，白面猿猴在山冈"。第二，由曹琳整理的《袁天罡卖卦斩老龙记》中的"老龙"为"泾河龙王"，其龙宫设在"泾河"，然而《金角龙王》的"老龙"生活在"Golden River"（金河），称谓是"Dragon King of Golden River"（Woodbridge，1895：4），回译为"金河龙王"。第三，唐王入冥前做了怪梦，于是请袁天罡和李淳风前来解梦。二人告知此梦乃是唐王即将入冥的征兆，唐王大怒，"喝叫金瓜和武士，拿他二人下牢房"（曹琳，2016：42），而译文的对应文字则为

"When the Emperor heard this he grew very angry and commanded the jailer, Golden Claws, to seize the Sooth-sayers and carry them off to the Imperial prison"（Woodbridge，1895：11）。由此可见，"胡本"中"金瓜武士"①与译文中的"金爪武士"明显不能对应。诚然，由于"瓜"和"爪"在写法上比较接近，我们可以理解为曹琳在整理胡锡苹的供稿时，有意将"爪"改为了更为合理的"瓜"。

其次，就是"胡本"和《金角龙王》在情节上也有不一致的地方。对这一部分，吴晓芳提出了两种见解：一是"遗漏"，比如在《金角龙王》这则译文中有着如下情节：唐王入冥前恐慌不已，于是丞相便给自己地府当差的表弟写了一封书信，这封书信挂在唐王脖子带入地府，以此求他关照。同时，丞相又将七个烧饼塞入唐王衣袖，目的是对付冥界恶犬庄的七条恶犬。上述情节在"胡本"中并不存在，但是"胡本"在后文中却提到了"书信"和"七个烧饼"，并与《金角龙王》的后文情节一致。于是，吴文认为"'胡本'缺失的那段应是传抄过程中遗漏所致"（吴晓芳，2018：152）。二是"翻译时参照《西游记》"，吴晓芳博士以"降雨点数"（三尺三寸）、"唐王下棋拖住魏征"、"门神"（尉迟恭和秦琼）、"魏征劝慰众人不要轻举妄动"（众人欲传哀诏晓谕天下、扶太子登基）为例，得出了"吴板桥在翻译巫书时有参考《西游记》相关叙事的痕迹"（吴晓芳，2018：154）的结论。

对吴文得出"南通僮子胡锡苹藏存的手抄本是目前最接近吴板桥当时使用的底本，并且参照了小说《西游记》相关情节"的结论，笔者并不赞同。由于巫书自身的特点，它们"没有规范统一的蓝本，历来依靠同门师承，口传心授……由于各个僮子师承不同，加之自身的悟性天赋、文化水平、发挥能力高低参差，故一书多异现象不仅普遍存在，而且相

---

① 《明史·李时勉传》（卷一百六十三，列传第五十一）记载："洪熙元年复上疏言事。仁宗怒甚，召至便殿，对不屈。命武士扑以金瓜，胁折者三，曳出几死。"（张廷玉，1974：4422）这是正史关于"金瓜武士"的记载。《辞海》（第六版缩印本）这样对"金瓜"进行解释："古代卫士的一种铜制兵仗，棒端作金瓜形，故名。张昱《辇下曲》：'卫士金瓜双引导，百司拥醉早朝回。'"（2014：930）因此，所谓"金瓜武士"多指皇帝金殿上的仪仗兵兼侍卫，因手持武器长杆头部为金瓜状，故得名。

当严重"(杨问春、施汉如，1995：12)。施汉如、杨问春曾致力搜集民间"巫书"，并为此调查了南通近百名老僮子。他们发现"只有很少几部书大同小异，绝大多数小同大异"(杨问春、施汉如，1995：12)。所谓"小同"，是指尽管其主要情节是相同的，但其内容存在着诸多不同之处。之所以出现这样的现象，与当地流传的"十个僮子九不同，各人兜的个人的脓"说法是相吻合的。其中，"兜脓"系南通方言，为胡编乱造、信口开河之意。在施汉如、杨问春搜集、出版的《十三部半巫书》中，《袁天罡卖卦斩老龙》由南通僮子黄学祖(以下简称"黄本")供稿。经过对照，我们得出这样的结论："黄本"在故事情节上与《金角龙王》几乎一致，但是在一些细节上也不能完全吻合。篇幅所限，仅举两例。第一，在"黄本"中，樵夫以"黄毛老鼠来作伴，红毛猿猴捉迷藏"(杨问春、施汉如，1995：52)透露自己伐树地方的险恶。第二，"黄本"中的"老龙"为"泾河龙王"，其龙宫"仍然"设在"泾河"。因此，"黄本"非《金角龙王》底本，尽管在故事情节上也是非常接近。但是需要提及的是，"黄本"在一些情节上也与《金角龙王》并不一致，如在《金角龙王》中，唐王在入冥前收到丞相送的"七个烧饼"，这个情节在"黄本"中同样不存在，而在后文中却"突然出现"，并与译文保持一致。另外，与"胡本"相比，"黄本"在描述唐王入冥前提到了丞相写给地府判官的书信一事，原文如下："我有一个好表兄，名叫崔玉在幽邦……我今写封书和信，搭救我主回朝纲。"(杨问春、施汉如，1995：66)

值得注意的是，在曹琳、施汉如和杨问春所搜集的"巫书"导言中，他们均提到了民国"上海槐荫山房"书局。前文已经提过，由于"神书"(巫书)没有规范统一的蓝本，"即使有传世者，也多为手抄本"(杨问春、施汉如，1995：12)，而"上海槐荫山房"出版的"巫书"乃"刻本传世之巫书，僮子说唱比较统一"(杨问春、施汉如，1995：13)，这些"巫书"版本为"十六开大小线装……内芯竖排，铅字字体小而密，但字迹清晰。行文为七字、十字言间用，语言平白如话，通俗易懂，押韵，琅琅上口"(杨问春、施汉如，1995：13)。就这些文字来说，它们是"经过某些人的记录整理而后付梓成书的"(杨问春、施汉如，1995：13)。根据这几位学人所提供的这条线索，笔者有幸从孔夫子旧书网上购得这个只有 11 页的小册子。经过仔细对照，笔者认为"上海槐荫山房"版《绘图袁天罡卖卦斩老龙全本》仍然不是《金角龙王》的底本。原因在于两个方面：首先，尽管这个版本在情节上几乎和《金角龙王》完全一致，但是仍然还是在个别文字上，二者不能完全对应。比如虽说该版本中"黄毛老虎来作伴"已与《金角龙王》对应，然而下一句却是"红面猿猴在山冈"，这明显与《金角龙王》中的"white-faced monkey"并不一致。另外，"上海槐荫山房"版《绘图袁天罡卖卦斩老龙全本》仍然是"泾河"，而非"金河"。其次，笔者从《上海出版志》上查到"槐荫山房荣记书庄"成立于 1933 年 6 月，地址在甘肃路 141 弄 6 号（宋原放、孙颙，2000：257），而《金角龙王》的译本刊行于 1895 年，时间上并不符合。然而，吴晓芳所提的"书信""七个烧饼"这些"胡本"所"遗漏"的部分完整地出现在《绘图袁天罡卖卦斩老龙全本》的第 8 页上，兹将该版本出现的相关情节简抄如下："书信一封写完了，玉印三个压中央……又将烧饼做七个，主公挈在袖中藏，恶犬庄上难得过，才得买路过村庄。"

　　在排除笔者搜寻到的"黄本""胡本""上海槐荫山房版"《斩龙卖卦》之后，我们不妨换一个思路，即译者翻译所用的底本有没有可能为手抄本？吴晓芳也曾在论文中提到，吴板桥应该是得到了"《袁天罡卖卦斩老龙记》的手抄本或自己誊抄了抄本，并据此翻译成英文"（吴晓芳，2018：152）。带着这个疑问，笔者从中国国家图书馆查询到《新刻斩龙卖卦全传》一册，翻阅后发现正是要搜寻的"斩龙卖卦"故事的手抄本，该版本为清代"酉山堂"①刻本，封面题字由三部分组成，页顶为"唐王游地府"，左侧为"金

---

　　① "酉山堂"大约兴盛于乾隆、嘉庆时期，地点为苏州，该书肆以出版"木刻本"书籍闻名于世。晚清藏书家叶德辉在其《书林清话》中根据乾嘉时期吴县藏书家黄丕烈的《士礼居藏书题跋记》考得乾嘉时期吴门书肆 24 家：胥门经义斋（胡立群）、庙前五柳居（陶廷学）、山塘萃古斋（钱景凯）、郡城学余堂、玄庙观前学山堂、墨林居、玄庙观东阅师德堂、府东敏求堂、臬署前玉照堂、文瑞堂、臬辕西中有堂、醋坊桥崇善堂、郡东王府基周姓墨古堂、阊门横街留耕堂、阊门书业堂、阊门文秀堂、金阊门外桐泾桥头芸芬堂、紫阳阁朱秀成书坊、蔚门大观局、遗经堂、酉山堂、本立堂、王府基高姓书摊、胡荸洲书肆。随着太平天国战火的蔓延，"大江南北，遍地劫灰。吴中二三百年藏书之精华，扫地尽矣"（叶德辉，2009：173-174）。不过根据笔者所掌握的信息，"酉山堂"在此后仍有刻本书籍留世，不过地点已为通州（南通）、维扬（扬州）等地。

角老龙传"，右侧题字则为"袁天罡卖卦"（见图1）；《新刻斩龙卖卦全传》共有八卷，经过对照，符合《金角龙王》8个章节的结构。（"胡本""黄本"均是一气呵成，并无8个章节的划分。）另外，笔者在上文提到的"袁天罡卖卦斩龙"版本中，在正文部分从未出现过"金角龙王"这四个字，而且在《金角龙王》这则译文的正文中，同样不见"the golden-horned dragon King"这几个字眼。（见图2）而吴板桥的译本名字则为《金角龙王，或称皇帝游地府》，可以说它与《新刻斩龙卖卦全传》的封面在很大程度上实现了契合。而就正文内容来说，其故事情节也是完全一致，不过有一点尤其值得注意，由于香火僮子的文化水平有限，他们的手抄本充斥着错字、白字，如《新刻斩龙卖卦全传》的开头为"子金炉内把香焚，表起鱼乔一双人"，很明显"子"与"乔"是"紫"与"樵"的错误书写。尽管错字连篇，但这个版本已与吴板桥的《金角龙王》基本实现了吻合。

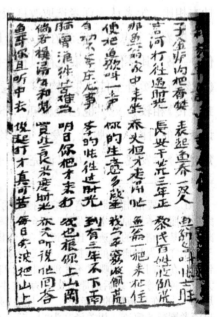

图1　《新刻斩龙卖卦全传》封面　　　图2　《新刻斩龙卖卦全传》正文第1页

举例来说，樵夫口中的"黄毛老虎来作伴，白面元（猿）猴在山上"

已经与译文实现对应；该版本龙王的龙宫设在"今河"，与《金角龙王》的"金河"也是同音对应。另外，"胡本"所缺失的"书信"和"七个烧饼"的情节也在这个版本中出现：未贞（笔者按：即魏征）手提羊毫别（笔），站立玉案写几行……又江（将）烧（并）饼做七个，主公龙（笼）在袖内去，恶犬庄上难得过，才可买路过村庄。

那么，吴板桥是否以这个版本（或者其他手抄本）为底本而翻译的《金角龙王》？笔者认为可能性是存在的，阅读吴板桥的《金角龙王》和《雷峰塔奇传》译文，可以发现译者译笔流畅，译文的准确性也是颇高，其语言能力毋庸置疑。况且，吴板桥曾与《通问报》中文编辑陈春生合译过社会改良小说《强盗洞》(Robbers' Cave)，或许在陈春生的帮助下，译者以手抄本为底本翻译了这则译文。那么是否存在另一种可能性，即吴板桥在当时有机会使用改良版的"斩龙卖卦"？即经过文人的整理、修改，将这则错字连篇的故事在文字上修正后出版的新版本。与堪称"千疮百孔"的手抄本相比，笔者认为译者选取改良版作为底本的可能性更大。

顺着这个思路，笔者在孔夫子旧书网上搜寻到《绘图斩龙卖卦全传》一书，其字体为清末民初风行一时的石印书，该版本保留着国图版《新刻斩龙卖卦全传》的结构（共8卷），文字清晰可辨，与《新刻斩龙卖卦全传》相较，文字也已经修正。不过颇为遗憾的是，由于时间久远，该版本的封面、出版社、发行年代均已散佚。经过对照这个版本与《金角龙王》后发现，二者可以说完全一致。① （见图3）除却"金河""黄毛老

---

① 需要指出的是，笔者综合搜集的几个《斩龙卖卦》本子，认为吴板桥并非完全按照底本原原本本"照单"翻译，阅读《金角龙王》译本，可以发现译者有着删减原著某些情节的痕迹。比方说，在《绘图斩龙卖卦全传》中曾有这样的情节，由于惧怕守门保护唐王的秦叔宝、尉迟恭和钟馗，自认为冤屈的金河龙王便到阴间去告状。在鬼门关，他喋喋不休地唱起"十埋怨"（分别为巡海夜叉、龙王三太子、唐太宗、钟馗等）。之后的原文文字为"有牛头和马面回言便道，骂一声无头鬼哭奔那方"。而在吴板桥的译笔下，"十埋怨"并不存在，但是通过译文我们还是能察觉出译者删减的痕迹。相关译文为"Arriving there（鬼门关）, and swinging the tear-and-blood-stained head in his hand, ready to burst with mingled anger, pain, and disappointment, the headless Dragon began to scream his grievances to Yenlo, the Ruler of the Spirit world. 'Stop that clatter, your headless devil,'Shouted Oxhead and Horseface, the keepers of the Barrier. (Woodbridge, 1895: 10)

虎""白面猿猴""金爪武士"这几个关键词与译文保持一致外,吴晓芳所说的"书信""七个烧饼"这些"遗漏"的部分均在这个版本中完整地出现。(参见图4)还有一点需要提及,在吴文中,她以"降雨点数"(三尺三寸)、"唐王下棋拖住魏征"、"门神"(尉迟恭和秦琼)、"魏征劝慰众人不要轻举妄动"(众人欲传哀诏晓谕天下、扶太子登基)为例,得出了"吴板桥在翻译巫书时有参考《西游记》相关叙事的痕迹"(吴晓芳,2018:154)的结论。那么,吴板桥是否在翻译时参照了小说《西游记》?限于篇幅,笔者将以吴晓芳所举的最后一个论据为例论证自己的看法。在《西游记》中,当太宗皇帝因被泾河龙王索命而病入膏肓时,他从容地安排身后事宜,"沐浴更衣,待时而已"(吴承恩,2016:88),在将魏征写给地府判官崔珏的书信"笼入袖里"之后,"遂瞑目而亡"。此时,众人的反应为"那三宫六院、皇后嫔妃、侍长储君及两班文武,俱举哀戴孝,又在白虎殿上,停着梓宫不题"(吴承恩,2016:88)。可见,众人(包括魏征)只是举哀戴孝,并无其他举动。俗话说,"国不可一日无君",在唐太宗死去的第三日①,众人总算按捺不住,这才有"一壁厢议传哀诏,要晓谕天下,欲扶太子登基"(吴承恩,2016:95)。正是在这一时刻,魏征出面制止:"列位且住。不可!不可!假若惊动州县,恐生不测。且再按候一日,我主必还魂也。"(吴承恩,2016:95)在"胡本"中,只有"三宫六院同来哭,三日之后又还阳"这两句话,而吴板桥此处的译文则为:"The inmates of the palace entered and with affrighted faces commenced to bewail the deceased Sovereign. Demonde commanded silence and related to them briefly the occasion of the Emperor's decease, adding, 'in three days your father, young princes, will return to earth'."(Woodbridge,1895:12)于是,吴晓芳得出"吴板桥应该是将《西游记》中魏征安抚众人的情节移接到了译文中"的结论。而《绘图斩龙卖卦全传》的相关情节如下:"三宫六院同来哭,太子年少哭父王。魏征叫道

---

① 原文相应情节为:唐太宗在地府历经三昼夜,一计唐王死去,已三昼夜,复回阳间为君。(吴承恩,2016:96)

不要哭，三日之后又还阳。"通过对照中英文，可以清楚地发现二者在文字上完全吻合。此外，笔者在中国国家图书馆版《新刻斩龙卖卦全传》也找到了相应的文字。① 因此，吴晓芳所提"参照小说《西游记》"的观点并不成立。

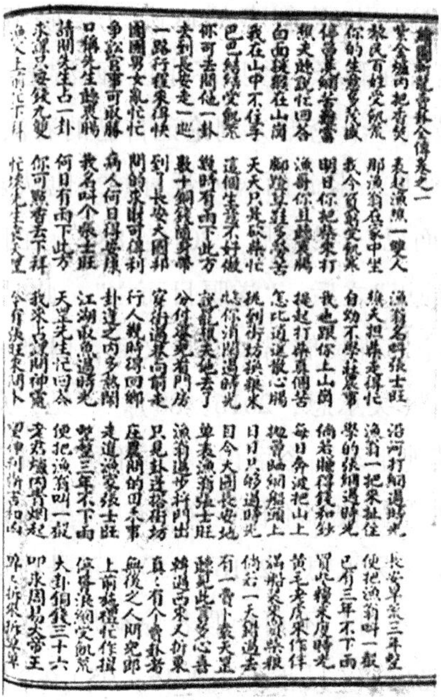

图 3　《绘图斩龙卖卦全传》第 1 页 　　图 4　"七个烧饼""书信"及魏征劝慰

梁启超先生在其《清代学术概论》中曾总结评论清代乾嘉学派的考据学风，其中第一条便是"凡立一义，必凭证据；无证据而以臆度者，在所必摈"（梁启超，2000：47）。尽管笔者搜寻到的《绘图斩龙卖卦全传》在故事情节、表述文字上与吴板桥的译文可以说完全一致，但是由

---

① 中国国家图书馆版《新刻斩龙卖卦全传》相应文字如下："三工（笔者按：即宫）六院同来哭，太子年小哭父王。未贞（笔者按：即魏征）叫到休要哭，三日之后又还阳。为成（笔者按：应是微臣）写封书和信，叫他搭救主还阳。唐王说到（道）快点写，快写书信与孤王。"上海槐荫书房《绘图袁天罡卖卦斩老龙全本》此处情节的文字与《绘图斩龙卖卦全传》则完全一致。

于所寻版本的发行年代、封面尚不能确定，因此不能断定《绘图斩龙卖卦全传》就是译者当时所用的底本。但是，综合笔者所搜寻的"斩龙卖卦"版本，我们可以得到以下结论：吴板桥的《金角龙王》所用的底本封面应该题有"金角龙王（老龙）传"和"唐王游地府"的字样，他很可能以经过文人在手抄本《新刻斩龙卖卦全传》（或者其他手抄本）基础上修正后的新版为底本翻译的《金角龙王》，目前《绘图斩龙卖卦全传》为最接近《金角龙王》的底本。

4. 结语

国内学者通常将通行本《西游记》（即明代世德堂本）第十回、第十一回作为《金角龙王》的翻译底本。主要原因在于：通过《西游记》这部脍炙人口的经典文学作品，国内读者对"魏征斩龙""唐王游地府"这两则故事的主要情节已较为熟悉，因而容易产生先入为主的错误。尽管早在 2008 年 6 月 7 日，"南通僮子戏"就被中华人民共和国国务院批准列入第二批国家级非物质文化遗产名录（项目编号：Ⅳ-105），但是这一艺术形式对多数学者来说还是相对陌生，再加上作为"僮子戏"唱本的"十三本半巫书"有着较为复杂的版本，因此如果不甚了解"巫书"的特点，也容易在翻译底本的问题上出现错误。经过考察"胡本"、"黄本"、中国国家图书馆版《新刻斩龙卖卦全传》、上海槐荫山房版《绘图袁天罡卖卦斩老龙全本》以及孔夫子旧书网上的《绘图斩龙卖卦全传》这些"斩龙卖卦"的不同版本，本文认为《绘图斩龙卖卦全传》是目前最为接近《金角龙王》的底本，译者在翻译这则译文时并没有参照小说《西游记》的相关情节。由于"巫书"和小说《西游记》的相关章节在主要情节以及人物形象塑造上差别较大，因此将吴板桥的《金角龙王》视为小说《西游记》的英译文并不恰当。

参考文献

[1]King, Evan. *Children of the Black-Haired People* [M]. New York:

Rinehart & Company, Inc, 1955.

[2]Toury, Gideon. *Descriptive Translation Studies and Beyond* [M]. Shanghai: Shanghai Foreign Language Education Press, 2007.

[3]Waley, Arthur. *The Nine Songs: A Study of Shamanism in Ancient China* [M]. London: George Allen & Unwin Ltd, 1955.

[4]Woodbridge, Samuel. I. *The Golden-Horned Dragon King; Or the Emperor's Visit to the Spiritual World* [M]. Shanghai: North-China Herald Office, 1895.

[5]曹琳. 江淮神书·南通僮子戏[M]. 上海：上海大学出版社，2016.

[6]曹琳. 南通戏剧：通古今汇南北聚名流[M]. 苏州：苏州大学出版社，2012.

[7]葛校琴.《围城》英译底本考证[J]. 外语研究，2013（6）：63-66，112.

[8]郭明军.《西游记》之"西游"记[D]. 成都：四川大学，2007.

[9]姜燕. 香火戏考[M]. 扬州：广陵书社，2007.

[10]梁启超. 清代学术概论[M]. 上海：上海古籍出版社，2000.

[11]廖奔，刘彦君. 中国戏曲发展史[M]. 北京：中国戏剧出版社，2012.

[12]李晖."情感之心"与水的象征：亚瑟·韦利的《西游记》英译[J]. 外国文学评论，2016(2)：223-239.

[13]史仲文，胡林晓. 中华文化大辞海[M]. 北京：中国国际广播出版社，1998.

[14]宋原放，孙颙. 上海出版志[M]. 上海：上海科学院出版社，2000.

[15]王金波. 乔利《红楼梦》英译本的底本考证[J]. 明清小说研究，2007(1)：277-287.

[16]王丽娜.《西游记》外文译本概述[J]. 文献，1980（4）：64-78.

[17]王重民，王庆菽，向达，周一良，启功，曾毅公. 敦煌变文集[M]. 北京：人民文学出版社，1984.

[18]吴承恩. 西游记(世德堂本)[M]. 北京：作家出版社，2016.

［19］吴晓芳."不崇永生上帝之荣、反拜速朽世人禽兽昆虫之像"：论吴板桥对神书西游故事的英译（1895）［J］.当代中国研究，2018（2）：145-164.

［20］夏征农.辞海（第6版·缩印本）［M］.上海：上海辞书出版社，2014.

［21］杨伯峻.论语译注［M］.北京：中华书局，2006.

［22］杨天宇.周礼译注［M］.上海：上海古籍出版社，2004.

［23］杨问春，施汉如.南通僮子"十三部半巫书"初探［M］//十三部半巫书.南通：南通市民间文学集成办公室，南通市民间文艺家协会，1995.

［24］叶德辉.书林清话［M］.北京：国家图书馆出版社，2009.

［25］张廷玉.明史［M］.北京：中华书局，1974.

［26］张鷟.朝野佥载［M］.北京：中华书局，1979.

［27］郑锦怀，吴永昇.《西游记》百年英译的描述性研究［J］.广西社会科学，2012（10）：148-153.

［28］郑振铎.中国文学史［M］.北京：人民文学出版社，1982.

［29］朱恒夫，黄文虎.江淮神书［M］.上海：上海古籍出版社，2011.